国家出版基金项目
NATIONAL PUBLICATION FOUNDATION

丝绸之路经济带——新疆与中亚研究丛书

# 对口援疆的经济效应研究

李金叶 著

商务印书馆国际有限公司
世界图书出版公司

**图书在版编目（CIP）数据**

对口援疆的经济效应研究 / 李金叶著. -- 北京 : 商务印书馆国际有限公司 ; 西安 : 世界图书出版西安有限公司, 2021.7

（丝绸之路经济带 : 新疆与中亚研究丛书）

ISBN 978-7-5176-0767-0

Ⅰ.①对… Ⅱ.①李… Ⅲ.①区域经济发展-研究-新疆 Ⅳ.①F127.45

中国版本图书馆CIP数据核字（2021）第109098号

DUIKOUYUANJIANG DE JINGJIXIAOYING YANJIU

**对口援疆的经济效应研究**

---

**著　　者**　李金叶

**出版发行**　商务印书馆国际有限公司
　　　　　　世界图书出版西安有限公司

**地　　址**　北京市朝阳区吉庆里14号楼
　　　　　　佳汇国际中心A座12层

**邮　　编**　100020

**电　　话**　010-65592876（编校部）
　　　　　　010-65598498（市场营销部）

**网　　址**　www.cpi1993.com

**印　　刷**　北京中科印刷有限公司

**开　　本**　710mm × 1000mm　1/16

**字　　数**　280千字

**印　　张**　18.25

**版　　次**　2021年7月第1版第1次印刷

**书　　号**　ISBN 978-7-5176-0767-0

**定　　价**　80.00元

---

# 前　言

我国的基本国情决定了边疆多民族地区经济发展是事关国富民强、全面小康实现，乃至国家现代化经济体系建设的重要环节。实现区域协调发展，最终实现全国各族人民共同富裕，探索推动边疆多民族地区经济社会和谐发展，是迫切的现实需求。

对边疆多民族地区援助是中华人民共和国成立以来的长期战略国策，在国家的大力援助下，新疆经济社会取得了全面发展，但差距依然存在。2010 年召开的全国对口支援新疆工作会议上，中央决定以灾区重建模式推进新一轮对口援疆工作，19 个援疆省市建立起人才、技术、管理、资金等全方位对口援疆的有效机制。新一轮对口援疆机制代表了中央解决新疆发展问题，特别是基础问题、民生问题的决心，是举全国之力推动新疆稳定和发展的重大决策部署。新一轮对口援疆成为新疆经济社会协调发展的契机，其影响和效应极为深远和广博，而本书仅仅从新一轮对口援疆的经济效应层面进行研究。

本书把新一轮对口援疆推动新疆区域经济发展、民生改善、各民族共同繁荣以及边疆稳定结合起来考察，讨论新一轮对口援疆与推进新疆经济发展的环境、条件、传导机制和运行机理，以及其内在逻辑关系；探索纾解边疆多民族地区强烈的发展愿望与自身发展能力不足之间矛盾的可行性选择；论证通过对口援疆实现新疆区域经济社会协调发展和各民族共同团结奋斗、共同繁荣发展的必要性。

全书包括五篇二十二章。第一篇为对经济落后地区援助与欠发达地区经济发展概述，主要梳理国内外援助落后地区发展、协调民族关系的理论与实践；分析改革开放和市场经济体制构建对多民族地区经济社会发展的多重效应以及新一轮对口援疆的必要性、紧迫性。第二篇为对口援疆专项研究，分别从财政援疆、基础设施援疆、产业援疆、民生建设、人才援疆等具体援疆项目方面讨论新一轮对口援疆的现实推进与纵深发展。第三篇为援疆背景下新疆经济发展实证分析，讨论新一轮对口援疆效应。第四篇为提升自我发展能力对策研究，基于前期分析，提出必须从提升新疆自我发展能力、坚持生态兴疆等方面，切实提高对口援疆的效应，并提出对口援疆背景下新疆提升自我发展能力的建议。第五篇为对伊犁州（直）新一轮对口援疆调研，是伊犁州（直）的个案报告。另，本书的研究材料均为2015年之前的成果，所以书中的表述也以当时的情景为准。

新疆是我国最大的边疆多民族地区，本书以新疆为典型样本，把理论研究与实际问题解决紧密结合起来，希望通过研究，提供边疆多民族地区各民族共同团结奋斗、共同繁荣发展的区域性经验；通过新一轮对口援疆实现新疆经济社会和谐发展，不仅具有特殊性，更具有我国多民族地区经济社会运行的一般性和代表性。

由于本人学识水平、认知能力、研究视角等多重制约，本成果疏漏乃至错误之处难免，敬请各位同人斧正！

李金叶

# 目录

# 第一篇

# 对经济落后地区援助与欠发达地区经济发展概述

国外学者对加快落后地区发展研究及国内学者对经济发展与民族关系的研究成果非常丰富。本篇对影响民族关系的经济因素进行梳理和分析,并对我国区域差距形成的原因和对口援疆、新疆实现稳定与发展的必要性进行分析,以为后续研究奠定基础。

# 第一章　国内外地区援助的相关研究综述

## 一、国外关于欠发达地区经济发展的理论及评价

国外对民族地区援助及其经济社会协调发展问题研究的著作和文献较少，但有大量论述落后地区如何优化产业结构、实现经济起飞，以及赶超方面的著作和文献。一般来讲，我国民族地区经济社会发展水平较低，因而国外的研究对于我们研究民族地区经济社会发展、民族地区发展援助、构建和谐民族关系等问题无疑具有重要的借鉴意义。

### （一）区域经济社会发展的人力资本影响相关研究

区位是影响区域经济社会发展的重要因素。刘易斯（1954）指出：可接近性产生于地理特点，可接近性对刺激经济增长起了决定性的作用，它刺激贸易，从而扩大需求的范围，鼓励努力和促进专业化。它也引起不同习惯与思想的各族人民之间的融合，①而这就在解释可接近程度对任何一个民族的经济活力影响方面起着相当大的作用。我国民族地区绝大部分分布在西部内陆省份，远离海洋。可见，区位劣势是影响我国民族地区经济社会发展的重要制约因素。

教育和人力资本的质量对经济社会发展具有决定性作用，国外很多知

①W. 阿瑟·刘易斯：《经济增长理论》，梁小民译，上海：上海三联书店、上海人民出版社，1994 年，第 59 ~ 61 页。

名学者对此都做过精彩论述。按照舒尔茨的解释,人力资本是生产增长的主要因素,是给个人和社会带来富足的源泉。①

诺贝尔经济学奖获得者、美国芝加哥大学经济系教授詹姆斯·赫克曼(2007)通过对中国人力资本投资的实证研究,得出了几个重要观点:①人力资本投资收益十分丰厚。根据国际标准,中国当前的人力资本投资水平很低。②在总体较低的水平之上,人力资本投资在地区之间、城乡之间存在着不平等。③人力资本投资与实物投资之间的不平衡缩减了实物投资的回报水平,削弱了其对中国内地发展实际做出的贡献。④应该均衡投资,以期长期促进经济发展,纾解不平等现状。⑤应该放开劳动力市场,为人力资本投资提供借贷服务,并放松对人员流动的限制,以在减少政府开支的同时提升人力资本。②

人力资本是经济发展和个人收益增加的动力之一,人力资本与物质资本投入的不对称,事实上部分抵消了物质资本投资应有的收益。进行均衡投资,对我们进一步加大教育投入,进一步加大少数民族地区人力资源的开发力度都有着重要意义。

### (二)产业发展问题相关研究

英国经济学家克拉克(1940)根据费歇尔的三次产业划分标准,在威廉·配第关于国民收入与劳动力流动之间关系学说的基础上提出"配第-克拉克定理"。该理论指出,随着经济发展,人均国民收入水平相应提高,劳动力相继从第一产业向第二产业、第三产业转移。原因在于,在经济发展中各产业之间收入存在相对差异,而劳动力总是倾向于流向高收入的产业。

根据这个理论,我们可以进一步推导出,一个区域的人均国民收入水平越高,农业劳动力在全部劳动力中所占的比重就越小,而第二产业和第三产



①西奥多·W.舒尔茨:《论人力资本投资》,吴珠华等译,北京:北京经济学院出版社,1990年,第4~16页。

②詹姆斯·赫克曼、古新功、王军:《中国的人力资本投资》,《长江大学学报》(社会科学版)2007年第1期,第11~14页。

业的劳动力比重就越大；反之亦然。

罗斯托(1988)最早提出主导部门(产业)的概念，认为主导产业具有以下特性：①依靠科学技术获得新的生产函数；②具有持续高速的经济增长率；③较强的扩散效应。扩散效应表现在三个方面：回顾效应、旁侧效应、前向效应。①

产业结构高级化的过程也是主导产业的形成过程，主导产业需要选择和扶持，需要一定条件，因此不能完全依靠市场机制来进行，需要政府的外部干预和协调。地区经济的发展，要以产业结构的不断优化和适合区情的主导产业的选择为前提。

### (三)落后地区加快发展问题相关研究

对于落后地区最终能否赶超发达地区，实现加速发展问题，许多国外学者从理论上论证了这种可能性的存在。比较有代表性的观点有如下三种。

1. 伯利兹、克鲁格曼等的“技术蛙跳”论，认为在技术突破的初期，技术先进的国家往往会因为新技术的不成熟而不重视或不采用新技术，在这种技术领域中，没有优势的落后国家就可以直接利用这种先进技术提升自己的竞争力。克鲁格曼等人(1993)在总结发展中国家成功发展经验的基础上，提出了基于后发优势的技术发展的“蛙跳模型”，认为落后国家或地区可以直接选择和采用某些处于技术生命周期成熟前阶段的技术，以高新技术为起点，在某些领域、某些产业实施技术赶超。“技术蛙跳”强调在技术发展变化的顺序上并不严格按照由简单到复杂的路径，而是可以跨越技术发展的某些阶段，直接开发和应用新技术、新产品，进入国际市场与先进国家进行竞争。

2. 韩国学者金麟洙(1998)研究了落后国家对先进国家的技术追赶过程，提出了技术跨越的三种模式：开放式技术跨越模式、追赶型三段式技术

①W. W. 罗斯托：《从起飞进入持续增长的经济学》，贺力平等译，成都：四川人民出版社，1988 年，第 7 ~ 25 页。

跨越模式和科技教育投资主导型跨越模式。①

3. 格申克龙(1970)通过对后起国家经济发展的考察,提出"相对先进性"假说理论。他认为,对先进国家技术进步的总结被喻为一种"蓝本",无偿获得这一蓝本对落后国无疑是非常有价值的,因为他们不必再付出更多的代价去重新创造已经存在的这些东西,以致这些落后国增长速度可能超过比较先进的国家。②

就新疆而言,在国家对口援助背景下,全国的优势资源天然地具有了向新疆聚集的趋势,新疆可以充分利用后发优势实现经济的快速发展。

### (四)民族认同问题相关研究

Phinney(1990)是美国心理学领域民族认同的重要研究者之一,她认为,民族认同是一个复杂的结构,包括对民族的归属感、对民族的积极评价以及对民族活动的行动卷入。③ Carla. J(1998)等认为,民族认同是指个体对本民族的信念、态度以及对其民族身份的承认。④ 民族认同还常常被看作是社会认同中的民族成分,根据社会认同研究专家 Tajfel(1981)对社会认同的定义,民族认同被定义为:一个人的自我概念的组成部分,这一部分涉及他是社会群体(民族)的成员身份的知识,以及与这种成员身份相关联的情感和价值意义。

中国各民族都是中华民族大家庭的一员,各民族对中华民族的认同感和归属感是民族和谐的心理基础。国外学者的一些实证研究对如何引导和加强各民族对中华民族认同感的问题有很大启发作用。

---

①金麟洙:《从模仿到创新——韩国技术学习的动力》,刘小梅、刘鸿基译,北京:新华出版社,1998 年,第 95 ~ 216 页。

②亚历山大·格申克龙:《经济落后的历史透视论》,张凤林译,北京:商务印书馆,2012 年,第 381 ~ 410 页。

③Phinney,"Ethnic Identity in Adolescents and Adults: Review of Research," *Psychology Bulletin*,1990,108(3):499 ~ 514.

④Carla. J, Reginald J,"*Racial Identity*, African Self-consciousness, and Career Decision Making in African American College Women," *Journal of Multicultural Counseling and Development*,1998,26(1):28 ~ 36.

## 二、国内关于对民族地区援助及民族地区经济发展的主要观点及评价

从我国对民族地区援助与民族地区经济发展研究的大量文献来看，学界已对经济发展是影响民族地区经济社会和谐的重要因素这一理念达成共识，但对影响民族地区经济社会和谐发展具体因素及作用机制的分析则不尽相同。改革开放以来，学界围绕这些问题进行了较为深入而又系统的研究和探讨，研究主要有以下几个方面。

### （一）少数民族地区与发达地区差距对民族地区社会和谐的影响

目前较多学者关注少数民族地区与发达地区差距对民族地区社会和谐的影响。大多数学者认为，东西部经济发展差距扩大会对我国民族关系和民族地区的社会和谐带来负面影响。袁少芬（1998）以广西为例，通过改革开放前后地区经济发展速度、人均国民收入、人均国民生产总值、贫困人口数等指标，衡量民族地区与全国水平的差距，研究了地区经济发展差距对民族关系的影响。改革开放后，少数民族地区与沿海发达地区的发展差距越来越大。这一差距的扩大直接影响着西部地区各方面的利益协调，直接影响着我国的民族关系。① 柯伟（2007）认为，不同地区和不同民族的发展差距既有历史原因，也有现实原因，应正确认识不同民族和不同地区的发展趋势，努力缩小各民族的发展差距，实现民族关系的和谐。② 高学民（2010）认为，民族关系的进一步提升应当建立在少数民族和民族地区发展的基础上，既承认各民族之间的利益差距，又把各民族的利益差距保持在合理的限度内。③

---

①袁少芬：《经济因素与民族关系——又谈民族关系理论新探索》，日本：国立民族学博物馆，1998年，第133～149页。

②柯伟：《构建新疆和谐民族关系之我见》，《兵团党校学报》2007年第6期，第52～54页。

③高学民：《从根本上提升新疆民族关系的几点思考》，《实事求是》2010年第4期，第74～75页。

## （二）市场经济对少数民族地区经济发展和民族地区社会和谐的影响

学者们认为，市场经济对民族关系既具有有利的影响，同时也具有不利的影响。市场经济对民族地区经济发展的有利作用机制主要有：高学民（2010）认为，市场经济的建立和完善，必然形成各民族在分工基础上的互惠互利、相互依存；①柯伟（2007）认为，市场经济的建立和完善，各民族之间的经济利益联系必然得到进一步加强，从而在经济利益上形成汉族离不开少数民族，少数民族离不开汉族，少数民族也互相离不开的坚实基础；②徐磊（2007）认为，在社会主义市场经济的锻造下，各民族民众会不断地摆脱传统保守、封闭观念的束缚，增强民族间相互包含的容量，激发各民族民众的未来意识和开拓、进取、创业精神；③李大健（2007）认为，在市场经济条件下，各民族民众对经济利益的追求，能为民族间的合作、互助关系的发展提供巨大的动力，能为民族间自主自愿的经济技术协作和互惠互利的援助提供广阔的前景。④

同时，市场经济也会给民族地区经济发展和社会和谐带来不利影响。柯伟认为，市场经济的自发作用必然会造成利益分化和利益差距的扩大，特别是在各民族竞争实力相差悬殊的情况下，市场经济的自发作用必然导致民族之间发展差距和民族成员收入差距的拉大，从而影响民族关系。市场经济竞争自身所带来的资源流向趋利性，使得我国地区经济发展严重不平衡。





①高学民：《从根本上提升新疆民族关系的几点思考》，《实事求是》2010 年第 4 期，第 74～75 页。

②柯伟：《构建新疆和谐民族关系之我见》，《兵团党校学报》2007 年第 6 期，第 52～54 页。

③徐磊：《论社会主义市场经济对新疆民族关系的影响》，硕士学位论文，石河子大学政法学院，2007 年。

④李大健：《论民族关系与民族经济》，《黑龙江民族丛刊》2007 年第 1 期，第 34～39 页。

### （三）少数民族地区资源开发的利益分配对民族关系的影响

袁少芬(1998)认为,民族地区矿产资源开发创造了巨大的物质财富,但当地少数民族却获利很少。① 沈桂萍(2009)认为,随着西部地区开发力度的不断加大,一些具有商业价值的矿产、水利等资源开发对当地群众的利益补偿不到位,甚至与当地少数民族群众产生冲突,引起了这部分少数民族群众的不满。② 可以看出,利益分配不合理与生态破坏是影响民族关系和谐的主要因素。

### （四）人口跨地域流动对民族关系的影响

不同民族地区间的人口流动是影响各民族间社会交往的一个重要因素,从而也成为影响民族关系的一个重要原因。范存霞(2011)分析了人口跨地域流动对民族关系的影响:一方面,大批外来少数民族流动人口涌入城市,促进了城市经济的多元发展,增加了人们物质文化生活的多样性,加深了各民族经济文化的广泛交流和联系,从而多方位、多层次地促进了城市散杂居地区民族关系的发展;与此同时,也对城市散杂居地区的民族关系带来一定的负面影响,各民族不同成员在直接交往的过程中,会产生各种利益冲突,加之文化的差异、风俗习惯和宗教信仰方面的不同等问题相互交织,使得城市散杂居地区民族关系进一步复杂化、多样化。③ 马戎(2009)通过对西部城市的大量调查,研究与流动人口相关的社会经济发展问题。他研究了西部地区的汉族流动人口、西部城市中来自本区农村的少数民族流动人口、东部地区的少数民族流动人口,通过大量的数据分析了人口流动对民族关系的影响。少数民族地区有些人感到外来汉人在“我们的家园”抢了“我们的就业机会”,挣走了“我们的钱”。如果受到一些外部势力的挑动,这种情





①袁少芬:《经济因素与民族关系——又谈民族关系理论新探索》,日本:国立民族学博物馆,1998 年,第 133 ~149 页。

②沈桂萍:《和谐社会建设中的民族关系及其发展趋势》,《中央社会主义学院学报》2009 年第 4 期,第 76 ~79 页。

③范存霞:《城市散杂居地区民族关系的影响因素探析》,《延安职业技术学院学报》2011 年第 1 期,第 11 ~13 页。

绪很容易演变为狭隘排汉的“民族情绪”。但同时马戎认为,各民族劳动者在全国经济结构中的均布和相互“嵌入”通过跨区域流动和迁移,他们及其家庭成员可以改变传统的以“种族—族群”为核心的聚居模式。这将使少数族群得以进入全国各个地区的就业市场,进入各地的经济结构,这样使得他们能够更加广泛地与多数族群和其他少数族群成员接触,加强彼此的文化交流。① 李艳荣(2010)认为,人口的流动,在初始时期往往是外来人口因经商、务工等各种原因向少数民族地区流动,而少数民族地区人口因观念陈旧等原因还难以大量地向内地、沿海地区流动。但随着观念的逐渐变化,人口流动将成为双向的流动。各民族间人口迁移和流动的结果必然是加强相互间的经济联系,促进民族间的文化交流和认同。②

未来十余年是推进新疆社会稳定和长治久安,全面建设小康社会的关键时期。众所周知,当代的经济竞争,说到底是综合竞争力的较量,其关键是科学技术的竞争,而科技竞争的核心则是人才竞争。目前新疆普遍缺乏人才,明显地制约了当地经济的发展。人口流动可以为新疆的经济发展提供人才支持。同时,西部发展也必须开放,必须吸引外来人口,并且树立竞争意识,不断提高自身竞争力,以逐步消除族别差异对民族关系和社会稳定带来的隐患。

### (五)少数民族地区的城镇化研究

吴琼(2007)以新疆为例研究了少数民族地区的城镇化,他认为伴随着城镇化的进程,各少数民族人口流入城市,使城市少数民族人口增多,民族间交往的广度、深度扩大,这首先引起了少数民族居住环境和生活方式的重大改变,并给未来民族关系的走势带来诸方面的影响。他分析了这种影响积极和消极的方面:积极方面的影响主要是促进民族融合,消极方面的主要影响是使

①马戎:《关于当前中国城市民族关系的几点思考》,《西北民族研究》2009 年第 1 期,第 6~19,35 页。

②李艳荣:《关于新疆民族关系的基本思考》,《兵团教育学院学报》2010 年第 5 期,第 6~12 页。

民族关系复杂化。[1] 白关峰(2010)通过对新疆生产建设兵团的研究,说明了城镇化对民族关系的影响。他认为,伴随着城镇化进程中生产、生活方式的转变,各民族的经济社会发展水平将得到有力促进,各民族间的交往也会更加深化。城镇化水平的提高将大大提高现代化水平和各民族人民的生活水平,有力促进农村剩余劳动力的转移,成为提高各民族人民生活水平的重要途径。[2] 同时,城镇民族关系将日趋复杂,城镇民族工作的任务也将更加繁重。

### (六)少数民族地区的就业问题研究

沈桂萍(2009)认为,少数民族群众的就业难问题是少数民族地区就业问题的突出表现,其严重影响了少数民族地区的和谐发展。[3] 改革开放以来,由于竞争机制引入广大农牧区,而一部分少数民族农牧民由于观念未能转变,没有及时抓住各种就业和发展的机会,在市场经济竞争中处于弱势地位。与此同时,由于国有企业下岗职工的增多,农村剩余劳动力的增加和内地农民工的不断涌入,社会整体就业形势更加严峻,少数民族群众的就业压力尤其大。这一现象在部分少数民族群众和少数民族地区中产生了强烈的反响。李晓霞(2012)从就业岗位方面分析了就业对民族关系的影响。她认为,在我国现有的体制下,就业的行业门类、单位的体制、部门、岗位等对就业者收入的多少往往有着很大的影响。受到历史和文化传统的影响,少数民族人口中从事传统农牧业生产和小商贩的比重较大,即使进入就业市场后,也往往因为汉语能力有限,技术水平较低,处于相对劣势地位,影响其个人就业岗位和收入水平。[4]

---

①吴琼:《流动人口及城镇化对新疆民族关系的影响》,《新疆大学学报》(哲学·人文社会科学版)2007 年第 4 期,第 79 ~81 页。

②白关峰:《兵团城镇化进程中的新疆民族关系和谐发展研究》,《兵团党校学报》2010 年第 6 期,第 30 ~34 页。

③沈桂萍:《和谐社会建设中的民族关系及其发展趋势》,《中央社会主义学院学报》2009 年第 4 期,第 76 ~79 页。

④李晓霞:《新疆民族关系走向及其影响因素分析》,《北方民族大学学报》2012 年第 1 期,第 40 ~48 页。

由此可见,少数民族群众就业难和就业层次较低成为影响收入水平,从而影响社会稳定的重要因素。我们在促进少数民族群众就业的同时,也要重视对高层次的少数民族人才的培养,提升他们的收入水平。

# 第二章　国外援助落后地区部分实践及启示

## 一、国际援助经验及其对我国对口援助的启示

### （一）国际援助实践

国际援助是指政府间（官方）双边和多边发展援助以及由非政府组织提供的私人（非官方）援助。国际援助被认为是第二次世界大战后美国帮助欧洲战后重建的产物。它源于马歇尔计划，美国在二战结束后的4年内转移了大约170亿美元，相当于美国GNP的1.5%。

1. 援助的主要内容

20世纪50年代，国际援助的主要领域是经济发展目标；60年代，人力资本受到重视，援助计划扩展到教育、保健和其他人类服务事业；60年代后期和70年代，援助计划包括了促进经济增长以外的目标——收入再分配、减轻贫困、满足基本需要等；80至90年代早期，援助更多地关注宏观经济稳定和结构调整。最近，环境保护和民主化又成为援助国的主要目标。

援助的主要机构是双边援助的出资者，常常通过一个援助机构进行援助，如美国国际开发署（USAID）、英国海外开发部（ODA）、加拿大国际开发署（CIDA）、瑞典国际开发署（SIDA）等；主要的多边援助机构是世界银行、国际货币基金组织、地区开发银行和联合国；国际援助的另一主体是非政府组织。

2. 援助的动机与效果

国际援助的动机可以分为政治动机和经济动机两大类。政治动机对援助国来说一直是更重要的。欠发达国家接受援助的动机主要有经济上、政治上和道义上的动机。

长期以来,国际上对于援助效果的争论一直比较激烈。支持者认为,援助事实上促进了许多欠发达国家的经济增长和结构转变;批评者认为,援助可能实际上阻碍了经济发展,欠发达国家债务负担加重以及捆绑援助等使得其国际收支体系恶化,援助不仅扩大了发展中国家贫富差距,而且造成了新的"二元经济",如城乡差距、现代与传统部门差距等。

### (二)国际援助的经验对我国对口援助的启示

(1)对口援助是一项长期的工作。世界发达国家对不发达国家的援助开始于20世纪40至50年代,至今二者的差距仍在扩大。作为我国协调区域发展的一项重要措施,对口援助具有长期性。

(2)我国东部地区长远的经济发展和社会稳定与西部地区获得全面发展休戚相关。促进西部地区的可持续发展,改善西部地区脆弱的生态环境和提高西部人民的生活水平,最终将符合东部发达地区和西部欠发达地区共同的、根本的利益。

(3)对口援助要充分发挥社会各界的力量,调动各方面的积极性。国际援助经验表明,非政府组织在国际援助中发挥着越来越大的作用。我国的对口援助需要发挥社会各界的力量共同参与,多领域协作。

(4)组建全国性的对口支援协作机构。我国的对口援助,既有以政府为主的对口帮扶,又有经济组织之间的合作,跨度大、涉及面广,需要精心周密地组织协调。为此,应组建全国性对口援助的协作机构,统一管理协作资金。

## 二、美国西部开发的经验及启示

历史上,国外对经济欠发达地区开发的先例很多,其经验教训令人深省，如美国的西部开发、日本的区域协调发展等。

### （一）美国区域经济的非均衡状况

20世纪30年代，美国南北部经济极不协调：北部经济发达，工业体系完备，商业规模巨大，资本市场活跃；南部自然条件较差，黑人较多。阿巴拉契亚山地是全国最贫瘠的地区之一，其劳动力素质总体较低。美国区域经济发展的非均衡性，导致南部区域消费市场相对狭小，产品质量又难以与北部竞争，从而使落后地区的产业和商品处于低水平循环状态；南部投资规模小、速度慢，大规模的经济开发过度依赖区外资金和政府投资。可见，美国区域经济的非均衡性，既是资源禀赋差异的结果，又与资本状况和文化教育水平密切相关，是一种综合性的社会历史现象。南北经济的差异引发了一系列社会问题。南部企业经营粗放，在竞争中易被挤垮，从而减少了就业机会，直接冲击了社会的稳定，无形中加剧了白人和黑人的种族矛盾，加大了南北之间的对立情绪。

### （二）美国区域经济的均衡政策

为了改变经济不均衡性，罗斯福新政以凯恩斯主义为指导，开始对落后地区经济实施宏观调控，把区域经济的均衡发展看作是事关国家长远利益的大事，其具体政策如下。

1. 针对不同地区的经济发展水平实行不同的税制

从20世纪30年代起，联邦政府对北部发达地区多征税，把增量部分转移支付给落后地区；对落后地区多留资金，积极培养其良性循环能力，到90年代才减小了南北赋税的差异。

2. 在落后地区建立经济开发区

为了加速落后地区的经济发展，联邦政府于1962至1963年先后颁布了地区经济开发法令。依据此法，联邦政府把全国贫困落后地区划分为若干经济开发区。此后又颁布法令，将贫困落后地区划分为规模更大的开发专区。法令规定，每个专区至少包括两个以上的再开发区，同时还必须包括一个“增长中心”。也就是说,必须包括一个发展水平较高并能带动整个专区经济发展的地区。这可使“增长中心”和落后地区取长补短,否则,仅仅把贫困的地区联合在一起,往往会因缺乏资金、技术和领导力量而收效甚微。

3. 调动州和地方的积极性

联邦政府在援助落后地区时,非常重视地区配合,联邦各种援助都强调依靠地方的投资建立新企业,增加就业机会。

4. 政府出资兴办水利事业,带动落后地区的经济发展

针对一些落后地区河水经常泛滥,土壤流失严重,极大阻碍该地区工农业发展的现状,联邦政府对落后地区的水利工程进行统一规划、设计、施工与经营管理,大大促进了该地区经济协调发展。

5. 利用财政融资手段,鼓励私人企业向落后地区投资

联邦政府通过经济开发署,对在落后地区投资的私人企业提供长期低息或无息贷款,对向落后地区投资提供贷款的金融机构予以信贷保险。同时,政府出资在南部农村建医院、办学校,发展邮电和保险事业,改善基础设施,健全社会保障系统,创造良好的投资环境。

6. 提高劳动力素质,引导人力资源流向

联邦政府在加大落后地区教育投资规模的同时,采取物质鼓励手段引导劳动者南移。主要手段包括给南移劳动者发放迁移补贴费和住房补贴费,提供就业信息和就业培训,给投资者予以税收优惠等。

### (三)中美协调区域发展的比较

比较20世纪30年代美国的南北差异与目前中国的东西差距,可发现许多相似之处,比如:①形成原因相似,都是自然资源禀赋差异与人力资源禀赋差异相互作用的结果;②运转机理相似,市场机制必然形成两极分化的利益循环;③宏观效应相似,都会制约经济发展和社会稳定;④调控条件相似,都具备了缩小差距的现实条件;⑤历史任务相似,美国曾面对经济增长和种族隔阂消除的使命,中国面临促进经济发展和正确处理民族关系的重大课题。因此,美国的区域经济均衡政策对我国的对口援助有深刻的启示。

## 三、日本区域经济发展的实践及启示

日本的地区振兴与开发活动中，政府、金融机构发挥着重要作用。1974年8月，由工业再布局、产煤地区振兴公团改组成立了地区振兴整备公司，目的是谋求人口与产业由大城市向地方分散，加速各地区的开发与发展，通过开展振兴地方城市业务、加强地方城市开发业务、工业再布局业务、促进高技术产业选址建厂业务等，达到促进全国人口和产业的适当布局与提高各地区居民福利的目标。

### （一）日本区域经济政策的主要特色

1. 政府高度重视

日本在制定与组织实施区域经济政策的过程中，成立了国土厅等专门机构，负责对政策做出权威解释，根据有关措施分配经济和社会资源，协调与其他政策的关系。中央和地方各级政府不仅从政府职能上高度重视，并且还根据经济社会发展到不同阶段面临的不同问题，积极调整政策方向，保持区域经济政策执行的连续性、稳定性和针对性。日本区域经济政策目标具有明显的阶段性：二战后的1950至1955年是日本的经济复苏期，政府实施了特殊地区综合开发计划，区域经济政策的目标是整治河流、增产粮食和合理利用水资源；1955至1960年初，国家经济建设重点转向工业领域，太平洋沿岸成为日本经济发展的重点区域，政策目标是建设“太平洋环带地区”，通过实施向重点地区倾斜的非均衡发展战略，促进日本经济的迅速起飞；1960至1974年，由于太平洋沿岸经济的高速发展，产业集中和大都市膨胀，为了缓和所谓“过密”与“过疏”的矛盾，先后制定了5个全国综合开发计划，使得区域经济政策具有连贯性和针对性。

2. 实现区域经济政策的法律化

日本政府为搞好区域开发，各项政策都通过法律的形式颁布实施。自1950年颁布《国土综合开发法》以后，有关区域发展的法律法规逐步形成体系。例如，为保证实现明确的区域经济政策目标而颁布的《国土综合开发法》（1950 年）、《国土利用计划法》（1974 年）等法律法规；为引导工业向地方转移，振兴地方产业而颁布的《新产业城市建设促进法》（1962 年）、《工业整备特别地区促进法》（1964 年）、《工业再配置促进法》（1972 年）、《高技术工业集聚地区开发促进法》（1979 年）；有助于地区产业高度化的《特定产业集聚促进法》（1988 年）等。法律法规的严肃性、规范性和稳定性，保证了地区开发，特别是落后地区开发的顺利进行。

3. 强化财政金融工具对落后地区的援助

日本中央政府拨付给地方政府的财政支出，在非均衡发展时期，主要是拨给重点开发地区；在均衡发展时期，则主要拨给落后地区。对落后地区的支持明显体现在财政补贴上。比如，政府给予北海道的开发项目补贴均高于其他地区。另外，日本政府还采取减免税收、价格补贴等政策，促进“过疏”地区的经济发展。

4. 推动基础设施建设

日本政府在颁布的所有有关地区开发的法律法规中，几乎都对基础设施建设做出了专门规定，基础设施投资在日本政府财政支出中约占 40%～50% 的比重。同时，政府还通过各种法律法规，大力鼓励私人企业和财团法人进行基础设施投资建设，拓宽资金筹措渠道。

### （二）日本区域经济协调发展政策对我国的启示与借鉴

日本的有益经验对我国的对口援助及地区经济协调发展有一定的借鉴价值。

1. 加强区域规划导向

规划的全过程应该是政府、公众共同参与，政府的权力性与规划的权威性有机结合。

2. 拓宽融资渠道，提高投资效益

积极引导和鼓励民间资本以各种形式参与。完善地区金融体系，尤其是完善广大农村地区的金融体系，是解决“三农”问题、缩小城乡差距的保障之一。财政转移支付作为一种重要的援助手段，对于欠发达地区改善社会公用设施、创造良好的投资环境、缩小地区差距具有十分重要的意义。国家财政应重点投向社会公益事业，以减少地区间政府公共服务水平的差距，并将扶持弱势地区发展与培养当地自我发展能力紧密结合起来，引导自然资源、资金、技术、人力资源等向落后地区转移。

3. 建立完善区域发展立法体系

用程序公正的区域发展立法为区域协调发展提供法律保障，形成规范的区域竞争秩序。例如，通过法律的形式对扶持落后地区的总体目标、开发方式、实施手段，以及地方政府、企业和个人等相关主体的责任和义务等重要问题予以明确的界定。

地区经济发展不平衡作为一个客观的经济与社会现象，具有一定的普遍性，区别只是这种差距的程度、产生的原因、治理时机的掌握和政策措施的着力点有所不同。

# 第三章　我国少数民族地区经济发展与各民族共同繁荣发展关系的实践

自20世纪50年代以来,我国制定了一系列加快少数民族地区经济社会发展的政策,对加快少数民族地区经济发展、协调少数民族经济利益、促进各民族共同繁荣发挥了重要作用。

## 一、制定促进少数民族地区经济发展和协调民族关系的政策

我国少数民族主要居住在边疆地区,经济发展水平相对较低,贫困人口相对集中,是国民经济结构中的薄弱环节。加快少数民族地区经济发展,逐步缩小与发达地区之间的发展差距,使之与全国的发展相协调,实现各民族的共同繁荣发展是我国广大群众的迫切需求。如果只是部分民族、部分地区经济得到快速发展,而某些地区滞后,则会出现木桶效应,直接制约我国总体国民经济的提升发展。没有各民族共同繁荣发展,没有少数民族地区的发展进步,我国综合国力的增强、现代化的建成,以及中华民族的伟大复兴是不可能实现的。防止短板的制约,坚持各民族共同繁荣发展,始终是中国民族政策的根本出发点和落脚点,也是我们社会主义本质所要求的。①

中华人民共和国成立前,绝大多数少数民族地区生产力水平极度低下。当时的新疆没有一寸铁路,西藏没有一条公路,云南山区的一些少数民族人




①中华人民共和国国务院新闻办公室:《中国的民族政策与各民族共同繁荣发展》,《人民日报》2000年9月28日。

们出行或运输靠赶马帮、乘大象、架溜索。但是从中华人民共和国成立起，国家始终坚持加快少数民族地区发展的重要决策。

1952 年，中央政府颁布《关于少数民族地区的五年建设计划的若干原则性意见》，规划在一些少数民族地区修筑铁路，建设公路干线，修补道路和桥梁，建立邮政、电报、电话、通信系统。在“一五”计划（1953 ~ 1957 年）期间，国家新建 8 条铁路干线，其中有 5 条建在少数民族地区，或直接与少数民族地区相连接，包括兰新铁路、包兰铁路等。世界闻名的康（川）藏公路和青藏公路，同时在 1954 年建成通车。20 世纪 60 年代，修建了成昆铁路、湘黔铁路、枝柳铁路及滇藏公路等。1962 年，兰新铁路铺轨到乌鲁木齐，结束了新疆没有铁路的历史。改革开放以来，陆续建成了南昆铁路、内昆铁路、南疆铁路、拉萨机场、兰（州）西（宁）拉（萨）光缆工程、宁夏扬黄灌溉工程等一大批重点工程，极大地改善了少数民族地区交通、通信、水利等基础设施和生产生活条件。

在“一五”计划期间，国家把 156 个大型建设项目中的 40 个项目安排在了少数民族地区，如内蒙古包头钢铁基地、新疆克拉玛依油田、云南个旧锡业公司等。60 年代，国家把沿海和内地的一批大型工业企业搬迁到少数民族地区，为少数民族地区发展现代工业奠定了基础。改革开放以来，国家又在少数民族地区优先安排了大批重大工程项目，如新疆塔里木油田、广西平果铝厂、青海钾肥工程、内蒙古大型煤电基地等，从而使少数民族地区成为若干重要的资源开发和深加工产业基地，初步走出了一条立足资源优势、具有自身特色的工业化道路。通过开发优势资源发展现代工业，从而加快了少数民族地区发展。

1979 年 4 月，党中央召开的全国边防工作会议讨论了新时期的民族工作，提出了内地省、市与少数民族聚居的省、自治区对口支援问题，这实际上是涉及汉族和少数民族关系的问题。国家确定由北京支援内蒙古，河北支援贵州，江苏支援广西和新疆，山东支援青海，上海支援云南和宁夏，全国支援西藏。1979 年，国家制定实施《边疆建设规划（草案）》，提出在 8 年内安排边疆建设资金 400 亿元。

1982 年 9 月，中国共产党第十二次全国代表大会的政治报告和这次大会修改的党章，明确提出了社会主义民族关系的基本特征是平等、团结、互助。并指出，进一步发展各民族之间平等、团结、互助的社会主义民族关系，是我国社会主义民主建设的一项重要内容。11 月，第五届全国人民代表大会第五次会议关于修改宪法草案的报告中强调指出：实现各民族平等、团结和共同繁荣，是中国共产党和我们国家奉行的基本原则。

1983 年 1 月，国务院批转了《经济发达省、市同少数民族地区对口支援和经济技术协作工作座谈会纪要》，并指出这项工作由国家经委、国家计委和国家民委共同负责，明确了对口支援工作的原则、重点、任务等问题。同年，国务院召开全国少数民族地区生产生活会议，提出要在较短时期内基本解决部分群众的温饱问题、住房问题和饮水问题。

1984 年 5 月，第六届全国人民代表大会第二次会议通过《中华人民共和国民族区域自治法》，要求各族人民在坚持四项基本原则的基础上，加强民族的团结和巩固国家的统一，为全国各民族最大多数人民的最大利益，即国家的社会主义现代化建设和各民族的共同繁荣而努力奋斗。

1987 年 4 月，中共中央批转《关于民族工作几个重要问题的报告》，提出新时期民族工作总的指导思想和根本任务：坚持四项基本原则，坚持改革、开放、搞活的基本国策，紧密结合少数民族地区和少数民族的实际，从民族平等、民族团结、民族进步、相互学习、共同致富出发，以经济建设为中心，全面发展少数民族的政治、经济和文化，不断巩固社会主义的新型民族关系，实现各民族的共同繁荣。强调发达地区应当继续做好对少数民族地区的支援。

1992 年 10 月，中国共产党第十四次全国代表大会明确提出了社会主义市场经济理论，把建立和完善社会主义市场经济体制作为改革的目标。这个理论和这种体制为社会主义民族关系理论的新发展提供了广阔天地。大会并指出：全面贯彻党的民族政策，坚持和完善民族区域自治制度，坚持平等、互助、团结、合作，以促进各民族的共同繁荣。

1996 年 7 月，国务院办公厅转发国务院扶贫开发领导小组《关于组织经济较发达地区与经济欠发达地区开展扶贫协作的报告》，确定由北京与内蒙古，天津与甘肃，上海与云南，广东与广西，浙江与四川，山东与新疆，辽宁与青海，福建与宁夏，大连、青岛、深圳、宁波与贵州，开展扶贫协作。仅头三年，各对口单位共捐款捐物10.4亿元，实施合作项目2 074个，投资近40亿元。① 以西藏为例，为促进西藏的发展与稳定，中央分别在1980年、1984年、1994年、2001年，先后四次召开全国西藏工作座谈会，逐步加大中央和地方对口支援西藏的力度。

自2000年实施西部大开发战略以来，国家把支持少数民族地区加快发展作为西部大开发的首要任务。为了让民族地区在西部大开发中得到切实的利益，国家采取了许多照顾措施，包括优先在民族地区安排资源开发和深加工项目、对输出自然资源的民族自治地区给予一定的利益补偿、引导和鼓励经济较为发达地区的企业到少数民族地区投资、加大对少数民族地区的财政投入和金融支持等，支持少数民族地区发展经济，壮大实力。

2001年，为贯彻落实《中国农村扶贫开发纲要》，又为少数民族地区增加了10个国家扶贫开发工作重点县，同时将西藏作为特殊片区整体列入重点扶持范围。2005年，国家优先将少数民族贫困村纳入整村推进的扶贫开发规划。2007年，国家制定《少数民族事业"十一五"规划》，规划建设11项重点工程。2009年，国家实行新的扶贫标准，扩大覆盖范围，对民族地区农村低收入人口全面实施扶贫政策。此外，国家通过实施以工代赈、易地扶贫、游牧民定居、农村危房改造、农村安全饮用水工程，以及城乡最低生活保障制度，不断加大对民族地区的支持力度。

2005年，中共中央、国务院做出《关于进一步加强民族工作加快少数民族和民族地区经济社会发展的决定》，明确将发展作为解决民族地区困难和问题的关键。强调随着国家综合实力不断增强，中央将继续加强对民族地区经济社会发展的扶持，完善与民族区域自治制度相适应的政策性转移支付制度，帮助民族地区建设一批对带动当地经济社会发展起重大作用的基础设施项目，优先安排同各族群众生产生活密切相关的中小型公益性项目。

2007年10月，胡锦涛同志在中国共产党第十七次全国代表大会上的报

---

①中华人民共和国国务院新闻办公室：《中国的少数民族政策及其实践》，《中华人民共和国国务院公报》2000年第3期。

告中指出:牢牢把握各民族共同团结奋斗、共同繁荣发展的主题,保障少数民族合法权益,巩固和发展平等、团结、互助、和谐的社会主义民族关系。

2007年,国务院出台《关于进一步促进新疆经济社会发展的若干意见》,对加快新疆经济社会发展,进一步提高新疆各族人民生活水平做出部署。2008年以来,国家又陆续制定出台了促进宁夏、青海等省(自治区)藏区、云南边疆地区经济社会发展的一系列优惠政策措施,增加投入,加强基础设施建设,发展特色优势产业,推动社会事业发展,促进少数民族和民族地区经济社会加快发展。通过各种促进各民族共同发展政策的颁布和实施,少数民族地区在区域经济发展中得到实惠。

## 二、民族地区扶贫实践

消除贫困,最终实现共同富裕,是千百年来广大贫困地区民众梦寐以求的美好理想,是社会主义的本质要求。中华人民共和国成立后,我国政府一直致力于发展生产、消除贫困工作。但严格意义上的扶贫,是在改革开放以后提出并大规模实施的。我国的贫困地区大部分在西部地区,而西部地区是我国少数民族聚居区,因此从一定意义上来讲,扶贫开发也是民族地区开发。

### (一)改革开放以来我国民族地区扶贫开发取得了举世瞩目的成就

我国的贫困地区主要在西部少数民族地区。据统计,到1994年,贫困地区涉及5个自治区、20个自治州、49个自治县。全国348个少数民族自治县中有257个被列为国家重点扶持贫困县,占全国592个国家重点扶持贫困县的43.4%。①

1. 大量贫困人口解决温饱,贫困状况大范围缓解

改革开放以来,民族地区大量贫困人口解决了温饱,贫困状况大范围缓解。中国农村贫困人口已从1978年的2.5亿减少到2010年的2 688万,贫

①中华人民共和国国务院新闻办公室:《中国的农村扶贫开发》,《人民日报》2001年10月16日。

困发生率从 30.7% 下降到 2.8% 。2001 至 2014 年的 14 年间,新疆已有 365 万农牧民告别贫困。

2. 少数民族贫困地区贫困群众生产生活条件明显改善

我国贫困地区群众的生产生活条件明显改善。2002 至 2010 年,国家 592 个扶贫开发工作重点县新增基本农田 5 245.6 万亩,解决了 5 675.7 万人、4 999.3万头大牲畜的饮水困难。到 2010 年年底,国家扶贫开发工作重点县农村饮用自来水、深水井的农户达到 60.9% ,自然村通公路比例为 88.1% ,通电比例为 98% ,通电话比例为 92.9% ,农户人均住房面积 24.9 平方米。

3. 少数民族贫困地区整体社会经济发展实力大幅度增强

改革开放后,特别是"十五"以来,少数民族贫困地区紧抓国家实施西部大开发这一重要战略机遇期,加快推进工业化、城市化和农业产业化步伐,经济社会呈现出持续快速健康发展的强劲势头,少数民族地区整体社会经济发展实力大幅度增强。2013 年,新疆生产总值达到 8 360.24 亿元,按可比价计算比 2000 年增长了 271.48% ,年均增长 10.6% ;人均生产总值达到 37 181元,比 2000 年的 7 372 元增加了 29 809 元;三大产业的分布为 17.6∶45.2∶37.2,和 2000 年相比,第一产业占 GDP 的比重从 21.1% 下降到 17.6% ,第二产业的比重从 39.4% 上升到 45.2% 。

### (二)改革开放以来我国少数民族地区扶贫开发的主要措施

改革开放以来,党和国家以及其他发达地区为少数民族地区扶贫开发采取了一系列行之有效的措施和政策,为少数民族地区扶贫开发工作提供了重要保障。

1. 加强领导,认真落实中央扶贫开发工作精神

改革开放,特别是从"八七计划"实施以来,少数民族地区各级党委政府认真贯彻落实中央各项扶贫方针、政策。从 1986 年起,从中央到地方分别成立专门的扶贫工作机构,各地从当地扶贫开发工作的实际出发,制定了本省、自治区扶贫开发计划。

2. 制定实施了多项扶贫开发专门规划

在我国社会经济发展的不同时期，国家制定实施了多项扶贫开发专门规划。1986 至 1993 年，我国绝对贫困人口从 1.25 亿减少到 8 000 万，贫困发生率从 14.8% 下降到 8.7% 。1994 至 2000 年，实施《国家八七扶贫攻坚计划》，"八七扶贫攻坚计划"完成以后，我国的绝对贫困人口减少到 3 209 万，贫困发生率下降到 3.5% 。2001 年 6 月，国务院实施《中国农村扶贫开发纲要(2001—2010 年)》，将扶贫开发工作任务从解决温饱调整为解决温饱与巩固温饱并重，工作对象从绝对贫困人口调整为绝对贫困加低收入人口。到 2006 年，我国绝对贫困人口减少到 2 148 万，绝对贫困发生率下降到 2.3% ，低收入人口从 6 213万减少到 3 550 万，低收入贫困发生率从 6.7% 下降到 3.7% 。

3. 采取了循序渐进的扶贫开发模式

(1)通过体制改革推动扶贫开发(1978 ~ 1985 年)。主要体现在土地制度、市场制度和就业制度的改革。1978 年，按我国政府确定的贫困标准统计，我国的贫困人口为 2.5 亿人，占农村总人口的 30.7% 。改革开放建立家庭联产承包责任制为主的农村基本经营制度，放开农产品市场和价格，大力发展乡镇企业，极大地调动了广大农民群众的积极性，促进了农村乃至全社会生产力的解放和发展，成为我国扶贫事业迅速发展的第一推动力。

(2)大规模开发式扶贫(1986 ~ 1993 年)。为进一步加大扶贫力度，我国政府自 1986 年起采取了一系列重大措施。其中，从中央到县成立专门扶贫工作机构，安排专项资金，制定专门的优惠政策，并对传统的救济式扶贫进行彻底改革，确定了开发式扶贫方针。自此，我国政府在全国范围内拉开了有计划、有组织和大规模的开发式扶贫的帷幕，扶贫工作进入了一个新的历史时期。经过 8 年的不懈努力，国家重点扶持贫困县农民人均纯收入从 1986 年的 206 元增加到 1993 年的 483.7 元；农村贫困人口由 1.25 亿人减少到 8 000 万人，平均每年减少 640 万人，年均递减 6.2% ；贫困人口占农村总人口的比重由 14.8% 下降到 8.7% 。

(3)扶贫攻坚(1994 ~ 2000 年)。以 1994 年 3 月《国家八七扶贫攻坚计划》的公布实施为标志，我国的扶贫开发进入了攻坚阶段。《国家八七扶贫攻坚计划》明确提出，集中人力、物力、财力，动员社会各界力量，力争用7年左右的时间,到2000年年底基本解决农村贫困人口的温饱问题。这是中华人民共和国历史上第一个有明确目标、明确对象、明确措施和明确期限的扶贫开发行动纲领。2000年年底,国家"八七"扶贫攻坚目标基本实现。

(4)以基础设施建设、解决温饱为中心,努力增加农牧民收入(2001年以后)。在扶贫开发中特别是扶贫攻坚中,少数民族地区把改善贫困人口生产生活的基础设施建设和增加农牧民收入作为一项重点工作来抓。通过"坡改梯""村村通工程"等基础设施建设,民族贫困地区的农田水利、人畜饮水、草原建设、农村电力、乡村道路、广播电视等有了明显改善,为解决温饱和巩固温饱打下了牢固基础。

(5)加大扶贫开发资金投入,设立扶贫开发专项基金。根据中华人民共和国国务院新闻办公室2001年10月发布的《中国农村扶贫开发》白皮书显示,1994至2000年,国家共向少数民族地区的八省区投入资金432.53亿元,占全国总投资的38.4%。其中,财政资金194.15亿元(含以工代赈资金127.22亿元),占全国的40%;信贷资金238.38亿元,占全国的37.8%。1982至2002年,中央财政每年安排2亿元专款,重点治理甘肃定西、河西和宁夏西海固干旱地区;1990年,中央财政设立"少数民族贫困地区温饱基金",重点扶持全国143个少数民族贫困县;1992年,国务院决定在原"支援经济不发达地区发展资金"的基础上,每年新增加6 000万元,有偿使用于少数民族地区的农、水、路等基础设施及企业技术改造。①2005年12月,国家民委和国家开发银行签订了400亿元的政策性优惠贷款协议,用于支持发展少数民族事业。

## 三、对口支援

对口支援是具有中国政治制度特色的一项重要政策,长期以来特别是在

①中华人民共和国国务院新闻办公室:《中国的农村扶贫开发》,《人民日报》2001年10月16日。

促进少数民族地区发展中贡献巨大,作用明显。我国对口支援政策在发展中得到了不断的完善和丰富,已经从一种暂时性的政策演化为一种常规化的制度。

### (一)对口支援的三种形式

对口支援这一政策于20世纪50年代开始萌芽,70年代末正式提出并实施。1979年,中央以中发[1979]52号文件批转的报告中提出:国家要组织内地省、市,实施对口支援边境地区和少数民族地区。这是对口支援政策正式被提出和确定的开始。对口支援政策首先是为了促进边疆地区和少数民族地区共同发展和共同繁荣,同时也在不断发展中丰富了其内涵和形式。到目前为止,对口支援的政策模式主要有三种。

1. 对边疆各民族地区常规性对口支援

对边疆民族地区的常规性对口支援是历史最悠久、支援规模最大、支援时间最长的政策模式。由于我国边境地区的少数民族众多,其发展长期落后于其他地区,为了维护国家的边境稳定,促进少数民族地区的发展,实现民族大团结和共同繁荣,中央政府组织号召全国各地支援这些地区。

2. 对重大工程实施地定向性对口支援

在我国国民经济建设中,一些重大工程的实施对所在地的影响重大,这些施工地的经济环境和社会生态环境都将会发生重大的改变,其中最典型的就是举世闻名的三峡工程。三峡工程的建设需要完成大量的移民安置工作,同时库区的原有经济遭到严重的破坏,留置居民的社会生活和经济生产活动受到极大影响。在这种情况下,只靠当地政府的努力不能解决好问题,只有通过中央和全国其他省市的联合支援才能安抚好民心。对类似重大工程建设地的对口支援,通常是在工程受益地与工程建设地之间建立定向性的对口支援政策,这在一定程度上体现了对口支援的利益分享与利益补偿特征。

3. 对受重大损失灾区救急性对口支援

我国是个自然灾害发生频繁的国家,一旦灾害发生,可能会对当地人民的生活和生产造成毁灭性的打击。2008年5月,四川汶川8.0级大地震对灾区人民的生活生产造成了极其严重的破坏。中央决定举全国之力支援灾区恢复重建,这种救急性的对口支援是在特殊灾情发生后启动的,具有不可预见性和情势紧迫的特点。

### (二)对口支援模式运行的基础

1. 中央统筹协调,政治动员性强

对口支援政策是在不同省市之间、不同层级政府之间展开的援助体系,要顺利地完成对口支援工作,关键在于中央及国务院相关部门进行统筹协调。中央的高度重视强调了支援任务的重要意义,体现出政策本身高度的政治动员性。在对口支援中,中央统筹协调,首先能保证各地支援政策和具体措施的尽快出台。没有中央部门的协调,支援地的地方政府政策力度可能会减弱,达不到受援地本身的要求,而且各项具体措施的落实可能会存在严重的拖沓现象,使支援只是停留在口头上。

2. 地方积极响应,参与主体众多

在各项对口支援中,支援地的地方政府都积极响应中央的动员和安排,稳步推进各项具体支援项目的落实。首先,支援地的地方政府各个部门积极参与支援。地方机构发挥自身的优势,实行专项的"口对口"帮助,在与受援地充分联系和实地调研之后,就会迅速启动支援计划。其次,支援地的地方政府鼓励各种有能力和意愿的企事业单位参与到支援当中,充分动员社会资源共同参与支援,既节约了政府的资源,同时又调动了社会资源,形成对口支援多方共赢的良好局面。支援地的地方政府及其他企事业单位的积极参与使参与的主体更加广泛,在政府主导下能更好地完成支援任务。

3. 支援内容多元,人财物智俱全

对口支援的内容根据不同的需要,会有多种多样的支援形式,包括物质支援、技术支援、人员支援等。长期以来,对口支援都坚持"硬件"与"软件"支援相结合,把短时的"输血项目"和长期的"造血项目"相统一。一个地方的发展需要多种资源的组合,同时又要突出重点发展思路。在支援中,各级政府也注意到了调动人力、物力、财力、智力等多种力量,同时又突出重点支援项目。比如,有的优先支援教育项目,有的优先支援经济项目;支援的策略也不一而足,既要解决紧迫的需要,又要图谋长远的发展。

4. 针对性明确,时效性突出

对口支援不仅要突出"支援",更要强调"对口"。这里的"对口"不仅是一对一的结对,更指的是在支援内容上要"对口"。支援的针对性十分突出,这充分体现在对口支援的政策模式上。明确对口支援政策的针对性,才能更好地开展支援工作,把握支援的力度和进度,这样才会提高支援的效率,节约支援的成本,做到事半而功倍。对口支援的时效性是指要认清支援工作的紧迫性,分清楚是长期支援还是短期支援,是发展性支援还是救急性支援。这样才能更好地安排工作推进的强度,不急于求成,也不延误时机。

# 第四章　市场经济发展对多民族地区社会和谐的多重效应分析

所谓社会转型，是指社会结构和社会运行机制从一种形式向另一种形式转换的运动过程，它具体表现为社会结构、社会运行机制以及价值观念等方面的转换。①改革开放以来，中国社会开始了高度集中的计划经济体制向社会主义市场经济体制、封闭型社会向开放型社会的转型。各民族、各地区社会转型的起点、机遇、社会环境、发展态势不同，形成了当代中国社会转型的不平衡性，西部民族地区发展相对缓慢，并逐渐拉大了与东部沿海地区的差距，直接影响着民族地区的经济发展及民族关系。②转型期社会面临着利益关系调整、社会结构重组等诸多问题，因此也是矛盾凸显期。新疆由于政治、经济、文化和社会等方面的发展总体滞后，而引发的各种矛盾和冲突更加复杂、突出，大量的经济问题更有可能转化为政治、社会问题。

随着中国的改革开放和社会主义市场经济体制的建立与发展，新型民族关系也发生了新的变化。③总体上看，新疆的民族关系始终处于既统一又矛盾的状态。它是平等的，又因历史的原因而存在着各民族之间事实上的不平等；它是团结、和谐的，又因民族差别、经济差别、文化差别等存在一些

①任维德：《社会转型与民族发展——中西部民族地区现代化进程的实证分析与对策研究》，《内蒙古社会科学》（汉文版）2000 年第 4 期，第 92 ~ 98 页。

②丁建伟、连玉新：《论民族关系在中国西北边疆安全中的地位和作用》，《西北第二民族学院学报》（哲社版）2004 年第 3 期，第 12 ~ 18 页。

③刘吉昌：《历史 · 现实 · 未来——中国民族关系发展回顾与展望》，《中共云南省委党校学报》2001 年第 6 期，第 65 ~ 68 页。

不协调;它是互助的,又因利益关系而存在竞争以至矛盾。这种既统一又矛盾的状况乃是现阶段新疆民族关系的基本特征。这一特征对该地区乃至整个国家的安全与稳定具有双重影响。一方面,随着各民族之间的交往不断向广度和深度扩展,各民族互相学习、互相尊重,民族团结越来越紧密,各民族的向心力、凝聚力日益增强,民族间共同性日益增多;另一方面,随着各民族之间的交往日益扩大,各民族以自尊心、自豪感为主要内容的民族意识不断增强,少数民族民众更加关注本民族的形象和各项合法权益的保障与维护,在经济、文化方面的摩擦有所增加,基于民族特点和差异而产生的民族矛盾、冲突、纠纷的可能性也进一步增大。而这两种因素对新疆民族关系以及新疆社会和谐稳定发展的影响将会长期存在。

## 一、体制转型有利于各民族共同繁荣

### (一)市场经济增进各民族的经济文化交流

国家和内地省市对新疆少数民族地区的大力支持,不仅有利于各民族共同发展,还进一步加强了民族关系。改革开放和市场经济的发展促进了东西部地区各民族间的相互理解,促进了民族间的文化认同和变迁。人口双向流动有利于不同民族间克服狭隘的民族偏见和防备心理,有力地促进了民族之间相互学习、互相帮助、取长补短,增强了中华民族的凝聚力和向心力。① 随着民族交往的增多,不同文化互相渗透,不可避免地导致风俗习惯、道德观念等的日趋接近和整合,使民族之间的亲和力增强,民族关系更加融洽。而这一切,又都对新疆少数民族群众的国家意识的升华大有裨益。

### (二)市场经济促进各民族和谐关系不断向深度拓展

平等、团结、互助、和谐是维护和发展民族关系的基本原则。在市场经

①赵学先:《西部大开发中民族关系发展态势研究》,《云南民族大学学报》(哲学社会科学版)2003 年第 4 期,第 147～150 页。

济不断发展的今天，这种关系尤为明显。这一方面是促进各民族共同发展繁荣的需要；另一方面也是确保边疆稳定和国家统一的需要。① 在市场经济不断发展的过程中，为实现各民族共同繁荣这一目标创造了良好的环境和条件。具体表现在：第一，平等，已不仅是停留在政治、法律、形式上的平等，更多的是体现在经济、文化、教育、社会生活等方方面面的平等；第二，团结，已不是简单的，只追求形式上的团结，而是结成各民族人民“同呼吸、共命运、心连心”的团结，是一种自觉意识的“谁也离不开谁”的团结升华为“振兴中华”的强大民族凝聚力；第三，互助，已不是简单地停留在帮助少数民族解决温饱，改善基本生活条件、生产条件等，而是扩展到更深的层次，如增强各民族自我发展能力，提高民族整体素质，弘扬、发展民族优秀文化艺术，促进各民族互相学习、吸收、借鉴等方面；第四，和谐，已不是各自分离的自我和谐，而是以各民族相互交往、相互交融、共同繁荣为基础的和谐，是基于共同发展的和谐。

## 二、体制转型给民族发展、民族利益实现与协调带来新问题

改革开放以前，中国各民族的关系主要是政治关系，即法律赋予的各民族拥有的各方面的平等民主权利。虽然民族问题的经济、文化、社会利益矛盾也在民族关系中有所反映，但不占主导地位。在市场经济条件下，民族关系的协调表现更为复杂多样，具体体现在以下方面。

### （一）改革中利益结构的调整和重组使民族问题不断生成和发展

从最一般的意义上讲，少数民族经济利益是指对少数民族生存与发展起积极作用的经济上的需要，以及这种需要的满足状况。由于历史、社会、自然等方面的原因，我国少数民族在经济竞争力和经济利益的自我实现方面能力相对不足，经济利益在很大程度上有赖于国家的维护与保障。国家

①马维良：《社会主义市场经济下我国民族关系的特点和发展趋向》，《民族工作》1996 年第 6 期，第 11 ~ 14 页。

对少数民族的经济政策对于其经济利益的实现具有重要的作用。

少数民族经济利益是一个发展的概念。在不同的历史时期和不同的社会背景下,少数民族的具体利益需求是各不相同的。在改革开放以前,我国少数民族主要经济利益需求是解决温饱问题,是满足维持生存的最基本的物质需要。随着温饱问题的基本解决,少数民族经济利益需求则不断提升。旧的经济利益满足了,新的利益需求又会产生,人类正是在这种对利益的不断追求中,使自身得到发展,使社会得到进步。少数民族经济利益本身的发展性,决定了维护和发展少数民族经济利益是一个长期的过程。

能否正确处理好国家利益与民族利益的关系以及各少数民族之间的利益关系,是处理好民族关系的关键。经济利益是民族关系中的核心问题之一。西部大开发和对口援助在给少数民族带来大量机遇的同时,也给少数民族地区带来了更加激烈的竞争。这类因为竞争引发经济利益格局变化和重组而产生的矛盾,在非少数民族地区表现为不同利益群体之间的矛盾,但在少数民族地区却转变成为民族问题。

地区经济发展的不平衡造成了民族隔阂的加深,各民族由于不同经济利益追求而产生的群体意识也随之确立起来,并逐渐构成利益群体活动的内在动力。虽然不同利益群体间的根本利益是一致的,但他们的具体利益诉求显然具有差异性。利益分化导致社会成员之间在地位、权力、财富方面的分化日益明显,不同社会阶层和集团间的利益竞争日益明朗化。经济增长和分配不公并行现象依然存在,在这种情形下,就使得生活在少数民族地区的不同民族成员都对本民族的利益问题十分敏感。这种情况对少数民族地区民众造成了心理上的不安定,①利益冲突也就成为难以避免的现实,经济问题容易转化为社会问题,从而成为诱发社会不稳定的潜在因素。




### (二)发展差距成为影响民族关系的重要因素

计划经济时期实行平均主义大锅饭,民族之间生活水平相差还不是太

①谢俊春:《构建西部民族地区社会稳定的政治心理环境》,《成都行政学院学报》2009年第2期,第70~73页。

大。大家都贫困，所以矛盾不突出。改革开放后，少数民族地区与沿海发达地区的发展差距越来越大，直接影响着少数民族地区各方面的利益协调，影响着我国民族关系的大局走势，也影响着我国总体的民族关系。东西部地区的差距实际上往往表征为民族差距问题，这容易使少数民族人民心理上产生不平衡感、失落感和不平等感。经济的不平衡往往会转化为社会矛盾。

### （三）市场竞争带来新矛盾

市场经济的基本特点是通过公平竞争实现优胜劣汰和供需平衡。因此，各民族都要主动接受竞争的环境，在竞争中求生存、求发展。但也应该客观地看到，一方面，各少数民族存在着生活习俗、文化、宗教信仰等方面的差异性；另一方面，各少数民族由于自然、历史、社会的各种原因，社会发育程度普遍较低，这种“先天不足”，再加之计划经济时期形成的“等、靠、要”依赖思想的存在，造成经济上普遍缺乏竞争活力。

随着市场经济体制的不断深化，社会资源的竞争性、社会利益的多样性等市场经济内在规律的作用，在多民族地区造成了新的矛盾和问题，对民族关系带来不利影响。由于历史的原因，我国少数民族地区较为贫穷和落后，加上市场经济竞争自身所带来的资源流向的趋利性，使得我国地区经济发展严重不平衡。

### （四）资源开发及利益实现和分配对民族关系的影响

在开发过程中，如何处理资源开发与生态平衡的关系，资源开发与当地发展的关系，国家大中型企业与当地政府、当地群众之间的利益关系问题异常重要。

从对新疆的资源开发及其由此形成的资源利益关系来看：一方面，新疆总体上是我国经济社会发展水平相对滞后的地区，造成新疆居民对当地资源利益关系的强烈期望，他们希望利用当地的资源有效地改善经济社会落后的处境；另一方面，新疆生态环境脆弱，对资源可持续利用形成严重的约束。这种约束本质上也是生存在这一环境中的居民可持续生存发展的要求。这样,在新疆资源开发利益关系上便存在一个富有“民族－地域”特色的背景:民族关系、经济发展和资源环境成为支撑与约束资源利益关系的关节点。

新疆资源开发中的不协调主要表现为资源利益的实现与当地居民的生存发展存在距离,资源开发项目的利益与当地居民的利益形成二元结构;资源开发对当地居民生存发展的环境造成不良影响;资源开发的项目利益挤占了当地居民的生存发展利益,其利益损失的补偿难以适应生存发展的需要。同其他地区相比,新疆的资源开发面临比较突出的民族利益关系问题。

新疆资源开发过程的不和谐问题大多源于对当地居民主体地位的忽视。无论从何种角度看,当地居民在资源开发中的利益都是最根本的,资源开发必须从当地各民族生存发展的根本利益出发。而以新疆各民族生存发展利益为出发点和归宿的资源开发行为方式和利益实现方式,也必然要求克服资源开发中的单纯经济主义,坚持资源环境开发的可持续,实现资源开发利益主体之间的利益最大化,协调政府、企业、资源地居民三者之间的关系,寻找一种有助于利益主体之间激励相容的机制。

新疆资源开发中民族利益关系和谐,是指在新疆资源开发过程中资源利益关系转化为民族利益关系之后,资源利益的实现及分配与资源地居民生存发展需要的协调融洽。反映这一和谐要求应贯彻两条原则:①利益分享资源地居民优先原则;②向生存发展质量水平相对低的居民倾斜原则。当地居民优先原则衍生于资源地居民在资源开发利益中优先受惠权,根源于资源地居民与当地自然资源的自然关系。向生存发展质量水平相对低的居民倾斜原则,是指资源开发的利益实现及分配向经济社会发展相对滞后、居民生存发展质量状况相对差的方面倾斜,促进国民生存发展质量状况的相对均衡,也可称为均衡原则。以资源地各民族生存发展的根本利益为基础形成的具有内在约束的利益安排秩序,既有其自在规律性,又难以自发形成,必须通过制度的安排来保障。通过利益分配秩序、结构、制度的规范,提供一套利益分配制度保障,这是民族利益关系和谐建构的内源性机制建设。

# 第五章　我国区域差距成因分析

我国是一个地域辽阔、多民族聚居的国家，经济最落后、发展最缓慢的地区主要集中于少数民族聚集的西部地区。如果放任地区差距的持续扩大，就会引发一系列矛盾和问题，如地区之间的利益冲突和摩擦、居民收入的两极分化、民族问题以及边境安全问题等，势必影响国家的稳定与统一。因此，应高度重视东西部发展差距问题，综合分析地区差距扩大的影响因素，准确把握东西部差距扩大的深层次根源，从而提出缩小区域经济发展差距的对策建议。

在研究我国东西部地区经济差距的时候，学者们较普遍的做法是从历史渊源、自然条件、人文环境、政策环境、劳动力素质等诸多因素探寻经济差距形成、扩大和持续的缘由。其实，这些因素短期内较难发生根本改变，并且我国经济发展差距则在改革开放后较短的时期内形成并加以扩大。改革开放以来，特别是西部大开发战略实施以来，一方面，西部少数民族地区经济迅速发展；另一方面，东西部区域发展差距依然存在，甚至有某种程度的扩大。深究起来，区域差距的形成及扩大，影响因素错综复杂，其不是简单的“经济计算”，而是复杂的“政治经济权衡”。

## 一、既有研究及其可拓展的空间

在我国，民族因素与区域因素具有重合性，少数民族地区与其他地区发展不平衡，少数民族地区经济社会发展与少数民族群体发展不平衡等问题自然引起了社会各界关注。目前，相关研究主要集中在以下几个方面。

1. 民族经济发展的理论问题：强调研究各个民族、民族国家和民族地区经济的现实状况与特点，揭示其内在特殊规律性。① 2. 少数民族地区的贫困与人口问题：研究少数民族地区扶贫开发的成就、模式、经验、存在问题及对策。② 3. 少数民族地区的制度创新问题：强调少数民族地区制度创新的重要性，少数民族地区能否建立起既能容纳和促进社会现代化变迁、同时又切合少数民族地区实际的现代制度结构，决定着少数民族地区经济社会现代化的命运。③ 4. 少数民族地区的发展差距问题：侧重对地区差距的影响因素、变化趋势以及地区差距与社会稳定、社会经济协调发展等进行分析。④ 5. 少数民族地区的经济发展战略与发展模式问题：对少数民族地区经济社会发展战略与发展模式、产业发展战略及其对策进行探索。⑤ 6. 少数民族地区经济社会特点、发展变迁模式问题：基本研究方式是选取若干有代表性的少数民族基层社区和少数民族聚居地区，对其目前和未来的发展模式进行实地调查、实证分析与理论归纳。⑥

总体看来，这些研究成果对少数民族和少数民族地区经济社会发展进行了深入系统的研究，并在学术界及制定政策方面产生了相当影响，但既有研究基本只沿着经济学或民族学两种视角展开。由于与民族有关的各种"非经济变量"无法纳入现成的经济学分析框架，因此，经济学范式的研究未将少数民族地区经济发展与少数民族群体发展结合起来，实际是在进行少数民族地区的"区域经济"研究，由此无法必然地构架少数民族地区经济发展与民族发展的内在联系。民族学、人类经济学研究思路，虽然注重民族因

①龙远蔚：《中国少数民族经济研究导论》，北京：民族出版社，2004 年，第 229 ~ 245 页。

②吴国宝：《扶贫模式研究——中国小额信贷扶贫研究》，北京：中国经济出版社，2001 年，第 135 ~ 145 页。

③王文长：《西部开发中民族利益关系协调机制研究》，北京：中央民族大学出版社，2007 年，第 133 ~ 142 页。

④高永久：《西部少数民族地区城市化建设研究》，兰州：兰州大学出版社，2003 年，第 109 ~ 123 页。

⑤黄健英：《起飞——西部民族地区大开发的新思维》，北京：民族出版社，2003 年，第54 ~ 86页。

⑥马戎：《经济发展中的贫富差距问题——区域差异、职业差异和族群差异》，《北京大学学报》（哲学社会科学版）2009 年第 1 期，第 116 ~ 127 页。

素对少数民族地区经济发展的影响，但尚未实现民族因素与经济因素的辩证结合，从而亦没有对民族因素如何影响少数民族地区经济发展和人们的经济行为做出深入细致的分析。

显然，仅从经济学或民族学单向视角揭示我国区域发展差距内在必然性，有其固有缺陷。我们试图将区域发展差距置于“政治—经济”结构中进行研究，“政治—经济”思路的研究强调不仅要研究生产力配置的物质过程，而且要研究生产力配置的社会形式及其与政治结构的相互影响，借此体现经济发展的本质及目的所在。

## 二、区域差距形成及扩大内在逻辑的释解

### （一）既有条件以及区域发展战略确立和调整是我国区域经济差距形成的逻辑起点

改革开放以后，我国的经济发展战略重心随着国家经济发展战略的变化而转移。许多学者因此把西部民族地区与东部地区的经济差距归结于改革开放后我国经济战略重心的转移，认为战略重心转移导致各地区要素投入的差异继而导致区域差距不断扩大。虽然改革开放后我国东部地区与西部民族地区经济发展差距的逐步形成与国家战略重心转移具有一定的相关性，但是国家发展战略重心的转移有复杂的成本—收益比较，它是由经济、政治、社会等诸多因素综合作用的必然选择。东西部地区的经济社会比较决定了只有东部地区具有承载经济重心转移的产业基础与外部条件。

一切社会都受到资源的限制，贫困国家尤其如此。对经济落后、经济增长资源极其缺乏的改革开放之初的我国而言，发展资金严重不足，不可能把稀缺资源平均分散在整个国家的各个地区和部门，具有最大增长潜力的地区自然享有了优先权。鉴于区域优势与经济基础的相对比较，沿海地区首

先具备了成为国家经济增长极的优先条件。①

从对外贸易和资本积累看：东部地区毗邻日本、东南亚经济圈，对外贸易频繁，消费需求高，市场容量大，并可以吸引大量的外来资本，以弥补国内经济资源的不足；而西部地区则与之相反，比如，与新疆接壤的国家，大多数为经济欠发达国家，对外贸易层次相对较低，很难有稳定的外部资本流入，其对新疆经济的资本和技术带动能力相对较弱。

从域内贸易和资本积累能力看：东部地区，特别是东南沿海地区，城市集中、人口密集、市场交易的聚集效应明显，且农村中非农产业比较发达，农民收入来源较丰富，区域间（包括乡村）贸易交往关系丰富，容易形成区域资本积累。西部缺乏东部地区那样的资本积累基础，城乡关系单一，二元结构突出，农村地域广大，难以形成内部城乡贸易，乡村基本上没有剩余资本积累的能力，自然就缺乏发展能力。从域际间贸易和资本积累能力看：西部边疆与东中部市场空间距离远，贸易成本很高；西部的大城市与中小城市间距离相对较远且分散，形成近距离的区域贸易合作有相当大的困难。

从改革的体制成本看：任何改革都不可避免地要付出成本，这不仅仅是指经济方面的费用和机会，而且包括体制变革所带来的政治风险，特别是在一个地缘复杂、民族众多且发展不平衡的国家。我国的民族因素与地域因素紧密结合，相互叠加与交织，区域分布反映这样一个基本关系：西部是少数民族相对聚集区，东部则是汉族相对聚集区，而在西部多民族地区，团结、稳定、统一等问题始终或强或弱地存在。② 诚然，政治和社会稳定性越弱的地区，打破既有均衡的风险越大，正是西部地区社会、经济、自然的多重脆弱性，决定了在改革开放进程中，东部地区沿着收益最大化路径发展，而西部地区则遵循成本最小化的路径演进。

改革开放之初，国家把更多的政治、经济资源倾向性地配置给沿海地区，国家按照“东—中—西”的顺序安排发展重点，加快沿海地区的发展速度，政



①Uneven Development and Beyond,“Regional Development Theory in Post-Mao China,” *International Journal of Urban and Regional Research*,1997,21(04):620～629.

②DaLi Yang,“Patterns of China's Regional Development Strategy,” *The China Quarterly*,1990(12):230～257.

治、经济资源的不平衡分布使中国区域差距的形成在某种程度上成为一种必然。在这种逻辑支配下，二十世纪八九十年代，固定资产投资总量的近60%在东部完成，西部地区不足20%。同时，国家对不同地区实行了差异性的政策，东部沿海地区因此获得了改革开放试验的特殊授权，比如经济改革的探索与试错权，从而东部地区获得了较大的创新空间。东部地方政府可以以较低的政治成本在辖区内进行制度创新，这使东部地区在“局部试点”中获得了改革带来的巨大发展。西部少数民族地区在较少获得这些政治、经济资源的条件下，借鉴东部实践经验并结合自身情况，追求稳妥则成为其自然抉择。但是，农村改革、乡镇企业发展、吸引外资等改革举措往往都是在东部试验后开始操作，改革的路径依赖就自然而然地导致西部地区相对滞后的局面。

西部大开发的实施、内地省区全面援助及实现西部少数民族地区的加速发展计划正是“先富后富”到“共同富裕、实现全面小康”这一指导原则的必然选择。西部大开发以来，中央加大了对西部的财政支持力度和政策优惠，但东西部经济差距反而扩大了。20世纪90年代以来，国家加大了对西部地区的投入力度。90年代后半期，西部投资增速超过了东部，固定资产投资西部地区的增速比东部地区高6至7个百分点。但结果是西部地区仍然是全国增长最慢的地区。对此，很多人认为西部地区起点低，生产和管理水平相对滞后，整个地区经济的整体性和连带性较差，从投资到推动地区经济增长需要一个较长的滞后期。这种观点不无道理，但仅仅停留在经济发展战略重心转移及要素投入上，显然难以全面解释西部少数民族地区与东部地区的经济发展差距。

### （二）政府职能转变及制度创新程度的区别是地区经济差距扩大的制度环境

按照新古典经济学的思路，一个国家或地区的经济发展取决于各类生产要素的投入及匹配态势。这里有一个隐含的前提假设，即存在一个发达且完善的市场制度，制度要素处于相对稳定的状态。倘若仅仅从我国经济发展战略重心转移，以及由此引致的要素投入变化的角度解释西部少数民族地区与东部地区经济差距的渊源,就意味着有一个被忽略的事实,即我国经济战略重心转移的过程同时也是我国计划经济体制向市场经济体制转轨的经济转型期。在这里,制度变迁的效应不容忽视。地区经济发展速度不仅取决于要素投入和中央的政策倾斜,也取决于相应的制度安排,取决于地方政府的推动作用。

各个地区的经济发展速度与质量不仅取决于中央政府的意愿,更取决于各地方政府驾驭发展的能力。经济发展的历史和现实说明,制度作为经济增长的一个重要变量,是经济增长与社会发展的重要影响因素。地方政府职能转变速度和程度上的差异,以及制度创新能力不同是差距拉开的重要原因。与东南沿海地区相比,西部少数民族地区体制创新进程相对缓慢,这是该地区经济社会发展速度缓慢并逐步拉大与东部沿海地区发展差距的重要制度性原因。

就我国各地区的情形而言,改革开放之初,东部地区充分利用其有利的社会环境和中央优惠政策,积极进行体制创新。首先大力发展乡镇企业、私营经济、混合经济、外资经济,在积累了丰富的改革经验和物质基础之上,再对国有经济进行改革。由于东部沿海地区的经济改革探索先从体制外进行,较少冲击既定的利益格局,因而经济结构调整较快。伴随着非国有经济的发展,政企分开,政府职能转变的阻力呈相对弱势,为地方经济发展创造了良好的外部环境。目前,东部地区非国有经济比重已经超过70%,作为排他性产权确立的结果,非国有经济的微观效率较高,这主要表现在资金配置、进行技术改造的愿望,以及自筹资金的能力等方面。出于对资本使用效率的追求,使业已形成的生产能力得到了最大限度的发挥。因此,尽管西部大开发战略实施后东部地区得到的来自国家的投资呈下降趋势,但是非国有经济的资本来源主要是外资和民间资本,故受影响较弱。

西部少数民族地区由于集中了大量的以基础工业、重工业为特征的大型国有企业,非公有经济发展严重滞后,经济结构比较单一,从国有经济开始,体制转轨、结构调整、企业职工下岗、市场开拓等重重困难相互纠结,调整难度较大,回旋余地较小。面对激烈的市场竞争,企业更加无法适应,政府职能转变的阻力呈相对强势。因此,西部少数民族地区的体制改革和制度创新举步维艰。相对较低的市场化程度成为制约西部少数民族地区经济与社会发展的主要制度性因素。

这种阻力首先来自于各级政府及其官员，由于职能与权力互为前提，政企职责不分无疑在相当程度上扩展了政府的权力，从而使政府官员在这种体制下拥有众多特权；这种阻力亦来自国有企业本身，对于长期处于计划经济体制下的国有企业来讲，放弃政府赋予的特权，通过市场竞争谋求生存和发展，难免有难以割舍的天然情结。因此，西部少数民族地区政府参与经济管理的色彩依然浓重，加之地方稳定等非经济因素的作用，西部少数民族地区过于信赖政府直接配置资源的效应，依赖中央的资金投入，将诸多精力用于争夺工程项目以及垄断部门的获利上，市场化的相对滞后便成为东部地区和西部少数民族地区经济差距的重要原因。

西部大开发后，中央政府主导的发展模式依旧保持着。[①] 在西部大开发中，中央政府集决策者、组织者、实施者等角色于一身。在这种背景下，国家在资源配置中的地位不是下降了，而是增强了。西部地区在主导产业选择和产业结构调整上自主选择的空间范围便十分有限，因而通过结构效应推动经济增长的效果亦相对较弱。中央政府投入到西部地区的资本，除一部分用于基础设施建设外，大部分投入到西部地区国有经济发展上。比如，西部地区多数资源远离国内主要消费区，加之自身对资源型产品消费量较少，比较优势并不明显。但西部少数民族地区长期以来实施"资源导向型"战略，随着经济市场化、国际化进程的不断加快，以资源为支柱产业的产业结构面临越来越明显的挑战。显然，东部地区与西部民族地区经济发展差距的日益扩大，不能简单地归结为西部地区初始物质条件较为低劣和国家发展战略重心的倾斜，不同经济组织在使用资本的效率上存在差异是更主要的原因。

### （三）地方政府公共物品投入差异是区域经济差距持续的社会环境

从公共物品竞争看，地方政府的竞争优势主要表现为扩大地方公共物

①Fubing Su, Dali Yang, "Political Institutions, Provincial Interests, and Resource Allocation in Reformist China," *Journal of Contemporary China*, 2000(24): 215～231.

品供给数量和提高公共物品质量。比如,通过改善基础设施、生态环境和社会治安等优越环境条件来吸引生产要素的进入,进而提高经济效益并反过来为政府提高公共服务质量提供更好的条件。地方公共物品是吸引可流动生产要素流入的基础性环境条件,由于不同地方政府提供公共物品的数量和质量完全不同,因而有能力供给更多数量和更高质量公共物品的地方政府就会对资本、人才、技术等各种可流动生产要素拥有更强劲的吸引力,从而在竞争中处于优势地位。正因为如此,公共物品成为各地方政府之间竞争的主要内容。① 从竞争的实际效应看,东部沿海发达地区处于绝对优势,西部少数民族地区处于相对劣势。

从理论上推演,以某个有明确界线的地区为受益对象的政府服务或公共物品可以由相应的地方政府来提供,这种分散式供给有利于各地区提供不同组合和不同水平的公共服务,会明显地增进社会福利;而受益范围为全体国民的公共物品,由中央政府供给;非全国性但具有外溢特征的政府职责,应由中央政府和地方政府共同承担。② 基于我国区域发展水平和财政能力存在较大差异,当经济欠发达的西部少数民族地区被赋予较多责任时,往往面临诸多困难。③

西部边疆少数民族地区承担了比东部更多的全国性公共物品供给责任,如国防、边疆稳定、祖国统一、民族团结、生态保护等,但其可用财力与所承担责任相比极不对称。在此背景下,西部少数民族地区的地方政府不得不将经济发展、提高效率让位于上述目标。

正因如此,基础设施水平、人力资本存量以及产业结构等在很大程度上造就了东西部地区不同的经济表现。西部少数民族地区所处的政治、经济、社会及生态环境等多重复合脆弱性决定了其自主选择空间范围的有限性。





①朱光磊、张志红:《"职责同构"批判》,《北京大学学报》(哲学社会科学版)2005 年第 1 期,第 101 ~112 页。

②詹姆斯 · M. 布坎南:《公共财政》,赵锡军等译,北京:中国财政经济出版社,1991 年,第 16 ~25 页。

③周业安、宋紫峰:《中国地方政府竞争 30 年》,《教学与研究》2009 年第 11 期,第 28 ~36 页。

众所周知,地方政府能否创造良好的投资与经营环境是其资源吸引力的重要判别依据,地方政府从促进本地区经济发展的实际需要出发,必须采取一系列措施吸引资本、技术、人才等经济资源。

从统计数据看,东西部产值相差巨大。比如,2013 年广东省 GDP 为 62 163.97亿元,为全国最高,而西藏 GDP 最低,仅为 807.67 亿元,但各地方政府党政机构规模、各种事业单位数量等相差无几。可想而知,西部为维持庞大的机构运转,税收和各种行政性收费力度必然相对繁重。西部少数民族地区负担的上层建筑的相对成本远高于东部地区,从而使企业和家庭剩余减少,各类资源收益率降低,削弱资本积累能力,使投资软环境恶化。这会堵塞资本、人才、技术等流动性要素进入西部的渠道,即便出台优惠政策,也很难吸引优质资源进入。一旦政府不能通过高质量的软环境吸引资源,人才、资金、技术等经济要素就会出现离散化倾向,资源的流失不可避免。同时,由于非生产系统能够凭借权力取得比生产经营性系统高且稳定的收益,高质量的人才又大多被吸引到党政部门等非生产经营系统。

因此,西部地区,尤其是西部边疆少数民族地区不但无法从东部引入人力资本,现有的人力资本也会流出。这成为西部少数民族地区经济发展滞后的社会环境制约。人力资本是一种特殊资本,其所有者与资本不可分割,它只能是一种潜在的生产力,只有在一定的制度框架下才能转化为现实的生产力,对经济发展起到积极作用。高素质人才必须有相应的发展机会,为其提供能够发挥作用的场所。但西部少数民族地区经济滞后,无法提供足够多的经济机会,人才外流难以遏制。改革开放以来,西部少数民族地区人才流失严重。以新疆为例,新疆人才流出流入比为6:1,改革开放以来,年均流出人才约1.35万人。① 人才的流出削弱了该地技术创新能力的提升,与东部沿海地区相比,西部少数民族地区技术创新能力相对滞后,成为该地区社会经济发展和现代化缓慢的重要制约因素。

①李金叶、周耀治:《我国区域差距内在逻辑的政治和经济阐释》,载程恩富、李翀、任保平主编:《外国经济学说与中国研究报告(2012)》,北京:社会科学文献出版社,2012年,第 244 ~ 248 页。

## 三、小结

### （一）区域差距是多重因素综合作用的结果

区域发展的自然环境、人文历史背景等是既有的外生变量，并非短期可以改变，但区域经济格局及其发展差距则可以在较短时期内生成，这同“政治—经济”取向与行为有关。

### （二）少数民族地区具有区域性和民族性叠加特征

少数民族地区经济发展具有区域性和民族性双重特征，少数民族地区面临的各种矛盾虽然表现复杂多样，但从根本上说是少数民族和少数民族地区加快经济社会发展的迫切要求与自我发展能力不足的矛盾。区域间发展差距长期存在并不断拉大，意味着各地区的利益所得不断分化，西部少数民族地区及其所在地各族民众不能与东部发达地区共同分享经济快速增长及其随之而来的人均收入的大幅度提高。如果这种趋势得不到有效控制，不但会直接削弱少数民族地区保持社会稳定的物质基础，影响边疆的稳定，而且会影响西部少数民族地区与东中部地区的关系，并对共同团结奋斗、共同繁荣发展的社会主义民族关系构成严重危害，导致或强化区域之间、民族之间的摩擦，乃至被民族分裂主义利用，形成分离倾向。比如，不同民族聚居区之间由于区位优势和区域自然禀赋不同，容易导致不同区域之间的利益转移。少数民族地区一般来说资源较为丰富，但工业生产能力较弱，在原材料、初级产品和工业制成品的交换中，由于工业制成品有较高的附加值，往往存在着利益的转移。在多民族国家，这种区域之间的利益关系容易被看成是民族之间的利益关系，从而影响民族关系。市场经济的推进，为少数民族地区缩小与发达地区的差距，逐步消除各民族间事实上的差距提供了新的契机，创造了良好的外在环境和整体效应。同时，也给社会主义民族关系带来了一些新的矛盾和问题。

### （三）经济发展不平衡不利于和谐民族关系的构建

经济发展是民族发展与各民族共同繁荣的物质基础，但经济发展与少数民族群体发展及各民族共同繁荣并非充分必然地联系着。经济利益关系成为影响民族关系的重要因素。经济发展不平衡的现状容易在各民族群体间形成隔阂，不利于各民族之间的相互认同，不利于和谐民族关系的构建。汉族与少数民族以及各少数民族之间在经济社会发展程度方面的差异决定了各民族在市场经济条件下不同的发展机遇和发展地位。因此，也导致了市场竞争中的利益差别和利益冲突。

### （四）经济发展与社会发展协调是少数民族地区发展的要义

我国少数民族地区的发展必须关注经济发展与社会发展之间的相互关系，对于统一的多民族国家来说，国家的经济发展与政治建设都离不开民族问题。共同繁荣发展是中国统一多民族国家发展的基本主题，其应当蕴涵着下列重要理念：第一，发展需要关注少数民族群体的发展状况，需要改善和提高少数民族的经济生活水平，将其作为发展政策中的重要问题予以关注。从发展政策上，实施帮助少数民族发展的政策，对少数民族地区给予专门的发展政策指导，形成包容性发展。第二，各民族共同团结奋斗、共同繁荣发展是我国民族关系的主题，共同团结奋斗是实现共同繁荣发展的前提和基础，共同繁荣发展是共同团结奋斗的目标与权衡标准。各民族共同繁荣发展既包含少数民族和少数民族地区的繁荣发展，也包含汉族和其他地区的繁荣发展（当前重点是加快少数民族和少数民族地区的繁荣发展）；既包含少数民族自身族体的繁荣发展，也包含整个中华民族的繁荣发展；既是指目标上各民族都得到繁荣发展，也是指过程上各民族通过互帮互助达到繁荣发展。在我国，少数民族的发展问题和农村社会的发展问题在边疆少数民族地区尤为集中与凸显。因此，边疆少数民族地区发展研究成为中国当代发展理论的重要使命。

# 第六章　对口援疆的必然性

## 一、对口援疆的重要性

### （一）加快少数民族地区经济发展是建立和谐民族关系、保持社会稳定的需要

经济利益是少数民族的根本利益之一，维护和发展少数民族经济利益是建立团结和谐的民族关系的需要。我国正处在社会发展的关键时期，没有社会稳定就不可能一心一意搞建设、谋发展。少数民族方面基于经济利益的各种分散的微观矛盾，可以在一定条件下，通过民族文化聚集起来，演化为大规模的民族冲突。① 尤其在市场经济发展过程中，原有利益格局出现了分化重组，少数民族经济利益面临一系列新情况和新问题，由经济利益引起的矛盾、纠纷有增多的现实可能。因此，必须高度重视少数民族经济利益问题。② 在社会主义市场经济机制的作用下，西部少数民族地区与中东部发达地区的发展差距还在进一步扩大。如果对少数民族的经济利益需求重视不够，采取的措施不力，就可能伤害少数民族人民的感情，降低各民族的凝聚力，影响社会主义民族关系。

---

①马平：《少数民族利益论》，《西北民族学院学报》（哲学社会科学版）2002 年第 3 期，第 42 ~ 46 页。

②海热提·涂尔逊、叶文虎、蒙雪琰等：《西部大开发与新疆大发展战略基本思路》，《干旱区地理》2000 年第 3 期，第 193 ~ 198 页。

我国的少数民族地区大多地处祖国边疆，战略地位十分重要，维护和发展少数民族经济利益是保证国家安全的需要。据统计，我国有2.2万多千米的陆地边境线，少数民族地区就占了1.9万余千米；我国与20多个国家毗邻，民族自治地方就与14个国家接壤。我国边疆许多少数民族为跨界民族，与邻国同民族联系较为密切。由此可见，少数民族地区的发展状况和少数民族群众的生活水平与国家的安全息息相关。只有重视维护和发展少数民族经济利益，使少数民族地区尽快发展起来，才有可能保持边疆的长期稳定。

### （二）促进少数民族地区的经济发展是缩小地区发展差距的需要

改革开放以来，在经济快速增长的同时，到20世纪90年代初期，区域非均衡发展带来的区域差距扩大、区域间利益的矛盾和冲突加剧、地区发展机会不均等问题相继而来，成为困扰我国经济发展的重大问题，区域之间的利益摩擦和冲突加剧。

长期以来，由于我国工业加工能力主要集中在东部，而自然资源则主要集中在中西部，因而在东西部之间形成一种特殊的分工协作关系。在传统的价格体系下，中西部落后地区向东部输出廉价的农矿初级产品，而高价输入东部的加工产品，造成大量的利润流失和税收转移，东部地区则获得了“双重利润”。20世纪70年代末以来，地方分权改革以后，各地方相应获得了一定权益，区际关系也开始按照商品经济原则来运作，企业的经济效益与各省区政府的财政收入密切相关。为了加快本地区的发展，缩小与其他地区经济发展差距，维护地方利益，中西部地区各省也开始向高收益的加工工业投资。这样，一方面导致了地区间为争夺原料而不断发生的各种经济摩擦和矛盾，另一方面造成地区之间产业结构趋同化。

由于地理位置和交通运输条件的影响，东部地区与中西部地区之间在发展机会上形成了事实上的不均等。东部地区借助区位优势和体制优势，迅速摆脱了旧体制的束缚，形成了市场体系相对完善、产业外向度高、区域经济良性循环的发展态势；而西部地区由于经济发展相对落后，为了加快本地区的经济发展，往往是以资源消耗、生态破坏和环境污染为代价来发展经济，造成一定程度的恶性循环，极大地制约着西部地区的经济和社会发展，也直接影响到全国经济、社会的可持续发展。上述问题表明，区域经济发展战略需要随着经济发展不断进行适应性的调整。

### （三）提高少数民族地区经济发展水平是改变少数民族地区落后面貌的需要

改革开放，特别是西部大开发以来，在国家的支持和全国人民的帮助下，少数民族和少数民族地区发生了翻天覆地的变化。但与发达地区相比，经济发展水平仍较低，差距仍较大，贫困人口相对集中。这已成为我国国民经济和社会发展中的突出问题和薄弱环节。从少数民族地区来看，既有历史的原因和过去积累下来的问题，也有不少是新形势下出现的新情况、新问题。但不论解决什么问题，最终是依靠发展，要用发展的办法解决问题。发展是基础、是根本，艰巨的任务赋予发展特殊而重要的意义。

## 二、缩小地区差距的提出

### （一）缩小地区差距的内涵

中央新疆工作座谈会是在我国全面建设小康社会进入关键时期、新疆发展与稳定面临重大机遇和挑战的新形势下召开的。推进新疆稳定、发展和长治久安是2000年中央新疆工作座谈会的主题，也是今后相当长一个时期内新疆工作的主线。中央新疆工作座谈会的召开，进一步凸显了新疆在国家发展与安全中具有十分重要的特殊战略地位。为实现到2020年新疆与全国同步建成全面小康社会的奋斗目标，会议提出一系列促进实现新疆发展和长治久安的指导思想、战略布局及各项优惠政策。随着新一轮全国对口援疆工作的全面展开，新疆将进入一个大开放、大建设、大发展的历史新时期、新阶段。

### （二）新疆稳定与发展的条件与重点

实现新疆发展的理论依据是后发优势理论。所谓后发优势，是指发展中国家或地区在实现工业化和现代化进程中，由于有先发国家或地区成功经验的"示范作用"和积累的科学技术、生产设备、组织结构、管理经验等现代化文明成果可供借鉴,所以后发国家或地区比先发国家或地区有优势,可以大大加快发展速度。新疆作为一个后发地区,和先发的东部地区相比,存在较为明显的后发优势。按照这一理论,由于后起地区可以直接吸收和引进先进国家或地区的技术,因而其技术成本要比最初开发的地区低得多;在同样的资金、资源和技术成本的条件下,后起者还有劳动力成本低的优势,没有技术范式和制度路径依赖的制约。只要在国家的保护和扶持下达到规模经济阶段,后起地区就可能发展起新的优势产业,实现赶超。

1. 新疆实现经济发展的条件

第一,中央的大力支持和兄弟省市的对口支援是新疆经济发展的重要基础。第二,与东部省市的发展差距是新疆经济发展的初始条件。新疆与我国东部省市和全国平均发展水平相比,在经济、文化、社会等多方面都存在着很大的发展差距。正是由于这种"落差"的存在,从而产生了新疆可以跨越的空间。第三,基础设施建设是持续发展的前提。2002 至 2013 年,全国全社会固定资产投资增长了 927.76% ,而新疆只增长了 902.72% ,低于全国水平 25.04 个百分点。投资偏少、增长过慢,制约了新疆基础设施建设的发展。正是由于对口援疆工作的实施,从而促进了新疆基础设施建设的快速发展。2014 年,新疆全社会固定资产投资增长超过 25% ,远高于全国的 15.3% 。第四,较为丰富的自然资源是实现发展的重要条件。第五,改革开放的深化是保持发展的动力。从新疆的发展实际看,新疆的改革开放步伐远远滞后于东部地区,改革开放的深化会有力地促进新疆经济持续、稳定发展。

2. 新疆实现稳定与发展的重点

第一,应当把改善民生作为重中之重。第二,把基本公共服务均等化和各项社会事业的发展作为实现稳定与发展的基础。第三,通过新型工业化的发展带动整个经济的发展。第四,通过服务业的发展和比重的提高,改善和提升产业结构。

### (三)对口援疆和新疆实现经济发展的难点

缩小发展差距和大开发的一个最重要的决定因素就是大发展所需的要

素能不能从内部更多地得以积累，并大量从东部流向新疆。要素积累和流动关键在于要素的收益水平。一个地区的资金和人才收益率越高，说明这个地区资金和人才的利用率越高。由于新疆的收益水平低，总体上讲，资金、技术、人才等这些新疆稀少的要素，越是市场经济，越是净流出，而不会净流入。这是影响新疆大开发和其经济增长的最关键的一点。

新疆发展过慢，有运输距离过长、自然条件较差等客观原因。但是新疆作为国内欠发达地区，其发展存在着一些体制和经济运行方面的恶性循环，这是新疆实现发展的最大障碍。

1. 内部要素积累和外部要素流入遇到非生产经营性系统负担太重和生产经营系统薄弱的尖锐矛盾

在新疆，党政社团和教育等事业单位规模相对较大，经济基础相对薄弱，影响了新疆发展的内部积累能力，使得新疆企业和家庭的储蓄积累能力大大下降。一个地区税负重就会抑制投资和资本积累，进而会制约经济的增长。新疆人均财政上缴和政府预算外上缴负担要比东部地区重得多，这并不意味着新疆企业和劳动者对国家的贡献比东部大，而是其所背负的党政社团教育等负担要比东部企业和劳动者沉重。因此，新疆的企业不仅在运输成本、自然条件等方面与东部企业竞争有困难，而且因上层建筑负担太重也无法与东部企业平等竞争。

非生产经营系统规模过大，凭借其权力和智力而获得的收益比生产经营系统高且稳定；生产经营性系统薄弱，企业和生产经营劳动者的收益较低。这样，人力资本在新疆内部非生产经营系统和生产经营系统进行配置时，高智力和技能的人力资源往往被吸引和导向到党政社团等非生产经营性系统。越是需要高能力和高智力人力资源的生产经营系统，越是得不到分配，甚至原有存量也流出了。

2. 观念封闭、体制滞后对区外流入要素的侵蚀和排斥

制度不断改善和创新是经济成长的一个重要来源。若制度中的观念、文化习俗、体制等变迁滞后，则会影响资本、技术和人才等要素投入和使用的效率。

实际的东西部之间要素流动有这样两个问题：①在没有引进区外资金时，对外来投资者热情欢迎；一旦资金进入，在土地、人事、双方权利等诸方面摩擦不断，并且政府、当地各类组织和企业、周围居民都极易萌生从引入

投资者身上获得利益的狭隘冲动。落后观念支配的行为使东部投资者经营环境恶化,并且抵消了新疆劳动力、土地和资源价格便宜的比较优势。②政府经济的特征十分明显。新疆政府的管理运行方式还留有很浓的计划经济色彩,东部投资者到新疆投资面临着体制成本高、办事效率低的风险。

3. 不利于新疆发展的新疆资源和市场外围与东部加工工业中心的经济区位分工

产业结构的调整是一个长期的过程,从总体区域分工上讲,新疆短期内不能彻底改变国内的资源生产地区、粗加工工业地区的产业特征,资源和原材料等产品的收入需求弹性小,市场很不稳定,并且其加工的附加值较低。而东部深加工工业产品的收入需求弹性大,附加值高,市场有较兴旺和稳定的丰厚利润预期。因此,在国内东部与新疆之间的贸易中,新疆处于劣势位置。

如果走“区内资源—自我深加工—区内市场”型自我循环的工业化道路,这种替代东部输入型发展思路受到客观限制:由于新疆地广人稀,市场聚集效应难以发挥,加上收入水平又比东部低,加工工业的规模受到区内消费市场狭小和容量有限的限制,许多加工工业达不到经济规模,重复建设较多,要素收益率低,效益差;国内经济的一体化,信息、网络、通信、交通等的发展,使商品交易费用大大下降,使新疆实施“资源—深加工—区内市场”这种自我循环工业化发展战略难度很大;如果新疆深加工工业产品向东部竞争输出,拟解决新疆市场容量有限的限制,从总体上看又受到运输成本、东部技术和质量的竞争。新疆替代东部输入型的区内工业化,总体上是在政府经济体制框架内进行的,结果使政府投资、政府管理、政府保护下的区内产业,除了受到市场规模容量有限的约束外,其本身也面临着体制成本高、技术进步动力差、经济效益较低等问题。这些,都是影响新疆发展的不利因素。

# 第二篇

# 对口援疆专项研究

本篇主要针对新一轮对口援疆的主要方式，对援疆的具体形式进行分项分析，着重讨论了财政、基础设施建设、产业、民生建设及人才等形式的援疆效果，以期深入剖析新一轮对口援疆的成效。

# 第七章　财政援疆现状分析

党中央、国务院在各个时期和各个方面都对新疆的发展和稳定给予了极大的支持，推动了新疆各项事业的长足进步。20 世纪 50 年代，入疆的广大部队官兵和群众投入垦荒开发；60 年代，技术工人和知识青年进疆工作；90 年代，14 个省市的干部援助新疆。2010 年 3 月，全国对口支援疆工作会议在北京召开，这次会议是党中央、国务院在新疆改革开放和现代化建设进入关键时期召开的一次重要会议。全国对口援疆开创了新疆发展的历史新局面。

2010 年启动的对口援疆是历年来支援地域最广、所涉人口最多、资金投入最大、援助领域最全面的一次对口支援，全国 19 个省市开展对口援疆工作。19 个省市通过“结对支援”方式，分别援助新疆 12 个地(州)市的 82 个县(市)和新疆生产建设兵团的 12 个师，支援省市把对口援疆作为自身工作的重要组成部分(见附录 19 省市对口支援新疆情况一览表)，新一轮对口支援新疆项目及进展情况见表 7－1。

**表 7－1　新一轮对口支援新疆项目及进展情况**

| 年份 | 安排项目 | 开工项目 | 开工率 | 完工项目 | 完工率 | 计划援助(亿) | 到位资金(亿) | 到位率 |
|---|---|---|---|---|---|---|---|---|
| 2012 | 1 296 | 1 268 | 97.8% | — | — | 102.00 | — | — |
| 2013 | 1 065 | 1 092 | 102.5% | — | — | 110.00 | 117.00 | 106.4% |
| 2014 | 1 106 | 1 106 | 100% | — | — | 109.40 | 110.10 | 100.6% |

从 2010 年开始，由中央部署的对口支援项目，通过转移支付、专项资金

等渠道，中央投入资金规模远大于对口援疆资金规模（见附录国家部委主要援疆政策表），协助新疆建立经济社会发展的人才、技术、管理、资金等全方位的有效机制，优先保障和改善民生，并着力支持新疆特色优势产业发展，通过输入“新鲜血液”逐步形成“造血”功能。

## 一、国家对新疆的财政支持

财政是国家为实现各种社会职能而参与社会产品分配的活动，是一种以国家为主体的分配关系。作为国家财政的组成部分，新疆财政属于少数民族地区财政的范畴。根据新疆实际，中央给予新疆倾斜的经济优惠政策和财政上的资助支持。中华人民共和国成立后，党和政府始终把加速发展少数民族地区的经济、社会、文化事业作为工作的重要内容，制定了一系列特殊的优惠政策和措施。①

### （一）财政体制上的补助

国家对于新疆的财政扶持和援助，以及财政体制上的补助形式主要为以下 4 种。

（1）财政预算差额补助。从新疆和平解放至 1979 年，根据当时的财政管理体制的收支划分原则，除 50 年代有部分分成上缴中央，新疆地方财政预算收入基本上全留地方，其增长部分也全留地方。每年中央核定地方预算，支出大于收入的部分由中央按收支差额补助解决。

（2）定额补助。从 1980 年起，中央对新疆实行“划分收支、分级包干”体制，除继续保留原有的一切照顾外，还改变原有的预算差额补助办法，自治区预算支大于收的差额由中央定额补助解决，并且在 1980 年补助基数的基础上，每年递增 10% ，5 年不变。这种办法一直实行到 1987 年。

（3）专项补助。专项补助，亦称“财政专项拨款照顾”，指中央专项投资

①中央党校经济研究中心课题组：《西部大开发的经济学思考》，《经济研究》2000 年第 6 期，第 33 ~ 40 页。

一部分基本建设资金、自然灾害补助资金，以及发展农牧业、水利事业、教育、文化、卫生等事业的一些专款和零星专项资金。这部分补助收入由中央专项下达指标并增列支出，每年数额不等，但其汇总起来相当可观，只是具体数额很难统计出来。据有关人士统计，1980 年国家设置的“支持不发达地区发展基金”，至 1990 年共拨款 71.7 亿元，其中包括新疆在内的 8 个省区（内蒙古、西藏、广西、宁夏、云南、贵州和青海）共获得 36.06 亿元，占拨款总额的 50%；1977 年开始国家设置“边境建设补助费”，每年 10 亿元，以上提及的 8 个省区共得 8.1 亿元，占 63%；1990 年开设“少数民族地区温饱基金”，每年 2 500 万元专门用于解决 142 个民族地区贫困县的生产生活问题；1990 年开始每年拨款 2 000 万元的“少数民族教育补助费”；等等。

（4）结算补助。结算补助，指每年预算执行中，因遇行政区划变动、企事业单位隶属关系改变、重大政策性变化、调整价格等原因引起的需增加的补助。为方便结算，这部分补助由中央在年终结算时与地方一次性清算。1994 年实行分税制后，中央的补助类型逐渐增多，其中“税收返还”和“转移支付”使用较多，“专项补助”和“定额补助”也仍旧使用。“定额补助”分为专项补助、结算补助、其他补助、财力补助、国债补助和专项上解等，但主要的补助项目是税收返还和专项补助，占补助总额的 75%~85%。转移支付成为自治区一个重要的财力来源。

### （二）财政税收的优惠

国家在财政税收上给包括新疆在内的少数民族地区以照顾。如“七五”期间，国家对包括新疆在内的 8 个省区减免农业税 1.5 亿元；耕地占用税，全国平均每平方米按 4.67 元征收，对这 8 个省区则按每平方米 3.14 元征收，每平方米少征收 1.53 元，所得的税收收入，中央和地方对半分成。在征收能源交通重点建设基金时，国家对民族地区也给予照顾。1988 年应征收 8 个省区能源交通建设基金 10.34 亿元，实际征收 9.3 亿元，少征收 1.04 亿元。所征收基金，任务内部分 70% 上缴中央，超收部分对半分成。2005 年新疆按中央要求全面免征农业税，结束了新疆农牧民缴纳农业税的历史。2010 年起在新疆施行资源税费率改革试点,原油、天然气资源税以其销售额为计税依据,实行从价计征,税率为 5% ;实施企业所得税优惠政策,对新疆困难地区符合条件的企业给予企业所得税“两免三减半”优惠。

### (三)财政补贴的数额

从历年补贴数额上来看,1979 ~ 1999 年中央财政给予新疆补贴共计 688.31 亿元,是同期新疆地方财政收入的 1.33 倍。如 1988 年,中央财政对新疆补贴 23.92 亿元,按全疆人口计算,人均补助达到 168 元;全疆 86 个县(市)就有 72 个享受国家财政补贴,补贴面为 83.7% 。西部大开发以来,中央对新疆的财政大力支持,补贴总额达到 5 413.43 亿元,是 1979 ~ 1999 年的 7.86 倍。尤其是 2010 年新一轮全面对口援疆以来,随着国家对口援疆政策的实施,仅 2010 年中央的财政补贴就达 1 125 亿元,占新疆财政收入的 61.87% 。

若按不同财政体制时期分别计算:1950 ~ 1987 年,中央财政补助由 0.52 亿元增加到 25.75 亿元,增长了 48 倍,年均递增 11.11% ,国家财政给新疆净补助累计达 220 亿元,占新疆财政 38 年累计支出 351.72 亿元的62.55%左右;1987 ~ 1994 年,中央财政补助由 25.75 亿元增加到 47.48 亿元,年均递增 9.13% ;1994 ~ 1997 年,中央财政补助由 47.48 亿元增加到68.38亿元,年均递增 12.93% ;1997 ~ 2010 年,中央财政补助由 68.38 亿元增加到 1 125 亿元,增加了 15.45 倍;2010 ~ 2012 年,中央财政补助由 1 125 亿元增加到 1 715.4亿元,增加了 52% 。考虑到基数随着总数的增加而增长的因素,中央财政对新疆的资助力度在逐年增加。近几年中央财政补助的数额年均增长速度比过去更快,而且在新疆收入总额中所占比例也越来越高。例如,中央补助占总财力的比重由“八五”时期的 45% 增加到“九五”时期的 56% ,增加了 11 个百分点;“十一五”时期中央补助占总财力的比重几乎在 60% 左右;2012 年中央补助占总财力的比重约为 67% 。长期以来,由于新疆经济基础薄弱,国民经济各生产部门能够提供的财政收入比较少,而国民收入的使用额远远大于国民收入的生产额。直至现在,新疆的财政支出仍然主要依靠中央财政支持。可以说，中华人民共和国成立以来，新疆每年财政支出的一半以上来自中央政府的补助。

### （四）根据新疆各项事业发展的需要给予新疆多项补助

1955 年国家财政专门设立了“少数民族地区补助费”；1964 年又设立了“民族地区财政预算补助费”“少数民族地区财政预算费”和“少数民族地区机动金”。到 1979 年，仅此三项优惠政策，中央对少数民族地区的补助累计就达 30 亿元。仅据 1979 至 1990 年统计，此类补助平均每年达 8 亿元。党的十一届三中全会以来，每年除给民族自治地方的机动金和预备金外，还陆续设立了 5 项固定补助专款，其中少数民族地区补助费、边境建设事业费（中央财政在财政包干范围以外专项拨款，编到地方财政支出预算）、支持经济不发达地区发展基金等三项费用在 1979～1989 年期间就使新疆增加收入近6.92亿元。

其中，1980 年新疆人民政府制定的《关于支持不发达地区发展资金管理使用暂行办法》规定：资金主要用于边境牧区和经济比较落后的南疆喀什、和田、阿克苏、克孜勒苏等地区。该项资金使用范围主要是发展农牧业生产，改善农牧业生产条件和农牧区经济、文教、卫生状况，以及最急需而又见效快的建设项目方面。首先解决南疆地区农牧业生产缺水和人畜饮水困难，解决农牧区道路修建、桥梁建设、畜牧业草场和牲畜棚圈建设困难，改变农牧区中小学教学条件，解决农牧区缺医少药等困难。

### （五）其他一些财政优惠政策

国家对于民族地区财政的一系列优惠政策，有力地改善了新疆财政收支状况，促进了新疆各项建设事业的不断发展，使本地财政收支规模日益扩大。特别是随着中央财力的增强和西部大开发战略的实施，中央政府给予新疆的一般性财政补助逐年增长，2000 年为 119.02 亿元，2005 年为 339.22 亿元，2010 年为 1 125 亿元，2012 年为 1 715.4 亿元。中央政府还通过各种专项财政转移支付、民族优惠政策转移支付，加大对少数民族地区的资金投入和支持。中央的这些投资主要用于改善新疆基础设施落后的状况，对优势产业特别是石油天然气开发、商品棉生产基地建设，以及生态环境保护工程建设的扶持。

中央财政上的倾斜政策在扶持新疆经济发展和社会进步方面起到了重要作用。从某种程度上讲，没有中央政府资金和物质的大力支持与帮助，就没有新疆各族人民生活面貌焕然一新的今天。新疆的财政管理体制也随着中央财政体制变化而变革，总的趋势是自治区管理财政的权限从集权的管理体制逐步转向集权与分权相协调的分级管理体制，亦即从传统的计划经济模式向市场经济模式过渡，中央财政的大力资助支持显然在此过程中起到了非常重要的促进作用。

## 二、国家财政支持新疆的政策效应

### （一）国家对新疆财政资金“输血式”投入的弊端

在国家对新疆的财政资助基数增加的同时，各个时期的递增百分比都超过以往年份。新疆本地财政收支规模一般比中央资助数额高 10 个百分点，即国家资助每增加 10 个百分点，自治区财政收支则增加 20 个百分点。这反映出中央财政资助力度逐年增大，效果明显，还表明新疆地方财政在中央的支持下自给能力不断提高的趋向。例如，1997 年以后自治区财政自给率能达到 44% 或更高。财政收支的大幅度递增是新疆经济不断发展的标志，同时财政状况的改善为进一步推进新疆经济的发展和社会的进步奠定了雄厚的基础。

国家对新疆财政资金投入一个是国家财政资金在基础设施建设等方面的直接投入，另一个是国家的财政转移支付。从历史上看，这种“输血式”的国家财政资金投入模式弊端很大。

从国家财政投资看：①在基础设施建设方面的直接投资呈现外延式发展的特征，补贴和发展进入一个恶性循环怪圈，补贴越多发展越快，而发展越快又要求更多的投入。②国家投资的一些大型项目,有的跟当地经济联系不够紧密,有的通过外地(主要是沿海)采购和承包,其对当地经济的带动和乘数作用不大,很多资金并没有留在新疆,降低了对本地经济的带动作用。如在基础设施投资领域,中央对新疆的大量投资又通过其他方式回流到内地,乘数效应存在漏损。③"输血式"财政资金投入模式,对新疆地区软环境建设作用不明显。新疆软环境建设远不能适应经济发展的需要,外向型经济发展十分缓慢,对地区经济的拉动作用很小,表现为国家财政的投资明显增加,而国内民间资金和外商投资并没有大规模相应跟进,出现了"政府热、民间冷"的现象。国家财政资金投入的最终目的是引导民间资本进入,实现投资的市场化运行。但是过多的财政资金进入非政府投资领域会对民间资本形成"挤出效应"。在民间资本无法进入的前提下,市场化的投资运行机制无从建立,"造血式"的国家财政资金投资模式还会恢复为"输血式"投资模式。

从财政转移支付制度看,其主要问题是结构不合理,表现为税收返还和专项拨款补助所占比重太大,过渡期转移支付等具有地区平衡功能的转移支付比重太小,缩小地区差异的总体效应较弱。

### (二)中央财政补贴的积极作用

由于地方财政自给率低,远远不能满足经济社会发展的需要,中央补助便成为地方财政中非常重要的部分。新疆财政收入自改革开放以来一直呈现出逐渐增长的态势。中央财政补贴占新疆财政总收入比重维持在50%~60%之间,相对的新疆财政自给率在30%~50%之间变动,说明新疆财政收入的一半以上是靠国家财政援助的,新疆自身的财政收入并不够维持整个社会经济运行的需要。新疆对中央财政依赖度在1994年分税制以前是逐渐递减的,1993年最低,为45.71%;1994年以后呈现出递增趋势并维持在50%~70%之间,最高达到2009年的66.55%,最低为2000年的53.52%。尤其是国家实施西部大开发战略以来,新疆表现出对中央财政较高依赖度(见表7-2),这与中央加大对新疆的扶持力度有关,特别是新一轮对口援疆中央财政补贴,加大了对新疆的财政援助,对平衡新疆财政收支、稳定新疆局势发挥了重要作用。在现行体制下,新疆财政收支的缺口会越来越大,收支矛盾将更为突出,因此更多的中央补助或者向少数民族地区倾斜的制度安排便成为改变现状的重要途径。新疆在现阶段的发展中离不开中央的财政补贴,但同时也要提高自身的财政能力,形成良性循环的财政体系。

**表 7-2　中央对新疆财政补贴状况表**

| 年　份 | 中央财政补贴/财政总收入(%) | 财政自给率(%) | 对中央财政依赖度(%) |
|---|---|---|---|
| 1978 | 57.48 | 41.97 | 58.03 |
| 1980 | 74.03 | 24.86 | 75.14 |
| 1985 | 71.01 | 29.6 | 70.4 |
| 1990 | 52.8 | 45.73 | 54.27 |
| 1995 | 57.72 | 39.71 | 60.29 |
| 2000 | 55.55 | 46.48 | 53.52 |
| 2005 | 65.29 | 34.74 | 65.26 |
| 2006 | 63.9 | 36.5 | 63.5 |
| 2007 | 59.88 | 42.26 | 57.74 |
| 2008 | 66.51 | 40.79 | 59.21 |
| 2009 | 65.3 | 33.45 | 66.55 |
| 2010 | 61.87 | 36.77 | 63.23 |
| 2011 | 53 | 33 | 67 |
| 2012 | 65.4 | 36.79 | 63.21 |

注:省区对中央财政的依赖程度=(地方财政支出-地方财政收入)/省区财政支出×100%。

## 三、各省市支援对新疆财政能力的影响

各省市对新疆的支援基于同级地方政府间收入能力、支出水平,以及公共物品提供能力上存在着差异而出现的横向不平衡,实质上是一种横向转移支付或称横向补助。出现这种差异的原因在于地区间的经济发达程度、

经济结构、都市化程度、人口分布、人口素质等不同，在税基的财政规模和税源的集中程度等方面存在很大差别，这必然会形成地区间财政收入能力上的差异。影响横向财政不平衡的另一个基本因素是各地区在相同的支出项目上，单位支出成本存在较大差别，条件较差的地区在提供相同项目同样水平的公共服务时，需要更多的支出。

就新疆而言，中央从制度安排与战略部署上对各省份的约束也是原因之一。对对口支援省市来说，无论是出于本意还是出于制度约束，都需要将本省的部分财政资源转移到新疆，对新疆而言利大于弊。因此，在探讨新疆通过所获资金与人才来提高自身能力的同时，应该考虑这种横向转移支付之间存在的博弈关系，以及对新疆地方财政提高自身能力的影响。

# 第八章　基础设施建设对口援疆现状分析

## 一、改革开放前国家扶持新疆基础设施建设的演化轨迹

中华人民共和国成立前，新疆没有一座永久性桥梁和一千米黑色路面，仅有 3 360 千米的等外简易公路，大约每 500 平方千米仅有 1 千米公路；有 401 座共计 5 500 多米长的临时性、半永久性木桥；有电信机构 15 处、报房 13 处、电报电路 89 条、长途电信线路 3 129 千米、市话交换机总容量 710 门、话机 540 部。

中华人民共和国成立以来，国家为改变新疆基础设施落后的状况，进行了较大规模的投资，开展了大规模的基础设施建设，使新疆经济建设的物质条件不断得到改善。新疆的固定资产投资不断增加，保证了新疆经济建设的顺利进行。1949 至 1978 年，新疆基本建设投资总额 132. 14 亿元，其中中央投资占一半（除“四五”时期外，其他时期中央投资均大于地方投资）。一些大型现代化企业和基础设施建设项目大部分是由中央政府投资兴办的。

国民经济恢复时期（1950 ~ 1957 年），中央各部直属直供基本建设投资 2. 16 亿元，占当时新疆基本建设投资总额 3. 3 亿元的 2/3，主要用于农田水利建设和必要的工业和基础设施建设，前者占投资总额的 50. 37% ，后者占投资总额的 30. 76% 。农田水利建设方面，重点开发玛纳斯河、奎屯河、古尔图河、开都河、阿克苏河和乌鲁木齐流域，建成一批引水工程和大中型平原水库。1950 年，中央拨巨款兴建北京至莫斯科的第二条国际干线，全长 3 000多千米，新疆境内就达 1 500 多千米。

“二五”时期(1958～1962 年),新疆基本建设投资总额为 31.4 亿元,其中中央投资 17.7 亿元,新疆地方财政投资 13.7 亿元,新疆财政基本建设投资不足总额的 1/2。1958 年,建成了当时全国最长的克拉玛依—独山子原油输送管道,又相继建设了克拉玛依—独山子管道复线、克拉玛依—乌鲁木齐(双线)、轮南—库尔勒、鄯善—乌鲁木齐等输油和输气管道;1962 年,兰新铁路铺轨到乌鲁木齐,建起了沟通新疆与内地的运输大动脉,另外还新建有新藏公路、乌鲁木齐—库尔勒公路、喀什—塔什库尔干公路、伊犁①—昭苏公路等。

三年调整时期(1963～1965 年),新疆基本建设总投资为 10.43 亿元,其中中央财政投资为 6.2 亿元,新疆地方财政为 4.2 亿元,投资的重点用于发展农林水利,增加粮食产量,占投资总额的 40% 。这一时期兴建大中型水库沙湾蘑菇湖水库、玛纳斯跃进水库、乌拉泊水库、阿瓦提上游水库、富蕴可可托海水库等 34 座,还重点建设乌鲁木齐—喀什、和田的明线载波工程,结束了乌鲁木齐至南疆只靠无线通信的历史。

“三五”“四五”时期(1966～1975 年),新疆基本建设投资总额达到 43.35亿元,其中中央财政投资为 17.35 亿元,新疆地方投资为 26 亿元(占投资总额的 60%),超过中央投资。这一时期建成水库 140 多座,总库容 20 多亿立方米;开工修建南疆铁路吐鲁番至库尔勒段,全长 476.54 千米;新疆境内民用航空站增加到 11 个,航线增加到 19 条,航线总长度 6 600 千米,形成了以乌鲁木齐为中心,连接 11 个地州市及首都北京的航空运输网;邮电通信基本形成以乌鲁木齐为中心通往各地州市和地州通往各县的二级辐射通信网;农机三级修造网分配各类设备近 1 200 台,发电机组 109 台,新疆 82 个县都建设了农机修造厂,实现了中央提出县县都要有农机修造厂的部署。

中央从全国区域生产力布局极不平衡的实际出发,采取以内地为发展重点,逐步实现区域经济均衡化发展。在基本建设投资和新项目建设安排等方面,对包括新疆在内的中西部地区实行了一定程度的倾斜,从某种程度上讲,这一战略促进了新疆地区经济的发展。

---

①伊犁哈萨克自治州,简称伊犁州、伊犁。本书统一用其简称。

## 二、西部大开发之前新疆的基础设施建设

改革开放后，在国家的大力支持下，新疆的基础设施建设迅速发展。国家对新疆基础设施的援助，使新疆水利、交通、邮电等基础设施硬件环境有了很大改善，为拉动新疆经济增长、推动经济结构调整、增强经济发展后劲奠定了坚实基础。在“六五”到“九五”期间，中央对新疆基本建设给予了大力支持，新疆基本建设投资成倍递增，中央投资所占比重也不断增加且均在50%以上，“八五”时期占到了近70%，可见新疆基本建设主要以国家投入为主，体现出国家对新疆的大力援助及新疆自身财政能力薄弱、经济发展滞后的特点（见表8－1）。

表8－1 各个时期新疆基本建设投资表

| 时 期 | 基本建设投资总额（亿元） | 中央投资比重（%） |
|---|---|---|
| “六五”时期（1981～1985年） | 85.68 | 54.82 |
| “七五”时期（1986～1990年） | 161.88 | 56.22 |
| “八五”时期（1991～1995年） | 675.05 | 69.43 |
| “九五”时期（1996～2000年） | 1 526.42 | 58.12 |

随着国家资金的大量投入，新疆水利、能源、交通、通信等一批基础设施重点工程项目相继建成。截至1999年，新疆累计建成大中型水库485座，总库容达到60多亿立方米，形成以大中型水利工程为骨干，大中小相结合的蓄引提排工程网络，进一步提高了水资源的利用率。在党中央、国务院的直接关怀下，新疆农村饮水改水防病共建成水厂1 405座，铺设管道3 476千米，建深井手动泵4 536台/眼，共解决了872万人口、2 450万头牲畜的饮水困难问题。

新疆交通运输基本形成铁路、公路、民用航空和管道四种运输方式共同组成的综合立体运输网，先后建成南疆铁路476千米、北疆铁路462千米、兰新复线疏勒河至乌鲁木齐西段987千米；重点建设和改造了兰新公路新疆段、中巴公路国内段、北屯—大黄山国道216线、塔中“沙漠公路”，霍尔果斯、巴克图、阿拉山口等口岸公路；利用世界银行贷款，总投资约30.7亿元人

民币建成了吐鲁番—乌鲁木齐—大黄山高等级公路。截至1999年年底,新疆列入国家编号的国道线7条,全长8 660千米,占全国国道线的8.3%;公路通车总里程达到32 701千米,是中华人民共和国成立前的9.5倍;民航运输形成以乌鲁木齐为中心,联结全国62个城市,15个国家和地区的民用航空网。

在国家的支持下,新疆的邮电通信业初步建成以有线通信为主体,光缆、电缆通信为骨干,无线通信和陆路航空邮路补充,联通区内外的通信网络,使新疆通信技术能力显著提高。先后建成乌鲁木齐经奎屯、博乐至伊犁,奎屯经克拉玛依到阿勒泰,吐鲁番经库尔勒、阿克苏、喀什至和田的数字微波干线电路;南北疆数字微波工程,西安经兰州、乌鲁木齐、伊宁到霍尔果斯口岸的4条群干线光缆;乌鲁木齐经吐鲁番、库尔勒、若羌从茫崖出疆的第二出疆光缆,以及亚欧光缆新疆段,形成了程控交换、光纤通信、数字微波、卫星通信、移动通信等完整的现代化通信体系(见表8-2)。

**表8-2 各个时期新疆主要基础设施建设项目简表**

| 时 期 | 项 目 |
|---|---|
| "六五"时期 | 建成了全长475千米的南疆铁路吐鲁番—库尔勒西段,结束了南疆没有铁路运输的历史。1981年投资1 724万元,建成乌鲁木齐—奎屯4×4对称电缆工程(260多千米),可提供长途线路480条,突破长期以来全靠架空明线通信的局面。1985年底,新疆境内有2条铁路干线、3条铁路支线、3条专用铁道和64条铁路专用线,总延展长度232.09千米。 |
| "七五"时期 | 兰新铁路向西延伸到阿拉山口,架通了亚欧第二座大陆桥。1990年,全线贯通东起连云港西至鹿特丹港的第二座亚欧大陆桥,彻底改变了新疆铁路在全国铁路路网中的末梢地位,一跃成为对外开放的前沿,兰新铁路从此成为加强新疆乃至全国与中亚和欧洲国家联系的一条重要国际铁路干线。民用机场11个,备降站2个,经营疆内航线9个,航线总里程6 614千米。 |
| "八五"时期 | 完成了兰新铁路复线建设。1994年,经国家立项批准,总投资达19.53亿元的乌鲁木齐地窝堡国际机场改扩建工程正式破土动工。 |
| "九五"时期 | 完成了南疆铁路西延至喀什工程建设,尤其是兰新复线的开通大幅度提升了客货运输量。 |

## 三、西部大开发后新疆基础设施建设

在中央西部大开发战略的促进与带动下，国家对新疆基础设施建设投资的力度进一步加大，固定资产投资保持较快增长。2000至2009年，全社会固定资产投资累计完成14 155.4亿元，超过1978至1999年投资总和近3倍，重点项目累计完成投资4 346亿元，新开工重点项目213个。国家累计补助新疆基建投资1 108.2亿元，实施项目近20 000个，涉及农业、林业、水利、交通、能源等各个领域。农村基础设施建设明显加强，重点建设了"油路到县""送电到乡""村村通广播电视"工程。同时，新疆"十五"计划和西部开发规划确定的"西气东输"、奎屯至赛里木湖高等级公路、乌鲁木齐外环路等一批重大工程项目的开工建设，为新疆的开发和发展奠定了基础。

在水利建设方面，中央水利部根据新疆"干旱生态、绿洲经济、灌溉农业"的实际，开展大规模的水利工程建设，建成了以"北水南调"、和田乌鲁瓦提水利枢纽工程为代表的一系列水利工程。同时，向伊犁河流域、额尔齐斯河流域、塔额盆地等广大北疆地区投资100亿元，开发利用50亿立方米的水资源，扩大耕地66.7万公顷，每年提供商品粮50亿千克。新疆先后有27个大型灌区列入全国大型灌区续建配套计划，国家先后将10亿元国债资金投向新疆。在国家的支持下，新疆实施了天然林保护、乌鲁木齐城市环境综合治理、塔里木盆地和准噶尔盆地周边沙漠化治理、艾比湖区域生态环境整治、生态示范县建设工程等，尤其是实施塔里木河流域生态环境综合治理的工程意义重大，国家投资107亿元，对南疆塔里木河的干流进行治理，引水植树种草，改善生态环境，发展特色农业，满足工业用水。

在交通运输方面，截至2010年年底，新疆公路总里程15.2万千米。其中高速公路1 137千米、一级公路1 788千米、二级公路10 480千米。2010年，新疆高速公路在全国排位第27位，西部第10位；等级公路全国排第28位，西部第9位；国省干线公路全国排第23位，西部第9位。新藏公路、天山公路、独库公路、塔里木沙漠公路等的修建，使新疆形成了以乌鲁木齐为中心，7条国道为主骨架，东连甘肃、青海，南通西藏，西出中亚、西亚各国，区内地市州相通、县县通车的公路交通运输网。2000 至 2010 年，新疆公路交通固定资产投资累计达到 430 亿元，新改建干线公路里程达万余千米。2001 年在国家建设西部通县公路时，新疆共争取到通县油路项目 15 条，建设里程 2 242千米，投资额 31.6 亿元；2002 年再次争取到 4 500 千米的县际公路建设规模，投资额达 93 亿元。

为增强基础设施对资源开发的支撑能力，"九五"期间，修筑奎屯至赛里木湖、小草湖至库尔勒两条总长 600 多千米的高等级公路，对巴音郭楞蒙古自治州尉犁县至若羌县的 440 千米国道进行彻底改造，打开了新疆至青海的交通干线。国家支持兴建精河至伊宁及霍尔果斯口岸 300 多千米的铁路，并把南疆铁路再延伸 225 千米，通达中国与吉尔吉斯斯坦边境地带；新疆民航完成乌鲁木齐国际机场三期改扩建和喀什机场航站楼改扩建工程，开通了乌鲁木齐至阿拉木图、塔什干、莫斯科、伊斯兰堡的国际航线，至香港的包机航线和跨省（区）航线及疆内航线达 92 条，形成了以乌鲁木齐为中心，连接国内外 65 个大中城市和区内 12 个地、州、市的空运网，通航里程已达 16.2 万千米。

在国家西部大开发的支持下，2004 年新疆建成投产了目前中国距离最长、投资最多、运输量最大的"西气东输"管道工程，全长 4 000 千米，年输气量 120 亿立方米，加快了塔里木天然气资源的开发利用，为新疆的经济和社会发展提供了新的契机。中哈原油管道（该项目已于 2006 年 7 月正式投入运营）、乌鲁木齐—兰州成品油管道（该项目已于 2008 年初正式竣工投产）、鄯善—兰州原油管道（该项目已于 2007 年正式运输原油）的建成和投入使用，为建设国家重要的能源安全大通道奠定了基础。还有一批重点项目，如哈萨克斯坦至独山子年输 2 000 万吨原油管道，鄯善至兰州年输 700 万吨原油管道，独山子至郑州年输 800 万至 1 500 万吨成品油管道，独山子新建 1 000万吨炼油、120 万吨乙烯项目等。

"十五"时期，电力建设进入快速发展时期，新疆陆续建设了库车电厂、吐鲁番电厂、昌吉①热电厂二期、玛纳斯电厂三期等一大批重点工程。2009

①昌吉回族自治州即昌吉，本书统一用其简称。

年，新疆发电总装机容量达 1 240 万千瓦，发电量 543 亿千瓦时，疆内 750 千伏线路联网工程和新疆与西北电网联网工程全面启动，形成了以乌鲁木齐为中心，东至哈密，西至伊犁，南至喀什，北到塔城的新疆主电网网架。同时以昌吉新热电、哈密大南湖等煤电基地为主的火电建设，以波波娜水电站、开都河等为主的水电建设，以达坂城等主要风区为主的风电建设齐头并进。

邮电通信网实现了由小容量向大容量，由模拟技术向数字技术，由单一业务向多样化业务的转变，已全部实现交换程控化和传输数字化，相继建成分组交换网、数字数据网、会议电视网、智能网、多媒体通信网。2002 年，“五环双出疆”的建成使新疆电信光缆骨干传输网全面形成。2010 年底，新疆电信业务收入突破 74 亿元，对经济增长的拉动作用日益明显，本地电话交换机容量达 928.2 万门，比 1978 年增长 296.5 倍。固定电话普及率 25.4 部/百人，移动电话普及率 63 部/百人，全疆互联网接入端口达 256.7 万个，逐步向宽带化发展。

## 四、新一轮对口援疆，中央和各省市对新疆基础设施建设的援助

改革开放以来，新疆的基本建设形成主要是依靠外力推动，即很大程度上靠中央和兄弟省区的大力支持和援助。即使到今天，新疆经济发展对于中央政府的依赖性状况依然没有得到根本扭转。新疆的现代化建设在很大程度上仍然需要中央及兄弟省区的大力支持和帮助。

2010 年中央新疆工作座谈会召开后，国家相关部委先后出台了用来支持新疆基础设施建设的援疆政策和措施。加强新疆基础设施建设有利于提升经济社会可持续发展能力，切实增强新疆自我发展能力和造血功能，增添发展动力和后发优势。

### （一）铁路援疆建设

2012 年，新疆铁路建设投资达 129.4 亿元，4 个新建项目、8 个在建项目正在加快建设，铁路营运里程已突破 4 000 千米。整个“十二五”期间，新疆铁路建设投资规模将超过 1 200 亿元。投资 1 400 多亿元的兰新铁路第二双

线的开工建设，终结了新疆没有高速铁路的历史。2013 年，新疆铁路建设投资达 129.4 亿元。2014 年，新疆新增额济纳至哈密，将军庙至哈密，库尔勒至格尔木三条铁路，新疆南北铁路通道全部打通。

### （二）公路援疆建设

根据援疆计划，高速公路方面国家将新疆约 5 200 千米的高速公路纳入公路交通“十二五”发展规划，较“十一五”增加 1.5 倍，其中新开工高速公路约 3 500 千米。在国省干线改造方面，“十二五”规划支持新疆国省道改造里程约 4 800 千米，比“十一五”增长 1 倍以上。交通运输部还大幅提高投资补助标准，对重点公路建设项目，中央补助标准提高到建筑安装费的 50%。“十二五”期间，交通运输部对自治区安排的车购税资金较“十一五”均翻一番。

2011 年 1 月，在交通运输部组织协调下，内地 14 个省市的 18 家单位以代建制模式参与新疆公路建设，承担全疆 28 个项目的建设管理（代建）任务，并分别签署《项目代建框架协议书》，项目投资总额近 600 亿元，代建总里程 4 033 千米（含高速公路 2 105 千米），形成了全国交通共同援疆的新局面（见表 8－3）。目前，国家高速公路网在新疆规划里程由原来的 4 600 千米增至 8 800 千米，可以实现国家高速公路连接所有地州和兵团师部；普通国道规划里程由原来的 8 300 千米增至 11 500 千米，可以覆盖所有市县。新疆公路建设有 75% 的项目都采用了代建制模式。

**表 8－3　各省市交通运输援疆代建公路项目表**

| 省　市 | 代建公路 |
|---|---|
| 浙江 | 用 2 至 3 年时间援助建成“麦盖提—喀什”高速公路建设项目、“喀什—伊尔克斯坦”高速公路新改建项目、G315 国道“叶城—喀什”二级公路改建项目，代建总里程为 584 千米，概算投资约 102 亿元。 |
| 陕西 | 用 2 至 3 年时间，援助建成福海至阿勒泰段高速公路、五彩湾至大黄山高速公路、托克逊至乌拉斯台改扩建项目等 4 个项目，总里程达 917 千米，概算投资 150 亿元，占此次全国援疆总任务的 1/4。 |

续表

| 省　市 | 代建公路 |
| --- | --- |
| 湖北 | 新疆乌苏至赛里木湖一级改高速公路项目进行代建，该项目路线长约 300 千米，其中新建路段 38.784 千米，并积极采取切实有效的工程管理措施，确保援疆代建项目顺利实施。 |
| 江苏 | 对口援建伊犁州的伊墩高速（伊宁—墩麻扎）、S242 公路（尼勒克—巩留）、S313 公路（察布查尔—都拉塔口岸）项目的代建 |
| 上海 | S215 线三岔口至莎车高速公路，自巴楚县三岔口镇至莎车县，全长 235.6 千米。 |
| 山东 | 克拉玛依至塔城高速公路 |
| 天津 | G3012 小草湖至和硕高速公路项目 |
| 福建 | 奇木高速公路代建项目 |
| 河南 | S328 线南湖至沙尔湖建设项目 |
| 湖南 | G30 乌鲁木齐绕城高速（东线）项目 |

资料来源：各地州援疆办公室。

### （三）电力援疆建设

2011 年 5 月，国家电网公司召开新疆电力工作座谈会，做出全面部署，加大对新疆电网的投入。“十二五”时期，计划投资 41.7 亿元，完成 25.16 万户 1 032 万人的通电任务。

### （四）水利援疆建设

2011 年 4 月，水利部援疆重点项目——新疆新华波波娜水电站首台机组正式并网发电。该项目总投资 1 111 亿元，成为和田地区开工建设单机容量最大的综合性水利枢纽工程，可以发挥防洪、发电、灌溉、生态等效益。通过和田地区已建成的 220 千伏输变电线路与南疆高压电路联网，除保障和田电力供给外，还向喀什地区输电，并可通过和田河向塔里木河每年调水 1 亿多立方米，使塔里木河下游几百万亩天然胡杨林得到有效保护和恢复，实现了水利部在新疆“每年都有项目开工、每年都有电站投产”的开发建设目标。水利部还将推进对新疆经济社会发展影响重大的伊犁河、额尔齐斯河流域和塔里木河流域综合治理工程,加快建设伊犁河引水枢纽及北岸干渠、布尔津河西水东引一期和卡拉贝利、于田吉音、乌鲁木齐大西沟水库等重点山区控制性水利工程。

### (五)航空援疆建设

根据中央新疆工作座谈会和全国对口援疆工作会议精神,中国民航局要求全国各航空公司主动开辟和加密至新疆和疆内机场间的航线航班,提前为对口援疆项目产生的人流、物流、信息流搭建便捷的空中桥梁。2011年,南航开通哈尔滨—济南—乌鲁木齐航线;19个对口援疆省市的主要城市全部开通直达乌鲁木齐的航班;上海、广州、山东、河北等省市也采取积极措施,保证航线开通后的旅客流量。目前,南航已开通19个援疆省市全部直达航线及12条疆内直达国内城市航班。2015年,南航在疆国际航线开至18条,以不断西进的步伐构建完善了5小时航空圈。

## 五、新疆基础设施超前制约效应

现代经济发展过程中的一个基本规律是基础产业和设施的发展应当超前于一般工业和整个国民经济发展。所谓“超前”,有两层含义:其一是指以现代工业为主体的国民经济尚未大规模发展以前应当优先发展基础产业和设施;其二是指基础产业和设施的发展速度应当快于社会生产和国民经济的发展。当某一地区的经济发展超出基础产业和设施所能提供的能力,或者说某地区的基础设施的使用超过一定限度时,就会带来交通的拥挤、供电供水的不足、通信联系的不便、求学就业困难等,严重制约区域经济的发展。

衡量基础设施超前发展程度的指标是超前系数。当该系数为正值时,表明基础设施的发展快于国民经济的发展;反之,当该系数为负数时,则表明基础设施的发展滞后于国民经济的发展。负数的绝对值越大,滞后的程度也就越大,必定会造成制约国民经济发展的重大障碍。

**表 8 -4　新疆基础设施的超前系数表**

| 项　目 | 1958 ~ 1978 年 | 1979 ~ 1999 年 | 2000 ~ 2009 年 | 2010 ~ 2013 年 |
|---|---|---|---|---|
| 铁路营运里程 | 0.81 | -0.69 | -0.46 | -0.35 |
| 公路里程 | -0.72 | -0.90 | -0.08 | -0.18 |
| 民航航线里程 | -0.65 | 0.02 | -0.79 | -0.53 |
| 邮路及农村投递线路总长度 | -0.58 | -0.82 | -1.78 | -1.63 |
| 邮电局(所) | -0.52 | -0.74 | -2.00 | -1.15 |
| 长途光缆线路 | — | — | 4.22 | 0.15 |

注:超前系数 =(基础设施增长率)/(GDP 增长率) -1;数据来自《新疆 50 周年》和《新疆统计年鉴》。

表 8 -4 显示了新疆 1958 至 2013 年基础设施的发展现状,从中可以看出新疆基础设施的发展严重滞后于国内生产总值(GDP)的增长,其中铁路和公路在 1979 至 1999 年表现得较为严重,2000 至 2009 年得到一定程度的缓解,但矛盾仍然十分突出。其他各项在 2000 至 2013 年表现得较为严重,而长途光缆线路的发展快于国民经济的发展。基础设施建设和国民经济发展的不平衡性将严重制约新疆社会经济的可持续发展。因而要加强基础设施建设,使其与国民经济同步发展,促进新疆经济社会的快速发展。

# 第九章　产业援疆现状分析

## 一、西部大开发以来产业援疆政策回顾

2000 年 10 月 26 日：国务院发出《国务院关于实施西部大开发若干政策措施的通知》。

2003 年 4 月 29 日：中央新疆工作协调小组召开第一次会议。

2004 年 3 月 11 日：国务院印发《关于进一步推进西部大开发的若干意见》；5 月，中共中央转发《中央新疆工作协调小组关于新疆发展与稳定的战略研究报告》；7 月，国务院批准《中西部地区外商投资优势产业目录》。

2005 年 4 月 18 日：中共中央办公厅、国务院办公厅发出《关于确立有关省市、企业与新疆维吾尔自治区南疆四地州和新疆生产建设兵团在南疆三个师对口支援关系的通知》。

2006 年 9 月：胡锦涛总书记到新疆视察工作，就促进新疆经济社会发展、实现新疆长治久安等重大战略问题进行了调查研究；年底，胡锦涛总书记、温家宝总理在中央有关部门的研究报告上分别做出重要批示，要求国家发改委、国务院研究室牵头，对新疆经济社会发展的有关问题进行系统调研。

2007 年初：国家发改委和国务院研究室会同国务院 25 个部门和单位组成中央调研组专程到新疆调查研究，形成了有关农业、矿产、水利、生态环境保护、社会建设、兵团等 11 份基础调研报告；9 月 28 日，国务院发布《关于进一步促进新疆经济社会发展的若干意见》。全国各省、市、自治区、中央国家

机关和中央企业对援疆工作更加重视，并加强了对这一工作的领导，从而使援疆工作更加顺畅，更有力度。

2008年：第六批援疆干部入疆，选派部门增加到90多个中央国家机关部委；12月，《中西部地区外商投资优势产业目录(2008年修订)》发布。

2009年3月：国家发改委批准《南疆三地州建设项目专项规划(2009~2013)》；9月，《国务院办公厅关于应对国际金融危机保持西部地区经济平稳较快发展的意见》公布。

2010年3月9日：全国对口支援新疆工作会议召开；4月19日，中央确定19个省市承担对口支援新疆的任务；4月23日，中共中央政治局召开会议，研究推进新疆区域发展和长治久安工作。

2010年5月17日：中央新疆工作座谈会召开。

2011年5月27至29日：第二次全国对口支援新疆工作会议召开；8月20日，国务院国资委率领120家中央企业负责人齐聚乌鲁木齐，与新疆维吾尔自治区及新疆生产建设兵团联合举办“中央企业产业援疆推介会”，共同贯彻落实中央新疆工作座谈会、全国对口支援新疆工作会和企业参与支援新疆工作座谈会精神，深入推进中央企业参与新疆大建设、大开放、大发展，积极开展推动产业援疆工作。

2012年5月30日：第三次全国对口支援新疆工作会议在北京人民大会堂召开。李克强在讲话中强调，新疆地处亚欧大陆腹地和亚欧大陆桥中间地带，是我国向西开放的桥头堡之一。我们要顺应新的形势，在继续提升沿海开放、向东开放的同时，加快沿边开放、向西开放，拓展开放发展、合作发展的空间。对口援疆工作要坚持工作目标不动摇、工作热情不降低、工作力度不减弱，以更高的效率推进住房、就业、医疗、社保等民生项目，加强交通、水利等重大基础设施和生态环保建设，推进产业援疆发展特色经济，加大科技、教育、人才、干部等智力援疆力度，推动新疆与内地之间、各民族之间加深交流交往交融，努力开创对口援疆工作新局面。

2013年12月19日：中共中央政治局常委会专题听取了新疆工作汇报，研究和部署当前和今后一个时期的新疆工作，习近平总书记主持会议并发表重要讲话，对做好新形势下新疆工作提出明确要求，做出重大战略部署。

会议要求要把思想认识统一到关于做好新疆工作的特殊重要性上来，从事关党和国家大局、事关中华民族伟大复兴的高度提升认识；统一到党中央对新疆工作的估计上来，保持清醒头脑、忧患意识、战略定力，坚持标本兼治、重在治本；统一到党中央确定的新疆工作的指导思想上来，把着眼点和着力点放在社会稳定和长治久安上，作为第一位的任务。①

## 二、新一轮产业援疆工作

### （一）中央企业援疆工作

中央企业产业援疆力度进一步加大，“十二五”期间央企在新疆的投资规模预计超过1万亿元，相当于“十一五”期间的2倍多（见表9－1）。截至2012年底，共有44家央企参与新疆石油石化、煤炭、电力、冶金、建材等行业的投资开发，资产总额达到5 739亿元（见附录中央企业产业援疆主要项目简表）。目前，央企对新疆工业增加值的贡献率超过70%，中石油未来10年将在疆投入3 000亿元以上，相当于中石油过去30年在疆的投资总额。我国央企产业援疆签约近90个项目，投资逾7 000亿元，这些项目都在2012年之前开工。截至2014年一季度末，53家中央企业在疆计划投资项目685个，计划投资总额1.85万亿元。

**表9－1　各中央企业主要援疆项目表**

| 年　份 | 援疆项目数（个） | 计划总投资额（亿元） | 完成投资额（亿元） |
|---|---|---|---|
| 2010 | — | — | 5 739.00 |
| 2011 | 196 | 4 581.37 | 701.48 |
| 2012 | 178 | 7 243.15 | — |
| 2013 | 103 | 2 047.42 | 355.85 |

2011年8月20日，国务院国资委在新疆乌鲁木齐召开中央企业产业援

①张春贤：《把着眼点着力点放在社会稳定和长治久安上》，http://www.gov.cn/gzdt/2014－01/07/content_2561013.htm。

疆推介会，对于加速推进新疆新型工业化，构建新疆现代产业体系，增强新疆自我发展能力，完成两大历史任务，意义重大，影响深远。对于资本市场而言，这无疑又是一次巨大的投资机遇。

### （二）19个省市产业援疆进展情况

新一轮对口援疆工作开展以来，19个对口支援省市与各受援地州密切配合，加快推进项目建设，援疆项目进展顺利（见附录新一轮产业援疆主要援助项目进展情况简表）。

1. 北京市产业援疆工作进展情况

北京市坚持“首善标准”和“科学援疆、全面援疆、真情援疆”的总体要求，在受援地的大力支持下，积极健全工作机制，加速推进任务落实。

（1）系统制定产业支持方案，探索适合当地的产业模式与合作路径，确定了产业援疆主攻方向。组织开展产业技术攻关，积极支持先进成熟技术集成应用项目投资，培育适宜当地的产业链和产业发展模式。大力推进特色种植、高效节水、防沙治沙、农产品加工、维吾尔医药加工、地毯丝绸编织等产业援疆项目33项，实施援建5 027个大棚。实施24项种养殖农业项目和手工编织等特色产业发展项目，带动农民就业增收。

（2）通过资本金注入方式，搭建园区投融资平台，组织规划专家搞好产业园区规划编制，为项目落地打好基础。投入5 000万元支持工业园区、物流园区基础设施建设，带动资金1.5亿元以上。积极吸引在京企业进驻和田，截至2012年，引进企业16家，计划投资19.9亿元，完成投资达到7.8亿元。

（3）发挥北京市市场优势，组织举办新疆和田商品大集，宣传推介和田名优产品，组织举办和田玉枣进京等活动，提升了当地特色农产品的市场影响力。

2011年度，计划的168个项目全部开工，完工项目96项，到位援疆资金19.68亿元，累计完成投资17.9亿元；2012年，实施援助援疆项目150个，完工96项，到位援疆资金15.5亿元，完成核定任务的121%；2011至2013年，共安排援疆资金54.25亿元，实施援疆项目363个；2014年，全年实施援疆项目134个，完成投资13.28亿元，超额完成年度目标任务；2015年，全年计划安排援疆项目121项，计划完成投资10.13亿元。

2. 广东省产业援疆工作进展情况

（1）突出政府引导。制定了广东省产业援疆工作方案，确定棉纺织、矿产、农产品加工、旅游、商贸物流等五大重点扶持产业，并在援疆总体规划中安排产业引导资金4.5亿元，鼓励广东企业进疆投资。

（2）引进金融支持。在广东前方指挥部协调下，国家开发银行广东分行、新疆分行与喀什地区行署、兵团农三师签订了五方开发性金融合作协议，5年内将提供300亿元以上的融资支持。

（3）开展系列经贸活动。精心策划了产业援疆"民企行动、国企行动、台企行动、港企行动"四项行动。截至2012年年底，民企行动代表团已签订各类产业援疆合作项目21个，计划投资总额达51.3亿元。2011年亚欧博览会，广东省组织了共有23个分团、1 541家企业、730多人参加的庞大的经贸代表团，与新疆共达成合作项目221个，成交金额达451.6亿元。与此同时，广东省还积极推动项目落地生根。目前，投资60亿元的广州新城，投资6.5亿元的广新外贸棉纱厂，投资1.8亿元的今日景艺农业科技有限公司等一批重大项目已开工建设。

（4）搞好产业规划。围绕构建"一园四城"的目标，编制了阿凡提乐园、商贸城、工业城和农副产品加工区规划，以及产业援疆十年规划。

（5）打造产业载体。投入6 850万元完成疏附广州工业城首期3平方千米的基础设施建设，已有20多家企业入园动工建设。投入3 000万元支持伽师工业园区基础设施建设，园区面积由3平方千米扩大到5平方千米。

3. 安徽省产业援疆工作进展情况

安徽省委、省政府高度重视新一轮对口援疆工作，前后方协调行动，支受方积极作为。安徽省先后有30多个厅局、4个市到和田地区、皮山县调研考察，累计援助专项资金、工作用车、办公设备等超过1 000万元，改善了皮山县县直部门和乡镇工作条件。组织两地企业开展产业对接，目前已有一批企业与皮山县达成初步合作意向。

4. 河北省产业援疆工作进展情况

河北省按照援疆工作要"动真情，用实劲，见实效"和"十个到位"（即思想、任务、机制、资金、人员、实事、项目、管理、督导、成效到位）的要求，与受援地密切配合，周密安排部署，精心组织实施，各项援疆工作进展顺利，已取得初步成效。根据受援地的资源禀赋和实际需要，积极推进产业合作。先后协调组织80多家重点企业、相关部门、对口支援市到受援地考察，进行相互考察交流、产业项目对接，其中冀中能源、河北建投、毕氏集团与巴州方面分别签订了3个总投资100亿元以上的大项目。

2010至2015年，河北省对口支援新疆巴音郭楞蒙古自治州和生产建设兵团第二师，安排援疆资金17.5亿元，签订合作协议93项，协议金额近900亿元，涉及矿产资源开发、油气加工、新型建材、新能源、纺织、农副产品深加工等多个领域。目前，总投资240亿元的28个项目开工建设，16个项目投产见效。

5. 吉林省产业援疆工作进展情况

（1）实施科技"造血"。邀请中科院四位专家考察阿勒泰地区湿地生态。在哈巴河县建设现代农牧业引育科技示范基地，以吉林省技术为依托，试种寒地滴灌水稻200亩，种植玉米等作物2 600亩，试种薰衣草、鲁花花生等品种400亩。阿勒泰市科克苏湿地生态农业开发项目滚水坝、监测站等配套设施已完工。阿勒泰市二牧场深冬型日光温室项目第一季蔬菜上市。积极扶持村级集体经济发展，真空包装牛肉干生产线、乳制品深加工两个项目已全部完工。全方位支持哈萨克医药产业发展，2012年已完成甘草、青蒿、鹿草、骆驼蓬、沙生腊菊等20个地道哈萨克药材品种试种。

（2）推动生态旅游产业。将受援地纳入吉林省旅游宣传整体框架，积极推动喀纳斯与长白山生态旅游互动发展。运用市场机制，共同开发森林、冰雪等生态旅游市场，引进天然城市开发集团，建设喀纳斯（冲乎尔）国际生态养生小镇。

（3）谋划清洁能源产业链。以风电开发为龙头进行综合开发，引入风机制造项目。

（4）集中推进吉林吉木乃国家级边境经济合作区建设。

（5）帮助进行地矿勘查。吉林省国土厅牵头出资1 265.91万元，在哈巴河等4县共8个矿点开展矿产资源普查勘查工作。

(6)2014 年,总投资 1 500 万元的哈巴河县现代农业科技引育示范园已投入使用。吉林省新能源公司投资 7 亿元的风电项目已开工建设。总投资 4 800 万元、年产值 2 亿元的农业产业援疆龙头企业新吉国际贸易有限公司油脂生产线已投产。

6. 黑龙江省产业援疆工作进展情况

(1)园区合作共建。黑龙江省相关园区与受援地园区建立了结对关系,完善了富蕴县城南工业园区物流园基础设施。福海工业园区冠名为“黑龙江阿勒泰福海工业园”。大庆高新技术产业开发区无偿投资 300 万元援建一站式服务大厅和职工培训中心,并选派园区管理人员参与管理工作。黑龙江省派出援疆干部到农十师工业物流园区挂职。

(2)促进产业转移。黑龙江省组织 13 家行业龙头企业参加了“中国新疆 2011 产业转移”系列对接活动,与阿勒泰地区共同召开“阿勒泰地区与黑龙江省产业对接会”。组织受援地区有关部门到黑龙江省考察对接,帮助设计招商引资宣传网页,为受援地区参加“哈尔滨经济贸易洽谈会”和“第一届中国国际新材料产业博览会”提供免费展位。支持建设可可托海景区,帮助景区申报国家 5A 级景区。农垦总局宝泉岭、红兴隆和齐齐哈尔管理局分别与新疆生产建设兵团农十师 184 团、187 团和 188 团签订了全方位产业合作协议。哈尔滨市组织青年企业家到阿勒泰和农十师实地考察,并分别签订了青年合作等多项协议。

(3)农业产业化和科技成果转化。黑龙江省水产研究所再次向阿勒泰地区和农十师无偿提供 70 万尾鲤鱼苗和 30 万粒哲罗鲑发眼卵,在阿勒泰市和福海县成功实现增殖放流哲罗鲑 15 万尾。黑龙江省农科院浆果所与阿勒泰地区林业局就小浆果品种改良和技术推广签署合作意向。哈药集团中药有限公司与地区哈萨克民族医院联手开发新药。拥有黑龙江最大的农副产品批发市场的哈达集团与农十师和青河县签订了农副产品合作协议。

(4)地质勘查合作。黑龙江省地矿局与富蕴县众信矿业开发有限公司共同对富蕴县 7 个探矿权开展地质勘查工作。

7. 天津市产业援疆工作进展情况

天津市以科学规划为引领,以改善民生为重点,坚持“高起步、高标准、高效益”，扎实工作，实现了援疆项目“早启动，早见效，早受益”的良好效果。天津市把产业援疆作为十分重要的任务，力争使受援地增强“造血”功能，提高自我发展能力。

天津产业援助和田重点项目进展顺利。截至2013年，已有31家企业41个项目落户和田，协议投资额73.6亿元，到位资金33.8亿元，项目涉及农产品基地建设、农副产品加工、新型建筑材料、轻化工产品、商贸物流、矿业资源开发、市政基础设施、旅游资源开发等方面。其中，已有16个项目落地建设，涉及投资约23亿元。由西部水泥集团投资7.6亿元兴建的和田尧柏年产250万吨的水泥项目，成为和田地区最大的水泥生产企业，投产后将大大缓解水泥短缺状况，成为强县富民的支柱企业。民丰县钧窑建材有限公司投资5 600万元，年生产1.2亿块页岩砖项目已建成投产，结束了民丰县无规模工业的历史。天津华勘集团和田矿产资源评价、勘探、开发项目已通过自治区立项，勘测勘探工作已经展开。策勒、于田、民丰三县工业园区正在加快基础设施建设，优化投资环境，并推动天津国家级开发区进行对口帮扶。特色产业不断丰富，农垦集团策勒县10万亩沙漠综合治理开发项目已投入建设。策勒食用菌基地已建成大棚400座，投入使用300座，并配套建设了管理培训区、保鲜加工区、仓储物流区，菌类生产形成规模。在策勒、于田、民丰三县，利用宅边、路边、渠边完成蓖麻种植5万亩。

8. 湖南省产业援疆工作进展情况

湖南省对口援疆工作按“规划先行，民生为重，产业优先，全面援疆”的工作思路，坚持“高起步，高标准，高效益”，解放思想，扎实工作，取得了明显效果。湖南省采用交支票加全程监管的方式管理项目，即项目经批准后，除前方指挥部统筹的部分智力援疆项目外，所有项目由受援地组织实施。根据国家、湖南省、自治区有关法律法规政策和《湖南省对口援疆项目管理办法》《湖南省对口援疆资金管理细则》等，对项目、资金全过程加强监管。一是加强园区建设。建成吐鲁番市大学生创业园并投入使用；实施了两个工业园公共服务暨科技企业创业孵化平台一期工程项目，主体均已完工。二是推动湖南企业来疆投资。3年来，湖南企业共签约投资新疆项目56个，湖南三一重工、曾氏企业集团、五凌电力集团、湘煤集团等大企业、大集团落户新疆投资建设。三是深入推进技术援助合作。湖南省科技厅援助吐鲁番地区建立了竞争情报中心；湖南高新创业投资集团与新疆国有资产投资经营公司、上海瑞久投资基金管理有限公司共同创立了新疆融汇创业投资基金及基金管理公司，为新疆金融发展提供技术服务，为产业发展提供金融支持。

9. 江西省产业援疆工作进展情况

江西省积极探索援疆模式，把阿克陶县当作江西省第 100 个县。在“输血”上，坚持以民生项目为主；在“造血”上，着力增强阿克陶县自我发展能力，在产业发展、人才培养等方面给予大力支持。与阿克陶县各族干部群众齐心协力，迅速行动，新一轮援疆成效良好。产业援疆有特色，为有效推进产业援疆，江西省出台实施《江西省产业援疆项目支持办法》。通过补助、贴息等方式，鼓励和支持省内企业到受援地区投资兴业，初步形成了有色金属加工、黑色金属冶炼、水电资源开发和新型建筑材料等特色产业体系。依托新疆江西商会，引进入疆项目 22 个，总投资 135 亿元，到位资金 34. 5 亿元。重点支持阿克陶县江西工业园区基础设施和产业孵化中心建设，目前已有 14 家企业落户园区。成功促成中国银行江西分行、新疆分行与克孜勒苏柯尔克孜自治州（以下简称克州）人民政府、江西省援疆前方指挥部签订 60 亿元的授信意向。江西省援建的 200 座戈壁温室大棚带动当地建设温室大棚 2 000 座，促进了农牧民增收致富。江西农业科技示范园的投入使用使农牧民收入大幅提高。产业援疆项目提供的就业岗位拓宽了各民族群众的就业和增收渠道。

10. 浙江省产业援疆工作进展情况

浙江省按照“以改善民生为重点，以产业发展为亮点，以促进受援地稳定发展为落脚点”的援疆总体要求，认真实施新一轮对口援疆综合规划以及 7 个子规划，取得了明显成效。

（1）抓好阿克苏 · 浙江产业园建设工作。在中央计划外拿出 3 亿元资金专项用于产业园基础设施和标准厂房建设。

（2）抓好浙江企业和浙商项目“引进来”工作。通过政府与市场“两条腿”走路，鼓励引导浙江产业有序地向阿克苏转移。

(3)抓好阿克苏地区优势产业产品“走出去”工作。协助阿克苏企业参加浙江举行的“农博会”“浙洽会”等重大展会;开通杭州—阿克苏直航航线。

(4)抓好金融援疆互动工作。先后促成中国银行浙江省分行、上海浦发银行杭州分行与自治区和阿克苏地区达成协议授信400亿元;促成杭州联合银行在阿克苏设立金融机构。

11.深圳市产业援疆工作进展情况

深圳市以产业为重,发展共赢,积极推动两地经济合作。

(1)强力推进5个产业合作项目——喀什深圳产业园、喀什深圳城、喀什市农产品批发交易中心、深喀现代农业示范园、深喀文化旅游合作项目。目前已经顺利签约,喀什经济开发区已正式确定为国家级特殊经济开发区。

(2)着力做好招商服务。筹备成立了喀什深圳商会、喀什经济开发区招商服务中心、战略研究中心。编制了产业导向目录、招商引资手册,制定了开发区“1+9”优惠政策。重点跟进了30兆瓦光伏电站、深业集团投资建设“丽笙深业酒店”、星河喀什中心区综合体项目、香港嘉禾集团酒店项目、深圳农产品批发贸易企业在喀什市建设大型农产品批发市场等项目。借助“高交会”“文博会”“喀交会”等展会平台引导深圳企业到新疆投资发展。2010至2014年,实施援疆项目超百个,到位援疆资金超10亿元,项目开工率达到100%,资金到位率超过100%。

(3)科技援疆项目进展顺利。喀什产权交易平台、土地交易中心、工程招投标信息平台等科技援疆项目建成并投入使用,填补了喀什相关领域的空白。深喀现代农业产业示范园全面开工建设。深圳市以就业、教育、人才为重点,扎实推进“一园一城一校”(深圳产业园、深圳城、喀什大学)等重点项目建设,切实增强援疆工作针对性,提升有效性。

12.江苏省产业援疆工作进展情况

按照“江苏援疆工作要继续走在全国前列”的总体要求,江苏省产业援疆在指导思想上围绕“发展”,在工作定位上体现“创新”,在工作目标上紧扣“跨越”,在工作方法上突出“造血”,以高起点编制对口支援规划为切入点,精心谋划、创新机制,扎实推进各项对口援助工作。2010至2015年6月,江苏省产业援疆已投入或开工建设项目突破100个,到位资金超过300亿元。

签约项目 237 个,投资总额超过 2 300 亿元。

(1)江苏省对口产业援疆注重扶持、推动产业发展。2011 年 8 月 4 日,江苏省对口支援新疆“百企千亿”产业合作项目签约仪式分别在伊犁州和克州举行。

(2)江苏省积极拓展产业发展渠道,帮助克州群众脱贫致富。建成 4 个产业发展及配套项目,并全部投入使用。阿合奇县“5331”创业引导工程征集创业项目 26 个,43 人获得创业专题培训证书,成为克州创业带就业样板工程。以“昆山速度”60 天建成了阿图什市戈壁产业及农业示范园 6 000 平方米的现代化高科技智能温室,对克州乃至南疆地区加快科技兴农富农起到了重要的示范作用。另外,合力建设产业园区。推进昆山开发区与阿图什工业园区、常州新北区与乌恰工业园区的结对共建,签署了园区共建协议。组织克州相关部门和企业赴江苏召开项目推介会、产品展销会,邀请江苏大企业、大集团到克州考察调研、洽谈。积极参与“中国新疆 2011 产业转移系列对接活动”和江苏省政府组织的“百企千亿”等活动,现场签约项目 10 多个,项目总投资近 50 亿元。协调组织江苏电视台《克州行——寻找新商机》栏目赴克州实地采访,全方位、多角度向江苏及长三角地区推介克州。

(3)伊犁州(直)以重点园区建设推动产业发展。第一,开发区总体发展规划、一区三园城市发展规划和合作中心产业规划均已编制完成,开发区的控制性规划和开发区产业发展规划、口岸旅游业发展规划已全面启动。第二,建设了园区载体,由苏州工业园区霍尔果斯苏新置业有限公司投资 15 亿元建设的苏新商务中心、东部产业转移园及集宿区三个载体项目已有了良好的形象进度,其中东部产业转移园已于 2012 年 8 月正式投入使用。同时,促成了中哈铁路的成功接轨,“连—霍”集装箱公铁联运成功试运营,并顺利启动南部联检区。第三,引进了一批企业,已有 69 个项目与开发区签订入驻协议,其中 15 个项目入驻合作中心,总投资 233 亿元,13 个项目已经开工建设。

13. 湖北省产业援疆工作进展情况

湖北省新一轮对口援疆工作遵循“搭建平台、筑巢引凤,园区对接、合作共建,改善环境、优化服务”的原则。截至 2012 年,启动博州 5 个非金属工业园(湖北工业园)的规划、设计、基础设施建设,组织武汉、襄阳、宜昌等市8个国家级开发区分别与受援地两家工业园区“四帮一”对接共建。2012年,开展合作项目62个。其中,武汉高农已经投产;武汉当代、武汉光谷已经落户;湖北奥星、武汉中百、金博种业、奥星粮油已开展合作经营;宜昌昭君酒业、宜昌土老憨已完成工商注册;长江铝业、湖北国创、武汉国测诺德、十堰平云工贸、随州成龙威已签订合作协议;湖北立泰、湖北天源木业、湖北景天棉花产业集团、武汉协铁龙物流、湖北紫鑫生物科技等一批公司已签订投资意向。2015年,共有12家企业签订企业援疆项目,签约金额近43亿元,项目涉及新能源开发、环保建材、汽车组装和农副产品深加工等。

14. 辽宁省产业援疆工作进展情况

(1)确立“五位一体”工作思路,即发挥园区的集聚作用,最大限度发挥园区的产业集聚、资源整合、经济拉动、技术创新和辐射带动效应。实施大企业、大集团战略,积极引进有实力的大企业、大集团赴疆投资建厂。加强与受援地的高层合作,努力促成一批由政府牵头组织的产业项目。充分发挥行业协会、商会的桥梁纽带作用,搭建产业转移促进平台,组织外省驻辽商会到新疆考察投资,动员社会力量援疆。

(2)高标准规划、建设巴克图辽塔新区。编制了新区战略规划、总体规划、土地利用总体规划等8个专项规划,5个标志性建筑陆续开工建设。积极搭建投融资平台,争取亚行贷款0.83亿美元,用于新区基础设施建设。利用亚欧博览会等贸易会展活动,充分促进两地间的经济交流和产业对接。2012年举办了首届巴克图论坛,邀请国家9个部委的有关领导做主题演讲,强力推介巴克图辽塔新区。利用援疆渠道,争取了疆内首个3日免签边民互市贸易区试点。

(3)全力促进产业合作项目洽谈、落地、开工。在辽宁省委、省政府的支持下,塔城地区连续3年在辽宁省开展“辽宁塔城周”系列招商活动,每年一个主题,从项目推介、招商到园区产业深入对接。2010至2012年,签订产业合作113个,投资规模近400亿元。在援塔干部的协调下,利用辽宁省的招商网络和资源,塔城地区赴“长三角”“珠三角”开展招商推介活动。大型国企起到模范带头作用,动员社会力量参与产业援塔。目前已有42个产业援疆项目在受援地开工、投产，一大批高质量的产业援疆项目落地生根，为“一地两师”跨越式发展提供了强大动力。

（4）多种举措保障援疆效果。一方面，通过与辽宁同类园区“结对子”方式推进受援地园区承接产业转移，延伸产业链，形成产业集群；另一方面，国家开发银行辽宁省分行、大连分行与新疆分行签订战略协议，支持受援地基础设施、重点项目建设，把“产业援疆”与“科技援疆”紧密结合。20余家辽宁科研院所与受援地在高新科技方面进行长期深度合作，组织受援地一线产业工人技术骨干赴辽宁省参加采煤、掘进、地测、电工和焊工技术培训。

15. 上海市产业援疆工作进展情况

（1）加强招商引资。结合喀交会、亚欧博览会等招商引资平台，组织上海企业投资四县项目签约活动。在沪举办喀什地区农产品展销活动，2011年11月率先在沪建立喀什经济开发区上海招商服务中心。

（2）切实落实招工工作。多次组织援疆企业在喀什进行招工，在当地招工740人次。组织、动员38家大中型企业在喀参加“沪喀情深”上海企业招聘会，提供就业岗位3 080个。

（3）重点产业项目积极展开。农业方面，设施农业、节水灌溉、养殖基地等农业试点项目全部建成并陆续投入使用；建立巴旦木研究所；建立一批有规模的饲养小区，促进种植、养殖业可持续发展；大力开展农产品营销活动，加强农业园区建设。工业方面，开展了“金融助推经济发展”专题调研。叶城县阿里工业园区、泽普“西域戈壁·枣业庄园”等项目加快推进，促进巴楚神鹿工业园区建成自治区级工业园区，进一步推动产业向园区集聚，推动一批现代服务业项目到喀什落户，协助上海汽车集团在新疆形成新业态。继续推进产业园区的基础设施、功能配套等建设。商贸、旅游方面，加强叶城新世纪农贸市场等专业市场的规划和建设，初步建立上海12个开发区（园区）与四县园区对口机制，支持在交通关键节点上建立商业区和物流基地或园区，做好双向旅游推介活动。金融方面，积极协调浦发银行、国家开发银行等支持喀什发展；举办喀什地区债券市场融资工具推进座谈会；浦发银行首笔安居富民贷款落户泽普；国家开发银行上海分行与地区行署、对口四县签订金融援疆合作协议。

16. 山东省产业援疆工作进展情况

山东省确定了“用政府资金保民生、用社会资金促产业”的援疆理念。

(1)高位推动双方产业合作。实施“一县一企”企业援疆计划,对山东经济发达县到新疆受援县投资做出硬性要求。

(2)大企业吸纳大批劳动力就业。2010 至 2012 年,山东省在受援四县落地项目总数 152 余项,投资额 18.9 亿多元,为受援地增加 3 万多个就业岗位。

(3)农业龙头企业带动农民致富。积极引进“企业 + 基地 + 农户”的产业化经营模式,投资 16 亿元的疏勒县花卉产业示范园,建成后将带动 3 000 户周边群众从事高档花卉种植;投资 1.3 亿元的麦盖提县五征现代农业示范园将辐射 300 户农民从事特色林果生产。

17. 山西省产业援疆工作进展情况

对口援疆工作开展以来,山西省紧紧围绕“改善民生、促进产业发展、促进就业和培养干部人才”四大任务全方位开展对口支援工作,并取得积极成效。2013 年,在过去产业援疆的基础上,生产建设兵团第六师五家渠市还引入山西省招商引资项目两个以上,引入项目落地资金 50 亿元。

按照“互利互惠,合作共赢”的原则,积极推进产业援疆。一批煤炭、冶金、焦化、煤化工循环经济项目和装备制造、商贸流通等项目落户阜康。目前,阜康晋商工业园已入驻企业 17 家。其中,山西企业 13 家,占入驻企业的 76.5%,阜康市永鑫煤化有限公司、阜康市泰华煤焦化有限公司、阜康市永辉铸造有限公司等 5 家企业已建成投产。此外,在第四届中国(太原)国际能源产业博览会期间,组织开展了阜康市项目推介专场,帮助阜康市煤电煤化工产业链及相关配套产业进行招商引资,与山西大企业、大集团全面拓展能源产业合作,促成签约引资项目 3 个。

18. 河南省产业援疆工作进展情况

截至 2013 年年底,河南省共援助项目 128 个,援疆资金达 14.27 亿元。这些项目的实施有效地改善了哈密地区各族群众生产生活条件,促进了当地经济发展和社会长治久安。

(1)试点项目成效初现。2010 年试点项目已在受援地发挥作用,其中,安居富民、定居兴牧工程使许多群众和牧民借助援疆资金建设了住房和温室大棚,极大地改善了生活和生产条件,摆脱了贫困。

(2)项目有序推进。河南省采取“交钥匙”和“交支票”工程相结合的方式,单体投资2 000万元以上的项目为“交钥匙”项目,其他为“交支票”项目。2011年8月,大部分项目进度超过60%。2012年援助项目63个,到位援疆资金3.8亿元。

(3)项目资金监管有力。河南省成立前方指挥部监督检查工作领导小组和监察审计组,制定了《关于加强中央支持新疆经济社会发展政策落实情况监督检查工作的实施方案(试行)》和项目资金管理等10多项制度。建立联席会议、联合督察、社会监督、责任追究等工作机制。切实加强项目施工队伍、施工质量管理和资金使用监管,确保项目优质、资金安全。

19. 福建省产业援疆工作进展情况

福建省突出民生建设、产业对接、人才援助等三大工作重点,以实干求实效,把握关键,精心规划,积极作为,加强产业对接。发挥闽昌各自优势,以市场为导向,以民营企业为主体,以搭建平台为抓手,主动对接、引导一批福建省优质民企来疆拓展市场、延伸产业,促成了一批具体的合作项目。同时,注重提升招商引资、产业援疆工作的质量和水平,注重实效,狠抓落实,注重提高签约项目的履约率。2010年福建省援疆资金0.89亿元;2011年对口援疆资金4亿元,实施43个援建项目;2012年到位援疆资金4.23亿元,共实施51个援疆项目;2013年实施产业援疆项目11个,3年累计到位资金123.1亿元,带动就业1.3万人。

## 三、产业援疆效果评析

### (一)中央企业产业援疆效应分析

中央企业在产业援疆中拥有自身在资金、技术、管理等方面的优势,可以引领新疆产业的发展,发挥了资金雄厚、技术领先、管理先进和人才富集的优势。

据新疆国资委统计,截至2014年一季度末,53家中央企业在疆计划投资项目685个,计划投资总额1.85万亿元,已完成投资5 903.86亿元。其中,完成项目148个,占项目总数的21.61%;累计完成投资1 033.33亿元,占已完成投资总额的17.5%。新疆的石油、天然气与煤炭资源储量分别占全国的30%、34%和40%。电力和煤炭央企,中国五大发电集团(华能、大唐、华电、国电、中电投),以及国家电网、神华集团、三峡集团齐聚新疆,决定就地建设煤电基地,将新疆作为未来的大本营。

与此同时,新疆经济的结构不均衡很可能会更严重,新疆对资源的依赖性会进一步增强。2012年,新疆的重工业比重占工业总产值的比重为62.8%,大型企业占到80%以上,中小型企业所占比重不到20%,国有控股企业占到70%以上,非国有控股企业所占比重不到30%,这显然是畸形的经济结构。新疆在石油石化工业发展中所得到的税收,资源税只有5%,非常微薄,增值税额相对较高,但这些央企在新疆的生产主要以开发资源为主,并没有太多的加工和增值环节。

大量重工业企业的进驻很可能会带来环境污染的风险,新疆本来就贫瘠的水资源更加无法承担高耗能企业的一再索取。入驻的央企大多是从事资源开发项目,属资金、技术密集型企业,在带动当地的就业率上拉力不足。2010年,新疆的第二产业占到了46.8%,可就业人数仅占14.8%;而第一产业仅占19.9%,却承载着48.5%的就业人数。很多央企直接"打包"进疆,从管理人员到基层人员全部是外来人口,这使新疆农村剩余劳动力的转移面临极大的困境。

### (二)19个省市对口援疆效应分析

在对口援疆政策大规模实施后,其社会效益和经济效益显著,促进了民族地区的资源开发利用,使资源优势变为经济优势。在国家和经济发达省市的对口支援下,少数民族地区以农业、能源、原材料为重点的资源开发和利用取得了较好的成效。深化企业联合,可以推动企业组织结构和产品技术结构的调整,促进企业经营机制的转变。在对口支援工作的推动下,许多民族地方的工农业生产技术和产品质量有了很大的提升,提高了经济效益。有些少数民族地区的产品已走出国门,出口创汇。

但其中也存在一些问题,必须引起重视。

(1)引进企业对当地税收的贡献有限。新疆绝大多数县市在对口省市的援助下打造了规模不等的工业园区,由于良好的投资环境和部分县市丰富的资源,吸引了国内一大批一流的企业在工业园区设立分厂。但因我国总部经济的发展模式,有些企业并不是当地的税源大户,企业税收甚至企业管理层的个人调节税,绝大部分流向企业总部所在地,其中包括一大批中央企业。

(2)部分引进企业有专业技能方面的要求,在吸收当地劳动力方面极为乏力。一般而言,制造基地所需的普通劳动力要实现本土化,即充分利用当地的人力资源,这将进一步扩大区域的就业总量。但是新疆有些民族对现代工业运作方式在短时间内还无法适应,农村大部分劳动力缺乏现代化劳动者的基本素质,在短时间内要完成学习培训、技术推广,培育熟练的生产技术人才有难度。特别是在南疆地区,要招收到大量符合现代化企业要求的劳动力难度相当大。因此,部分企业无法在当地吸收大量劳动力,直接将内地劳动力带入企业,难以带动当地就业。

(3)对当地相关行业的带动不大。虽然有大量的援建资金进入新疆,但援疆项目主要集中在基础设施方面。援助的主要成就也表现在基础设施的改善上,诸多的基础设施建设项目从论证、设计、施工,甚至工程的装饰均由援助方承担。部分项目不论是高技术含量的论证、设计、评估,还是技术含量较低的施工,基本上由援助方承揽,建设过程中的部分人力和物资也从援助方输入,对当地相关行业的带动微乎其微。

(4)援疆渠道狭窄。单一的政府间援助毕竟带有行政命令色彩,而政府的对口援助更多关注的是较大的一些项目。因此,可以扩大援疆渠道,引导和鼓励民间建立各种援疆基金,配合政府的援疆措施。一方面,可以避免市场经济下对公平原则的损害;另一方面,可以使更多的民间资金在新疆的建设中发挥作用。这更容易增进内地和新疆以及各族人民之间的了解。

（5）援疆使当地民众的挫败感比较强烈。在新疆各地的一些援疆项目上都可以见到感谢碑。多数项目都打上了援助方的烙印，这给当地民众的心理造成了强烈的挫败感。在新疆这样的多民族地区，这样的反差暴露出我们在处理少数民族地区经济社会发展方面诸多值得深思的问题。

（6）新疆在承接援疆产业时具有严重的数量依赖，忽略了对招商引资对象的产业鉴别，忽视了对产业链的整合。在招商引资、承接产业转移过程中，强调数量是必要的，但如果过分依赖数量而忽略质量，就会造成严重的后果。当政府政策导向陷入唯数量论的境地，就可能造成大批生产技术含量低，与本地产业关联性不大甚至污染严重的“不合格”企业“滥竽充数”，不但对本地的产业发展没有积极的推进作用，而且会对本地产业环境产生冲击甚至破坏。这种对“承接产业转移—产业链整合—区域核心竞争力与自我发展能力提升”发展模式的偏离，将使新疆无从提升区域核心竞争力和自我发展能力。

（7）一方面“引”要有所选择，另一方面企业“落地”以后，如何使其“生根”又是另一个重点所在。而事实上，如何将落地企业与本地企业“整合”成本地优势产业要比“吸引”外地企业难度更大，即“生根”比“落地”要更加难。对于产业链整合，政策在着力点上有所体现，却远没有成为政策的重心所在。

（8）重企业招商，轻产业配套。外地优秀企业不免会产生诸如对本地产业环境不熟悉，对本地消费者偏好和市场结构不了解等“水土不服”的现象。所以有必要给予外地企业优势充足的配套产业的支持，才能保证其在本土“落地”并且“生根”，发挥其应有的产业带动作用。而新疆在承接援疆产业时，有“引进大企业集团，轻配套产业”的政策偏向。如何为引进大企业提供相关产业配套，使其与本地产业融合，成为带动整个产业发展的本地优势企业，是一个亟待解决的问题。也就是说不能仅看重数量和规模，而要保证引进项目的质量，认真辨别该项目的产业性质，评价其与本地产业的关联度，评估其在本地产业链中可能起到的作用，建立详细的项目信息库，为承接产业转移后的产业链整合做好准备。

# 第十章　民生建设及民生援疆现状分析

民生，一般是指群众在物质层面的基本生活状态，即群众基本的衣食住行用的情况，主要是指民众的基本生存和生活状态以及民众的基本发展机会、基本发展能力和基本权益保护的状况，等等。从人权角度看，民生是人的生存权和发展权；从需求角度看，民生是指与实现人的生存权相关的全部生存条件性需求和实现人的发展权相关的普遍性生活质量需求，也就是保证生存条件的全部需求和改善生活质量的普通需求；而从责任的角度看，民生就是国家施政的最高准则。党的十七大报告中提出"加快以改善民生为重点的社会建设""就业是民生之本""教育是民生之基""分配是民生之源""社保是民生之依""稳定是民生之盾"，让广大人民群众有活干、有学上、有饭吃、有衣穿、有屋住，病有医、老有养、生活幸福、都过上好日子等是从狭义的具体的社会建设层面着眼的"民生"。

## 一、新疆民生建设的重要性

民生建设对新疆社会稳定和长治久安具有重要的现实意义和政治意义，新疆全面快速发展离不开民生建设的实施。

### （一）在国家"改善民生"政策的背景下，新疆民生建设的定位

党的十七大强调要加快推进以改善民生为重点的社会建设，努力使全体人民学有所教、劳有所得、病有所医、老有所养、住有所居；始终坚持发展

为了人民、发展依靠人民、发展成果由人民共享，加大保障和改善民生工作力度，切实解决好人民最关心、最直接、最现实的利益问题。温家宝总理在2010年政府工作报告中提出："改善民生是经济发展的根本目的。只有着力保障和改善民生，经济发展才有持久的动力，社会进步才有牢固的基础，国家才能长治久安。"2010年，新疆维吾尔自治区政府工作报告中提出："保障和改善民生是发展经济的出发点和最终目的，也是政府工作的主题。" 党的十八大报告中，胡锦涛强调：加强社会建设，必须以保障和改善民生为重点。提高人民物质文化生活水平，是改革开放和社会主义现代化建设的根本目的。要多谋民生之利，多解民生之忧，解决好人民最关心最直接最现实的利益问题，在学有所教、劳有所得、病有所医、老有所养、住有所居上持续取得新进展，努力让人民过上更好的生活。党的十八届三中全会强调，紧紧围绕更好保障和改善民生、促进社会公平正义，深化社会体制改革。改革收入分配制度逐步形成"橄榄形"分配格局。

### （二）发展经济与改善民生相互促进的内在联系

改善民生的过程就是发展经济的过程。改善民生不仅不分散经济发展的成果，还使得经济发展的各个环节良性互动，是加快经济发展方式转变的大思路。民生工程是惠民工程，实质上也是发展工程，民生建设的投入不断增加，可以激活消费，拉动内需，进而促进经济增长。新疆加快民生建设可以直接拉动投资、促进消费，通过"让利于民""藏富于民"，进一步为居民消费和民间投资打下基础，形成推动新疆经济社会可持续发展的生机和活力。

### （三）民生改善是化解当前新疆各种矛盾的最好着力点

民生问题的解决能更好地凝聚民心、民智、民力，为新疆经济社会发展提供持久动力，维护新疆社会稳定。中央和新疆政府积极实施各项民生建设工程，如学杂费全免、医院抗震加固、农村公路建设、廉租房建设、医疗费补助、贫困农户危房改造、农牧区饮水安全工程、新建抗震房等，关乎民生的各项财政支出指标也都在不断攀升。加强"民生建设"可以极大地降低社会矛盾的激化，有利于加强和巩固新疆反分裂斗争的群众基础和社会基础。通过改善民生，解决各族群众最关心、最直接、最现实的利益问题，使城乡居民的民生状况普遍得到持续改善，使各族群众通过自身民生状况的改善，从而不断增强反对民族分裂、维护民族团结、维护祖国统一、维护社会稳定的自觉性和坚定性。

民生问题不仅是社会问题和经济问题，还是政治问题；它直接关系到广大群众的切身利益，直接关系到各民族之间的团结，并直接关系到新疆稳定的大局。

## 二、新疆民生建设的战略思想

中华人民共和国成立以来，我国将帮助新疆各少数民族发展经济文化、改善各民族人民的生活，作为解决民族问题的出发点和归宿。

以毛泽东为核心的第一代中央领导集体为改变新疆各族人民的生活状况，从我国经济发展的总体布局出发，加强工作部署，以促进新疆经济和社会发展。1963 年，毛泽东在和新疆自治区领导同志谈话时明确指出：在新疆，第一要做好经济工作，农业、畜牧业、工业要一年比一年发展，经济要一年比一年繁荣，人民生活要一年比一年改善。要注意搞好民族关系，增强民族团结。

以邓小平为核心的第二代中央领导集体采取了一系列推动新疆改革开放和社会主义现代化建设的政策措施。20 世纪 50 年代，邓小平同志对新疆的经济建设就给予了特别关注，指出：中央帮助少数民族地区发展的政策是坚定不移的。针对 80 年代初民族分裂主义势力抬头，他强调指出：新疆稳定是大局，不稳定一切事情都办不成，不允许搞分裂，谁搞分裂就处理谁，要注意培养和选拔少数民族干部。这些重要指示成为新疆改革开放和社会主义现代化建设的指针。

以江泽民为核心的第三代中央领导集体始终高度重视新疆的发展和稳定工作，为解决新疆的民生问题做出重大的决策和部署。江泽民反复强调：要始终坚持以经济建设为中心，这是治国的一个根本，也是治疆的一个根本;要努力把新疆的资源优势变为经济优势。在实施西部大开发战略过程中,他强调在中西部地区,新疆具有重要战略地位。无论是从政治上还是从经济上看问题,我们都应该想方设法加快新疆发展。要大力实施“民心工程”,坚持不懈地为新疆各族群众办好事、办实事,高度重视解决群众的生产生活问题。① 这些重要指示着眼于政治稳定、经济发展、人民生活改善,进一步开创了新疆改革开放和现代化建设的新局面。胡锦涛在2010年中央新疆工作座谈会上指出:要始终把走科学发展道路、加快发展作为解决新疆问题的根本途径,始终把提高各族人民生活水平作为一切工作的根本出发点和落脚点。中央确定全国19个省市对口支援新疆,确保到2020年新疆区域协调发展、人民富裕、生态良好、民族团结、社会稳定、边疆巩固、文明进步,同全国一道实现全面建设小康社会的奋斗目标。

## 三、新疆民生建设的实践

中华人民共和国成立前,新疆生产方式落后,发展处于停滞状态,人民生活贫困。中华人民共和国成立以后,在党和国家的大力支持下,新疆各族人民经过几十年的艰苦奋斗,经济实力明显增强,基础设施建设取得重大进展,各项社会事业全面发展,人民生活水平不断提高。按不变价格计算,新疆的生产总值,从1949年的7.91亿元增长到2013年的8 360.24亿元,2013年的GDP是2010年的1.54倍;财政收入从1949年的0.22亿元增长到2013年的1 556.55亿元,是2010年707.52亿元的2.2倍;2013年农民纯收入7 296元,比1955年的179.6元增长了40.6倍,是2010年4 643元的1.57倍,经济综合实力明显增强。新疆在经济社会飞速发展的同时也重视民生建设,民生状况得到了显著改善,城乡各族居民的收入水平和生活质量明显提高。



①中共中央文献研究室、中共新疆维吾尔自治区委员会:《新疆工作文献选编(1949~2010年)》,北京:中央文献出版社,2010年,第303~308页。

### （一）教育事业——“教育是民生之基”

新疆教育稳步发展：1949 至 2013 年，全疆普通高等学院从 1 所增加到 36 所，在校学生由 379 人增长到 29.52 万人；中等学校由 11 所增加到 1 738 所，学生由 1 975 人增长到 163.28 万人；小学学龄儿童入学率由 19.8% 增长到 99.81%。尤其是 2006 年后中央对新疆的教育投入逐年提高：2006 年，中央出资 1.4 亿元使全疆所有贫困地区中小学生享受“两免一补”的免费教育；经国务院批准，到 2010 年秋季，全国 29 个发达城市开办新疆高中班，90% 以上招收少数民族学生，办班学校增加到 52 所；2011 年，参与援疆的 19 个省市把新疆的大学生带到自己省市培训两年，两年后回到新疆就业，或者在内地就业。

### （二）就业再就业工作——“就业是民生之本”

2001 年，新疆开启历史新篇“就业再就业工程”，每年有 30 万以上的各类人员实现就业或再就业。2010 年，实现就业再就业 43 万人以上。对“零就业”家庭群体，2012 年，在国家和内地省市专项资金和援助资金的支持下，通过购买公益性岗位等途径实现城镇就业再就业 46.73 万人。其中，就业困难人员实现就业 7.1 万人，消除“零就业”家庭 4.35 万户，帮助实现就业 4.96万人，城镇登记失业率 3.4%。2013 年，把“零就业”家庭就业援助工作列入自治区 25 类 100 项重点民生工程之一和效能建设的重要内容，消除“零就业”家庭 4.38 万户，帮助 5 万人实现就业。

### （三）新型农村合作医疗——“医疗是民生之急”

2003 年，新疆第一次实行新型农村合作医疗，采取国家支持与地方配套相结合的办法，用 5 年时间开展新型农村合作医疗试点工作。目前，此项试点已覆盖农牧区人口 949.29 万人；而新型农牧区合作医疗制度已覆盖天山南北每个乡村，覆盖农牧业人口 1 034 万，参保率 98.6%，有效缓解了农牧民群众看病难、看病贵、因病致贫、因病返贫的问题。自 2004 年以来，国家和新疆地方已累计投资3.81亿元,对847所乡镇卫生院进行了基础设施改造和建设,累计补偿受益1 748.65万人次。

### (四)扶贫开发工程——“民生是大事,扶贫是紧事”

2001年,新疆首次实施“扶贫工程”。到2012年,国家和新疆地方共投入扶贫资金119亿元,累计解决了257万贫困人口的温饱问题,帮助150多万贫困人口越过了低收入贫困线,实现了新阶段扶贫开发的阶段性目标。其中,30个扶贫重点县新增基本农田58.6万亩,新增林果业面积398万亩,兴修防渗渠7 881千米,新增及改良草场207万亩,修建棚圈7.4万座,建扶贫抗震安居房74万套,扶贫异地搬迁1.3万户,解决了134多万人和400多万头牲畜的饮水困难,广大农牧民的住房、生活水平和就业能力都得到了较大的改善。自2014年起,我国把每年10月17日设立为“扶贫日”。新疆扶贫开发工作事关巩固党的执政基础,事关新疆社会稳定和长治久安的大局,事关社会主义现代化建设的实现和2020年全面建成小康社会的要求。仅2014年,新疆确保减少扶贫对象36万人,实施整村推进规划354个贫困村,培训贫困农牧民15万人次,贫困地区农民人均纯收入增加800元以上。

### (五)社会保障制度——“社保是民生之依”

2009年,新疆已初步构筑起“老有所养、病有所医、失业有扶持、工伤有救济、生育有补贴”的立体社会保障网。2010年,新疆城镇五项社会保险参保人数1 370万人次;新型农村养老保险试点扩大到56个县(市),参保358万人;提高了城乡低保标准,将更多的困难人群纳入低保范围,使129.8万人得以享受农村低保,基本生活有了保障。2011年,新疆先于全国实现城乡居民养老保险制度全覆盖。3年内中央财政共补助新疆社保资金332亿元,企业离退休人员平均养老金达到2 080元,城乡居民医保财政补助标准3年增长33%。

### （六）改善民生的社会建设——“社会建设是大民生”

实施抗震安居工程：从2004年起，在全疆地震多发、高发地区实施抗震安居工程，让多震、易震地区的群众全部住上抗震房。截至2010年底，已投入资金350亿元以上，新建和改造抗震安居房189万户，836万人搬进新居，极大地改善了南疆地区农牧民群众的安全居住条件。2011年，安居富民工程建设投入资金222.52亿元，已开工31.64万户，2 531.2万平方米，竣工29.5万户，竣工率达98.47%。在国家和各兄弟省市的援助下，新疆人民的住房问题得到了解决。

### （七）稳定和谐促经济发展——“稳定是民生之盾”

党和政府为实现新疆长治久安，各族人民幸福生活，提出加强两防任务。其主要措施有两项：一是要防止大规模群体性事件造成对社会的危害；二是要防止发生暴力恐怖事件，特别是极端暴力恐怖事件。新疆各族人民清醒地认识到国家统一、民族团结、社会稳定，各族人民休戚与共、和睦相处、和谐发展，是新疆发展进步的生命线。

## 四、新一轮对口援疆中的民生建设

中央新疆工作座谈会以来，新疆坚持把保障和改善民生作为经济发展的首要目标，积极实施惠民富民政策，不断加大对民生工程和社会事业的投入，确保人民群众在改革发展中得到实惠。

2010年启动的172个试点项目中，民生项目为149个，占试点项目总数的86.63%。2012年民生项目援助资金26.38亿元，占试点项目援助总资金的91.7%。截至2013年初，援疆资金中75%以上用于民生建设，并且95%以上都安排使用到县（市）及乡镇基层。项目类型主要是安居富民、定居兴牧、公路、学校、医院、防洪设施等一批当地迫切需要解决的民生试点项目。

2010年，新疆一般预算支出中用于民生的支出突破1 000亿元，达到

1 198亿元，占全部支出的71%。2011年，新疆一般预算支出中用于民生建设的支出达1 670.5亿元，占地方一般预算支出的73.2%，同比提高2.2个百分点，是民生投入最大、惠及面最广的一年。2011年作为新疆的“民生建设年”，国家确定实施了22类80项重点民生工程（见附录2011年“民生建设年”22项重点民生实事工程及完成情况表），包括安居富民、定居兴牧、社会保障、就业再就业、保障性住房建设、惠农富民补贴、特殊群体医疗救助、义务教育保障、物价控制、信访积案化解工程等，项项事关人民群众的切身利益，项项旨在提高各族群众的幸福指数。

新一轮全面对口援疆中，各省市均把民生建设作为援疆工作的重要内容，民生建设获得丰硕成果（见附录19省市对口支援新疆民生建设项目情况一览表）。

### （一）北京市民生援疆发展情况

(1)安居富民和棚户区改造工程。北京市3年累计完成2.4万户农村安居富民和定居兴牧工程，以及12.5万平方米城镇棚改房。

(2)医疗卫生硬件建设项目。建成了墨玉县医院综合诊疗楼和洛浦县医院门诊急诊楼、和田市北京医院、地区传染病医院综合病房楼。

(3)社会福利救助设施建设。建设了地区社会福利及救助示范中心、洛浦县和墨玉县敬老院、和田县民族殡仪馆告别大厅，完成了和田市迎宾路和北京路改造提升工程。启动实施了“让爱更甜美”“健康和田人”、妇女“两癌筛查”、白内障复明工程等系列惠民活动。选送骨干医生赴北京各大医院进行“一对一”导师制培养，并组织北京医疗专家来和田进行实用操作技能培训。

(4)教育和文化援疆走向深入。教育方面，校舍建设不断完善。安排资金6.1亿元新建“一市三县”四所高中，并为自治区投资建设的三所高中提供补助。和田市北京中学、墨玉县北京初中示范校等项目已竣工交用。完成“一市三县”示范校及幼儿园现代化教学设备配备。墨玉县寄宿制学校供暖设施改造竣工并投入使用。教师培训和“手拉手”活动引向深入：启动实施了“双语教师”能力提升奖励计划,探索“以奖促训”的培训新模式,截至2012年,已累计培训幼儿园和中小学双语教师1 060名;实施北京与和田地区学校的“手拉手”,建立结对帮扶合作机制。文化方面,实现了62套高清数字电视节目“一市三县”全覆盖。维吾尔语节目译制中心项目正式投入使用。乡村数字影院全部投入使用。地区文化中心和地区广播电视演播中心、墨玉县广电发射中心等相继动工。开展面向基层赠阅维吾尔语版《和田日报》活动,《中国·和田文明》精品杂志编辑工作完成,《走进和田》电视专题片启动拍摄,“于阗乐舞”正在抓紧排练。精心组织了“京和”两地文艺演出。

### (二)广东省民生援疆发展情况

(1)突出民生重点。按照民生优先、“造血”为重、规划先行、统筹推进的新一轮援疆指导思想,科学编制援疆规划。确定规划资金的75%以上投向安居富民、人才支援等八大类民生项目。

(2)坚持着眼长远。项目全部采取“交支票”模式,由两县一师组织实施,广东省负责引导、协助,与当地部门一起抓好项目、资金的监管,目的是充分发挥当地干部群众的主体作用,培养一支带不走的人才队伍,为长远发展打下基础。

(3)细化专项规划。已编制了疏附县城总体规划、伽师县基础设施专项规划等20多个专项规划,为两县一师科学发展搭好框架。

### (三)安徽省民生援疆发展情况

(1)城乡面貌发生了新变化。安居富民和定居兴牧工程在2010至2012年的3年时间里完成约1.06万户安居富民和定居兴牧住房建设。完成了皮山县城规划修编、8个城区专项规划、全部16个乡镇和15个示范村规划编制,以及1:1 000地形地籍国土测绘工作。基本完成了皮山县水资源综合规划和桑株河、杜瓦河流域规划。皮山县福利中心、干部培训基地、商业市场、市民公园等建筑规划设计已完成,“四规合一”的援疆规划体系得到落实。

(2)教育援疆取得新突破。配齐了2 512套科大讯飞畅言语音双语教学设备。新一轮对口援疆3年间共为皮山县培训双语教师550人。三年制幼师班、四年制高中借读班和五年制医学护理班新招生160名学员,目前3个班在安徽就读学生增至320人。安徽大学等6所省属高校2012年首次定向和田地区招收50名本科生,学生培养渠道进一步拓展。援疆资金对家庭困难的高中阶段学生和大中专学生进行资助,截至2012年受益学生近400名。2014年,皮山县职业高中建成并投入使用。中小学供暖工作扎实推进,18所幼儿园和中小学校用上了清洁、卫生、安全的供暖设施,解决了近万名师生的冬季采暖问题。

(3)公共服务能力得到了新提升。13个乡镇为民服务全程代理中心建成并投入使用,其余3个在2013年完成。46个村级组织活动场所改造扩建任务完成。皮山县工程质量检测中心、环境监督检测中心基本建成,县级工程质量管理、环境保护能力有了突破性加强。完成了10个乡镇派出所及基层执法办案单位功能区改造,10套视频监控、技侦设备和指挥系统建成并投入使用,公安维稳能力得到大幅提升。

### (四)河北省民生援疆发展情况

坚持每年办“10件实事”。

第一批“10件实事”包括:博湖县河北高级中学、和静县河北门诊病房楼项目、若羌县河北急救综合楼项目、尉犁县河北群众文化科技体育活动中心、且末县污水沟改造工程、库尔勒河北医院、库尔勒市城中村棚户区改造项目(河北小区)、库尔勒河北梨香中学、焉耆河北幸福花园小区、和硕县牧民搬迁工程(河北新村)。

第二批“10件实事”包括:招收巴州地区205名高中毕业生到河北高校学习;为巴州和农二师移交了整套“秸秆生物反应堆”技术资料,并派生态农业技术推广专家赴巴州和农二师进行授课培训和现场指导;选派15名医疗专家进行技术指导;建成开通巴州远程职业技能培训管理平台,培训农村富余劳动力1 000人;建成巴音职业技术学院冶金技术专业实训基地;编制完成《巴音布鲁克景区改造提升方案》;在河北省举办“巴州·河北2011农产品内地营销渠道建设座谈会”,参加2011中国(廊坊)农产品交易会、河北省华北片区农超对接连万村活动,与河北省签订了建设农产品内地营销渠道战略合作框架协议;为偏远地区农牧民提供1 000套数字电视机顶盒;支持农二师铁门关市规划设计工作;为农二师引进苹果、红枣高产新品种。

第三批“10件实事”包括:定向招收巴州和二师高中毕业生赴河北高校学习;强化受援地环保监测能力建设;实施城乡规划编制技术指导;配合修编兵团二师交通运输“十二五”规划;开展保定市人才赴兵团第二师铁门关市挂职工作;支持焉耆回族自治县人民医院重点学科建设;建立新疆棉花中试基地及实施棉花“三减三增”栽培技术示范工程;积极支持巴州民委改善办公条件;健全巴州特色产品销售渠道;帮助若羌县开展教育及医疗队伍建设。

### (五)吉林省民生援疆发展情况

(1)“两居”工程全面完工。3 620户安居富民工程、1 320户定居兴牧工程房屋主体全部完工。牧民定居配套工程稳步推进,扬水工程主副厂房全部完工,设备安装完毕,压力管道铺设18.7千米。

(2)人员培训项目强化智力支持。继续推动“长白计划”和“灯塔计划”,共选派971名未就业普通高校毕业生、613名未升学初高中毕业生、111名各类专业技术人员赴吉林培训。其中,第一批550名未就业普通高校毕业生已全部就业。组织725名县、乡、村基层干部、20名青年科技英才赴吉林轮训。选派1名厅级干部、5名县处级干部赴吉林挂职锻炼。选派450人参加吉林与清华大学联合举办的MBA班学习,并顺利结业。

### (六)黑龙江省民生援疆发展情况

2010至2012年,黑龙江省全力支持受援地“两居工程”建设。截至2012年,新建的阿勒泰地区3 530户安居富民工程、630户定居兴牧工程全部完成主体施工。青河县阿魏灌区龙江新村供排水项目已完工,形成了

4 000户供水能力。福海县阔克阿尕什乡寄宿制小学等3个项目已建成投入使用,福海县青少年活动中心完成主体施工,青河县第二小学等7个项目已全部开工建设。2014年实施对口援疆项目41项:规划内项目35项,规划外项目6项。除"安居富民工程""定居兴牧工程"外,还有江源水利工程、地区血站等民生类建设项目。

### (七)天津市民生援疆发展情况

(1)城乡居住环境有效改善。9 000户安居富民工程已全面完成。策勒县城改项目使县城面貌焕然一新。内含手工编织中心、社区服务中心、幼儿园等配套服务设施的策勒县城棚户区改造项目——天津小区项目已经全面入住。配备了庭院、鸡圈、羊圈等设施的民丰县阿克墩定居兴牧工程,牧民迁入新居。

(2)积极促进农民增收致富。开发改造果园1万亩建设核桃、大枣基地。建成蔬菜温室大棚320座、蔬菜拱棚2 000座、智能温室大棚5 000平方米。培训当地妇女手工编织骨干8 871人,在策勒、于田、民丰三县分别建立了手工编织展销中心及手工编织站(点)75个。

(3)教育卫生援疆工作深入开展。教育方面,完成和田地区及策勒、于田、民丰三县7所普通高中及中职学校主体建设。举办赴津和田高中班9个,学生总数达360人。培训双语骨干1 088名,举办和田地区省级普通话水平测试员强化培训班、双语教师教学技能大赛等活动。安排58名中小学校长、管理干部在天津挂职锻炼。启动东三县职业学校管理干部及骨干教师短期培训班。卫生方面,对东三县人民医院进行技术评估。组织70名医疗卫生人员赴天津进行"一带一"导师制培训。

### (八)湖南省民生援疆发展情况

湖南省对口援疆着重实施了安居富民、廉租房、双语幼儿园、职业技能培训、社会福利院、工业园区孵化中心、干部人才培养交流等项目。

(1)安居富民方面。截至2012年,8 640户安居富民工程、1 300套廉租房已经全部完成。

(2)教育方面。大力改善当地办学条件,3 所幼儿园、3 个福利中心、3 个产业园(大学生创业园)孵化中心、2 个职业技能培训中心(一期)和吐鲁番市二中综合教学楼已经建成。规划外项目——吐鲁番地区实验中学图书馆、田径场、吐鲁番市群艺馆礼堂建成并投入使用。同时,将湖南先进的教育理念、教育模式、教学方法和教学手段带到吐鲁番,深入推进吐鲁番地区实验中学与长沙市周南中学联合办学。动员湖南省属高校面向受援地定向招生 192 人。

(3)卫生方面。努力推进卫生基础能力建设,开工建设地区中心医院建设项目,完成托克逊县人民医院住院大楼改扩建项目。积极发挥援疆医师传帮带作用,开展医疗新技术 38 项,新开辟业务科室 6 个,选派 62 名医师赴湖南进修学习。

(4)科技方面。在湖南省发布受援地 33 项重大科技需求,与 10 所湖南高校和科研院所签订战略合作协议。积极争取国家项目支持,吐鲁番地区中心医院承担"面向新疆边远地区创伤医疗中心的智能骨科诊疗装备研究及应用示范"国家 863 计划课题,实现与北京 301 医院、新疆医科大学附属第一医院、湖南湘雅三医院的资源互通共享。

### (九)江西省民生援疆发展情况

(1)基础建设改善城乡面貌。江西省民生援疆项目的实施使阿克陶县城乡面貌明显改善。江西一大道、二大道的实施使阿克陶县城建成区面积翻一番,由原先的 2.4 平方千米增至 5 平方千米。新建的火车站迎宾广场、和谐小区保障性住房等项目,为阿克陶县城披上了美丽的新装。布伦口江西新村成为帕米尔高原一道亮丽的风景线。

(2)教育援助提升软硬条件。阿克陶县第一中学、双语幼儿园、阿克陶县职业高中等项目已经完工并投入使用。2008 年开始每年招收 100 名克州学生到南昌莲塘一中上高中,并取得了良好效果,首批学生在 2012 年的高考中成绩优异,且克州文、理科状元均出自莲塘一中"内高班"学生,80% 以上的考生达到二本以上分数线。

(3)多举措改善居民生活条件。阿克陶旅游产业服务中心、安居富民、定居兴牧、城镇保障性住房、村级社区阵地、劳动保障服务平台、江西农业科技示范园、规划编制、城乡社会福利供养中心、维吾尔医院等项目完工或基本完工;安居富民、定居兴牧、保障性住房的实施,改变了往日的旧貌,8万多城乡各族群众的生活质量得到了极大程度的提高。

### (十)浙江省民生援疆发展情况

在民生保障援疆方面,浙江省重点安排了安居工程、双语育才、城乡饮水安全、健康普惠、农牧民增收、关爱温暖、社区阵地等七大类项目。一是实施安居富民、定居兴牧及保障房等住房项目,使4.78万户群众受益;二是实施双语育才项目6个,新建教学面积9万多平方米;三是实施"城乡饮水安全"工程5个,使8.8万户群众受益;四是实施"健康普惠"工程项目4个,涉及医院、卫生院8所,新增床位178张;五是实施"农牧民增收"工程项目2个,使755户农牧民受益,完成农业节水灌溉面积1万亩;六是新实施"关爱温暖"工程4个,新增老人、孤儿和残疾人床位770张;七是实施基层组织建设(基建类)项目14个,涉及19个社区和乡镇,新增基层组织服务用房2.6万平方米,一批文化和城市基础设施相继建成并投入使用。

### (十一)深圳市民生援疆发展情况

关于民生援疆,深圳市制定了社会工作发展五年规划(2011~2015),启动了"居家养老服务项目""农村社区发展项目""深喀家庭'1+1'互助计划项目"等6个社会事业项目。

借鉴深圳市在社会工作中的先进经验,率先建立了社会工作站、社工协会,采取从深圳调集和本地招聘相结合的办法解决社工人才问题,并探索在学校、医务站派驻社工。组织喀什民政、残联、司法、团委系统工作人员开展社会工作基础知识培训,举办"消除家庭暴力,构建和谐社会"等宣传活动。

吸引社会力量参与喀什建设,引进深圳残友科技集团、深圳巾帼家政服务公司进驻喀什,对近 268 名残障人士及 3 500 名家政人员进行职业技能培训。深圳公益行动品牌“募师支教”活动为塔县招募 17 名支教老师。“大学生志愿者行动”和“银龄行动”成效明显。组织深港知名企业家捐助 1 500 余万元,用于教育、社会公益事业。深圳市慈善会·好日子慈善助学基金出资 44.4 万元,向喀什市 298 名低保家庭大学生发放助学金。引进国际慈善机构海惠“小母牛”项目,对喀什市贫困家庭发放种羊价值近 100 万元。

### (十二)江苏省民生援疆发展情况

江苏省坚持把保障和改善民生作为对口援疆工作的出发点和落脚点,将七成援疆资金用于民生类项目建设。

(1)扎实推进安居富民、定居兴牧工程。在克州共完成城市保障性住房 978 套,农民安居房 3 428 户,牧民定居 1 430 户,完成乡镇干部教师周转房 288 套。在伊犁州(直)建成安居富民 17 131 户,定居兴牧 2 384 户,棚户区改造 1 147 户。

(2)切实改善基础设施,各项工程顺利实施。实施了阿图什市乡镇农牧民饮水管道入户工程、阿图什市菜窖路改扩建工程、乌恰县水厂建设以及乌恰县城区道路改建等工程。其中,饮水管道入户工程的完成使阿图什市5 000户农牧民告别了人畜共饮“塘坝水”的原始状况;伊尔克什坦口岸下迁及工业园区供水工程现已完成主体工程,为解决乌恰县多年缺水问题奠定了基础。按照“二十年不落伍”的要求,在伊犁州(直)重点安排资金支持了 21 个示范点农牧民住房配套设施建设,并对示范点建设模式进行了积极探索。

(3)重点保障教育医疗卫生投入,社会公共事业成效显现。在克州建成了 5 个中小学教学楼及其他教学相关配套设施项目,6 个卫生院及医疗设备和大病统筹等项目。投入防洪保安、环保类项目 330 万元。在伊犁实施双语学校、职业技术学校、医院、妇幼保健院、乡镇卫生院等教育卫生项目 28 个,有效地改善了伊犁州(直)各市县的办学条件以及老百姓的就医条件。

(4)加强党的基层组织阵地建设,夯实发展基础。比如,在克州实施基层组织阵地建设项目 27 个,投入援建资金 957 万元。实现基层组织阵地“办公区域最小化，服务区域最大化，社会效益最优化”，并为每个村（社区）购置党员远程教育终端和办公设备等。

### （十三）湖北省民生援疆发展情况

湖北省坚持通过项目建设，拉动投资、改善民生、促进受援地经济社会发展。2011 年主要完成了 6 692 户安居富民、定居兴牧和棚户区改造工程，华师一附中博乐分校二期工程、楚天红星双语幼儿园、楚星职工培训文化体育中心、精河科技文化活动中心、博州五台非金属工业园基础设施建设项目等。2012 年主要进行了“十大重点工程”，主要包括援助 2 000 万元的博州中等职业技术学校综合楼、援助 1 000 万元的博州医院综合门诊大楼、援助 1 500万元的博乐市基层就业社会保障公共服务中心、援助 600 万元的 240 户定居兴牧工程和援助 8 131 万元的 10 029 户安居富民工程及其配套设施建设等。2011 至 2013 年，连续 3 年将 80% 以上援助资金投入到安居富民、定居兴牧、教育就业等民生工程中，共援助资金 11.69 亿元，实施援建项目 199 个，支持“两居”工程建房近 4 万户，解决了 15 万群众的住房问题。

### （十四）辽宁省民生援疆发展情况

辽宁省以项目建设作为推进全方位援疆的重要抓手，重点突出改善民生、就业培训、产业发展等方面。截至 2012 年底，辽宁省为受援地新建安居富民、定居兴牧和保障性住房 2.1 万多套。新建或改扩建集中供热项目 4 个，中小学、幼儿园和职业培训中心 16 所，医院、基层救护站 26 座。为 21 个产业园区建设、基地建设及基础设施建设提供援建资金 2.5 亿元。安排援助资金 2 亿元，改善公路、供水、垃圾处理、有线电视网等公共设施。帮助受援地百姓住上了宽敞的房子，喝上了干净的饮用水，走上了平坦的道路，用上了高标准的学校，改善了受援地百姓生活条件。

### （十五）上海市民生援疆发展情况

上海市民生援疆围绕教育、卫生及各项社会事业工作深入开展。

(1)教育援疆不断推进。将援疆资金的30%投向教育,设立“喀什双语教育上海奖教基金”,对优秀双语教育工作者进行表彰奖励。华东师范大学、上海师范大学分别与喀什师范学院签署了《2011～2016年对口支援框架协议》。组织开展泽普五中与闵行七宝中学、巴楚完中与松江二中等学校的交流活动。建立了上海旅游专科学校喀什分校,淘宝大学喀什分校,上海东方建筑设计研究院新疆分院。

(2)卫生援疆不断深入。加强对受援地医疗机构医疗卫生设备的配置。成立以地区二院为龙头,带动和辐射四县医疗卫生事业共同发展的喀什地区第二人民医院医疗联合体。由上海社会团体无偿实施的先天性心脏病患儿免费手术项目、贫困白内障老人复明手术项目、“姐妹情——两癌筛查”项目,以及村卫生室标准化建设项目进展顺利。

(3)社会事业援疆探索推进。组织三网融合、沼气应用技术、农村污水处理技术等科技成果在喀什地区综合利用和推广应用。开展地方高发疾病研究与预防的合作项目15个。选取太阳能光伏综合利用、污水处理等成熟技术在新疆进行示范应用和推广。

### (十六)山东省民生援疆发展情况

(1)大力推进安居富民、棚户区改造及配套工程。以保障和改善群众生产和生活条件为重点,投入援疆资金6.1亿元,组织实施了安居富民、棚户区改造、小城镇建设、教育基础设施、卫生院、福利园区等9大类43项民生工程。探索了原址改扩建、准社区、合村并点、“农家乐”经营、村镇一体化、村企合作6种模式,推进安居工程,做到“有新房又有新村”。近3年共帮助受援四县建设安居富民房1.84万户,做好2.4万户农村自来水入户工作,建设麦盖提县自来水厂,对16个村和2个重点小城镇进行改造提升,逐步改善群众居住条件。保持棚户区改造工程建设的连续性,完成2 003户城市棚户区改造任务。

(2)抓好县域村镇体系规划。对受援四县地形情况进行了测绘,制作了大比例尺地形图,并帮助四县编制完成了县域村镇体系规划。

(3)强化校舍建设和设备配套。完成了疏勒县一中、岳普湖县一中等5所中学的改扩建项目和英吉沙县双语幼儿园设施配套项目、麦盖提县刀郎中学基础设施建设项目。建成覆盖受援四县的远程教育网络,实现了山东省与受援地优质教学资源的共享。在受援四县各建一处科技文化馆和工会综合服务中心。

(4)加强医疗卫生设施和设备配套建设。在各受援县建立了远程医学会诊中心,与山东省立医院远程联网,开展专家远程会诊。为每个受援县建成了120卫生急救指挥中心,为县、乡(镇)医院配置了救护车56辆,实现了受援四县120急救系统的全覆盖。新建、改扩建乡镇卫生院4个,提升改造县乡卫生院46个,配备了188台(套)当地急需的医疗设备,有力地推动了医疗卫生服务硬件设施的改造提升。

(5)逐步健全受援地社会救助和社会福利体系。2011年实施完成了疏勒、岳普湖、麦盖提3个社会福利园区项目。2012年新开工建设了英吉沙县社会福利园区,推动社会福利体系建设。

### (十七)山西省民生援疆发展情况

(1)把保障和改善民生项目作为重中之重。截至2012年已完成1 680户安居富民和455户定居兴牧工程建设任务,提前一年完成甘河子镇1 350户棚户区改造任务。"十二五"期间,山西省对口支援新疆专项项目15个,卫生计生援疆资金11 444万元。截至2014年11月底,已建设完成7个卫生计生基础设施项目,落实援疆资金8 338.6万元,新增业务房面积3.65万平方米,在建项目4项,2015年底前全部完工。

(2)把教育援疆纳入山西省教育事业的整体部署,努力打造一批教育援疆精品工程。面积达8 958平方米的晋阜双语幼儿园和能容纳360名儿童的甘河子镇双语幼儿园已全面投入使用。采取"增量补充、存量培训、定向培养、滚动推进"等办法,解决双语教学师资短缺的问题。

(3)着力推进乡(镇)、村等基层单位基础设施建设,阜康市多个中心村村级基层组织阵地建设项目、党员现代技能教育培训基地项目已基本建成,并投资50万元为两个中心村的党员现代远程教育培训中心配备了完备的办公设施。

(4)大力支持乡镇、村庄规划编制。2012年,安排山西省11个市在援疆综合规划之外再集中拿出136.2万元用于援助阜康市编制村镇规划。目前,阜康市村镇规划编制已全部完成。

### (十八)河南省民生援疆发展情况

河南省实施安居、富民、教育、干部人才培养、医疗卫生、中小农牧水利建设、特色产业培育、科技创新和智力、基层组织阵地建设、文化体育惠民"十大援疆工程",投入援疆资金17.64亿元,到目前共实施援疆项目128项,其中90%为民生项目。

通过实施安居富民和定居兴牧工程,河南省已援助新疆哈密和新疆兵团十三师建成10多个环境优美、设施完善、群众满意的现代新型农村社区。同时,18个省辖市对口援助哈密地区1市2县43个乡镇及新疆兵团十三师8个团场,开展技术帮扶、装备支持、人才培训等合作项目200余项,计划外支持资金6 500多万元,实现对口帮扶全覆盖。

### (十九)福建省民生援疆发展情况

为使援疆资金早拨付、援疆项目早建设、受援地群众早受益,近3年来,福建省共实施援建项目101个,安排援疆资金9.11亿元。其中,民生援建项目94个,安排援疆资金8.08亿元,占援疆资金总额的88.7%。民生项目援建改善了1.75万户农牧民的居住条件,一批教育卫生文化设施建成并投入使用,促进了各族群众安居乐业。

# 第十一章　人才援疆现状分析

要实现新疆稳定、发展和长治久安，人才是最急需、最重要的资源。1997 至 2014 年，中央共选派 8 批超过 11 000 名援疆干部。2014 年，第八批援疆干部人才数量超过 4 000 名，创下新高。新一轮干部人才援疆工作为新疆稳定、发展和长治久安提供了人才和智力支持，推动了援疆规划和试点工作稳步实施，促进了新疆各项民生工程整体推进，加强了对新疆干部人才的培养，带动了新疆优势产业的发展。与此同时，我们要树立着眼长远、注重"造血"的理念，通过盘活用好现有人才，促进优秀人才脱颖而出，形成人才聚集效应，提升本地干部人才素质，形成自身的队伍，不断提升自我发展能力，实现科学跨越、后发赶超。

## 一、人才援疆政策回顾

中华人民共和国成立以来，中央及部分省市对新疆的援助从未间断。中华人民共和国成立之初，为改变新疆工业落后的状况，中央政府甚至把东南沿海较发达地区的一些企业搬迁至新疆，从内地调进工程技术人员充实到新疆初建的骨干企业中，并选送一大批少数民族工人到内地先进企业进修实习。这样，在很短的时间内为新疆培养了一批工程技术骨干，对新疆的现代化进程有着极为重要的意义。

1979 年 4 月，乌兰夫在全国边防工作会议报告中提出，认真落实中国共产党的民族政策，并初步提出对民族地区实施对口援助。同年 7 月，中央以中发〔1979〕52 号文件转批了乌兰夫的报告，国家要组织内地省、市实行对口支援边境地区和少数民族地区。同月，党中央决定组织内地省市实行对口支援边境地区和少数民族地区，其中江苏支援广西、新疆。可以说这是对口援助之始。1986 年 7 月，《国务院关于促进科技人员合理流动的通知》中提出：鼓励科技人员到边远地区工作；边远省、自治区可以在国家规定的政策范围内给予一定优惠待遇。

1996 年 3 月，江泽民同志主持中央政治局常委会关于专题研究新疆稳定工作的会议，下发了《中共中央关于新疆稳定工作的会议纪要》文件，做出了培养和调配一大批热爱新疆，能够坚持党的基本理论、基本路线和基本方针，正确执行党的民族宗教政策的汉族干部去新疆工作的决策部署。由此对口援疆正式拉开序幕。10 月，人事部下发了《关于做好为新疆选派干部工作有关问题的通知》，规定：定期轮换进疆的干部，除和派出单位同类同级干部一样享受在内地的住房、工资福利等各项待遇外，还可享受一次性的补贴。他们在疆工作期间，享受所在地区同类人员的地区津贴和其他各项待遇。休假和探亲按国家有关规定执行，可合并使用，一年一次，往返路费由派出单位承担。医疗费用的报销采取在新疆治疗的，由新疆所在单位报销；在内地治疗的，由派出单位承担，等等。

干部援疆工作正式实施于 1997 年 2 月，遵照中央部署，各派出省市、部门把对口援疆的侧重点放在派得力干部、派优秀技术干部和专业人才援疆。中央先后从北京、天津、上海、浙江、江苏、山东、河南 7 个省市及部分中央直属机关和国家部委派出一批骨干力量到新疆工作，人数为 200 余人。对口受援单位为新疆的 7 个地州和 17 个区直单位。随着时间的推移，对口援疆工作的范围和规模不断扩大。

1998 年 3 月，第二批援疆干部入疆。

1999 年 6 月，第三批援疆干部入疆。

2002 年 8 月，由中央国家机关选派第四批援疆干部入疆。为增强援疆工作的实效，经过探索实践，从 2002 年开始，中共中央组织部和自治区党委在哈密市、霍城县开展援疆干部担任县（市）委书记试点工作。目前，哈密、霍城、和田、疏勒、阿图什 5 个县（市）成为援疆干部担任县（市）委书记的试点县（市）。

党的十六大以后，胡锦涛在关于新疆的讲话中曾多次谈到新疆发展需要全国的帮助和支持，并明确提出了“稳疆兴疆，富民固边”战略。此后中央多次在与新疆有关的会议及文件上论及援疆工作的重要性及相关措施。比如，中共中央办公厅下发〔2003〕32 号和〔2004〕11 号文件，对援疆工作进行了一系列具体部署。

2005 年，第五批援疆干部入疆，选派干部来自 14 个省市和 15 家国有重要骨干企业。中央对援疆政策做了调整。中共中央办公厅下发〔2005〕15 号文件，要求对新疆南疆四地州和兵团等实行干部支援和经济对口支援相结合，分别由北京等 7 省市和中国长江三峡工程开发总公司等 15 家国有重要骨干企业承担对口支援任务。同年 5 月，援疆工作领导会议和对口支援南疆工作会议召开。内地 7 省市援疆干部领队，南疆四地州及 33 个县市的主要领导，兵团三个师的主要领导参加了对口支援南疆的会议。

2007 年，中央专门出台了《关于进一步促进新疆人事工作的意见》，要求探索建立专业技术人员继续教育对口援疆制度，鼓励东部沿海和经济发达地区面向新疆开展继续教育对口支援项目。

2007 年 9 月，国务院召开常务会议研究加快新疆经济社会发展时，强调坚持不懈加大对口援疆工作力度，促进民族地区经济、政治、文化、社会全面进步。同月，颁布了《国务院关于进一步促进新疆经济社会发展的若干意见》，强调要加大对新疆的对口支援力度。要本着办实事、求实效的原则，完善和创新对口支援方式，把工作重点放在培育当地自我发展能力上。要以经济、科技、教育、医疗、文化援助为重点，全方位开展援疆工作，特别要在资金、人才、技术和项目等方面加大对南疆四地州的支持。要进一步扩大干部和专业人才的援疆规模，加大对新疆各类专业人才的对口培训力度。引导东部地区经济实力雄厚、产业优势明显、人才和技术力量突出的大企业和企业集团，同新疆联合开发各种优势资源。鼓励更多的省市、企业向新疆提供人才、资金、项目援助，加强经贸合作交流，形成全国支援新疆发展的格局。

2008 年，第六批援疆干部入疆，选派部门增加到 90 多个中央国家机关部委；又加大了对新疆 16 个重点学科所需人才的选派力度，使援疆专业技术干部中的高端专业技术人员数量不断增加。

2010 年,第七批援疆干部来源范围扩大到了全国 19 个省市,人数超过前 10 年的总和,达到 3 231 名。

2011 年 8 月 28 日,新疆人才工作暨干部人才援疆工作座谈会在乌鲁木齐召开,就深入贯彻落实全国人才工作会议、中央新疆工作座谈会,以及第一、二次全国对口支援新疆工作会议精神,大力推进新疆人才工作和干部人才援疆工作进行专题研究部署。提出深入贯彻落实中央新疆工作座谈会精神,采取更加灵活的措施,实施更加优惠的政策,大力培养开发适应新疆发展需要的人才,吸引疆外人才,特别是高层次人才到新疆创新创业,努力建立新疆稳定、发展和长治久安的人才保障。

2014 年 9 月 17 日,在乌鲁木齐召开了第八批中央和国家机关、中央企业援疆干部人才欢迎会,第八批援疆干部人才数量超过 4 000 名,创下新高。2014 年初,从内地 19 个省市选派 500 多名援疆干部人才进疆工作。5 月,中央召开第二次新疆工作座谈会,决定加大对口援疆工作力度。按照中央有关要求,中央和国家机关、中央企业挑选了 500 余名援疆干部人才。这些干部人才政治业务素质较好,平均年龄 42.3 岁,文化层次比较高,具有研究生学历的占 72.8% ,都是各单位的业务骨干。17 年来,一批批援疆干部与各民族人民共同团结奋斗、艰苦创业,以特殊的优势、良好的政治品质、积极的作为、出色的业绩,为新疆的改革发展稳定做出了重要贡献。

## 二、新一轮人才援疆现状

### (一)北京市人才援疆工作进展情况

2011 至 2013 年,累计培养培训干部和专业技术人才 1.67 万人。一是注重实效,做好县、乡、村三级干部赴京培训工作,3 年来轮训县、乡(镇、街道)、村(社区)三级干部 3 500 人。二是注重需求,加大专业技术人才培养的培训力度。大力培养和田急需的教师、医生、农业科技、城乡规划人才。如实施农口“十百千”人才培养工程,采取选送十余名骨干人才赴京进修,百余名高级人才赴疆内高校培训,基层一线人才就地培训等方式,培训农口一线人才5 000余人次。三是注重长远,做好未就业大学生赴京培养工作。选送1 529名和田籍未就业的大学生到北京市属高校深造,已有1 126名大学生回和田就业。首都师范大学成立京疆学院,定向培养和田籍未就业大学生。2014年全年实施干部和专业人才技术人才培训项目16个,累计培训各类干部和专业人才3 927人,进一步壮大"永不走"的干部队伍。

### (二)广东省人才援疆工作进展情况

(1)加强援疆队伍建设和两地交流。2010至2012年,一方面,选派169名高层次、高素质干部、专业人才参与援疆,开展了赴南疆军区军训、到受援地开展实情教育等活动;另一方面,积极制定干部人才培养方案,搭建了清华大学、广东省委党校和喀什地委组织部3个干部培养平台。与喀什地委组织部联合举办了喀什地区社会公共管理高级研修班。通过各种方式培训干部人才1.2万人次。分3批组织251名未就业高校毕业生赴粤培养。通过培训和交流,将沿海改革开放的理念传递给两县一师干部人才,增进两地了解和友情。第八批援疆工作开展以来,广东省制定并组织实施《广东省人才对口支援新疆喀什地区两县和兵团第三师规划(2014~2016)》,有效实施人才援疆。仅2014年,投入干部人才培养援疆资金4 150万元,实施人才培养培训项目106个,举办各类培训班699个,培养培训人员近3万人次,选派122名干部到广东挂职。援疆干部人才填补当地技术空白125项,"帮学提升"受援地干部人才497名,促进了喀什干部人才队伍建设。

(2)推进支医支教工作深入开展。新一轮援疆以来,广东已先后选派38名援疆医生、36名柔性援疆医疗专家支持喀什地区5家医院,填补喀什地区医疗技术空白50余项。组织伽师16名医务人员到佛山跟班学习,发动佛山医疗系统捐赠物资近100万元支持伽师卫生事业。选派24名学校管理人才、学科带头人和优秀教师进疆支教,安排两县一师32名校长赴广东挂职学习。实施"粤喀百校扶百校"工程,分批组织广东100所学校一对一扶持两县一师薄弱学校。实施"粤喀两地高校学科共建"工程,安排华南师范大学等高校与喀什师范学院结对共建。招收喀什地区和农三师 268 名学生赴广东高校就读,招收 966 名新疆学生赴广东“新疆内地高中班”“新疆内地中职班”学习。

(3)推进两地文化交流深入进行。着力推动高层互访,新一轮援疆以来,广东共有 15 位省部级领导 17 人次赴喀考察对接,各级党政和社会团体赴喀对接交流共 274 批次、5 640 多人次,协调两县一师组织各类团体赴粤对接交流共 97 批次、1 710 多人次。着力推进文化交流,协调广东宣传文化援疆代表团赴疆考察,举办粤新百年边疆民族情座谈会。邀请大型民族歌舞《喀什噶尔·一朵玫瑰花》参加第十一届广东省艺术节展演。策划开展“百万广东人游新疆”系列活动,吸引众多广东游客进疆旅游。此外,组织了疏附、伽师 82 名青少年赴粤参加“青少年手拉手”活动。两地公、检、法等部门和工、青、妇等社会团体的对接交流日益广泛。据统计,广东进疆各类团体除援疆资金外,还捐赠资金(含实物折合)2 800 多万元支持当地各项事业发展。

### (三)安徽省人才援疆工作进展情况

安徽省以教育、卫生援疆为重点,坚持协调互动,统筹推进干部人才援疆和基层基础工作。点面结合,把有限的援疆干部人才效用发挥到最大化。截至 2012 年 8 月,已有 3 个援建单位被皮山县评为先进集体。43 名教师支教的学校,已有 81 名和田、皮山籍在外地求学学生回流就读。14 名支医队员接诊各族群众近 2 万人次,在县人民医院举办全院专题学术讲座 11 次,创新开展多项新技术、新项目,填补了当地医院的多项技术空白。安徽省积极带动省内各级各部门干部人才进疆开展中短期工作,吸引了各类企业、民间团体和社会各界管理、技术人才援疆。2013 年,受援地首批 37 名未就业高校毕业生、25 名党政干部、50 名双语教师、10 名医生已到安徽省接受培训和挂职锻炼。内地高中班、高职幼师班、医学专科班等人才培训项目已准备就绪。同时,安徽省全面加强基层基础工作,选派 8 名干部在地区和县政法机关任职;安排 1 700 万元用于建设平安城乡远程管理系统和增添公安装备;

援助1 000万元用于基层执法单位功能区改造;援助1 250万元用于乡村两级基础设施、便民服务中心、为民服务全程代理中心等基层项目建设。

### (四)河北省人才援疆工作进展情况

河北省确立了包括干部人才援疆在内的河北省11个省区市与新疆巴音郭楞蒙古自治州9个县(市)、农二师及其团场结对全方位支援的援疆工作体制(其中有两市共同支援一个县),把制定实施干部人才对口支援专项规划作为援疆工作的重中之重。

近3年,河北省选派了80名党政干部、178名专业技术人员和46名省市两级前方指挥部专职干部赴疆。为激励援疆干部在新的援疆岗位上建功立业,在全省援疆干部中开展"讲比树"(讲政治、讲真情、讲团结、讲纪律,比业绩、比奉献,树立河北援疆干部良好形象)活动。在专业技术援疆干部中开展"三个一"(每人至少要带出一名徒弟、每人要为所在单位填补一项技术空白、每人每半年要做一次高水平的技术讲座)活动,两项活动取得明显成效,特别是专业技术干部充分发挥特长,为当地填补了20多项技术空白。同时,认真做好基层干部轮训工作,举办培训班47期,培训干部1 783名。做好其他培训和挂职工作,共举办培训班98期,培训各类干部人才2 913人,并安排巴州53名干部到河北省挂职锻炼。

### (五)吉林省人才援疆工作进展情况

吉林省着眼技能培养,教育援疆突显特色。制定并快速启动了"长白计划",开展双语普及和就业援助型职业教育。支教队进疆以来,共承担公开示范课51节,组织教学研讨69次,举办大型讲座5次,培训当地教师2 000余人。2011年,两批共接收830名未就业高校毕业生赴吉林省培养,并组织首批受援地769名未升学初高中毕业生赴吉林省进行为期2年的职业技能培训,首批83名教师赴吉林省培养进修。2014年举办培训班185个,培训9 121人次,计划外柔性引进人才105人。

### （六）黑龙江省人才援疆工作进展情况

黑龙江省广泛发动全省力量，出钱、出力、出智，与受援地的各族群众同心、同向、同调、同力，成功组织了“大庆之爱，福海之福”夏令营主题活动，利用省、对口支援市、行业部门三个培训平台，多渠道、多层次地为受援地培养党政干部人才。

### （七）天津市人才援疆工作进展情况

天津市注入资金200万元，设立和田地区人才发展基金。组织和田地区三级干部赴天津轮训，截至2013年，共有180余批次1 700余人先后到和田考察交流，50多个部门援助资金达6 000余万元。选派40名优秀中青年干部赴天津挂职培养。组织和田地委党校县处级班学员80人赴天津考察学习。选派414名未就业普通高校毕业生在天津高校进行专业培训，并分口进行岗位实习。2014年，天津在注重项目资金投入的同时，更加关注提升当地自我发展能力，着力为和田地区打造一支“带不走的援疆队伍”。2014年，天津投入人才培训援疆资金3 252万元，先后组织干部轮流挂职，教育卫生人员、宗教文化人士赴津考察446人，未就业高校毕业生赴津培养438人。

### （八）湖南省人才援疆工作进展情况

湖南省积极落实中央有关要求，提前谋划，根据省直对地直、三市（湘潭市、衡阳市、郴州市）对三县市（吐鲁番市、鄯善县、托克逊县）部分专业技术人员全省统筹的原则，精心选拔援疆干部和各项专业人才。截至2012年，共派出六批援疆干部。加大吐鲁番干部人才培训的力度，先后接纳了500多名干部人才到湖南省挂职、培训、交流。

### （九）江西省人才援疆工作进展情况

江西省扎实推进“551”工程，即负责接收阿克陶县党政干部、双语骨干教师、医护人员、“三化”（新型工业化、农牧业现代化、新型城镇化）骨干人员和挂职干部5类人员，每年200余人到江西培训。目前县、乡、村三级干部轮训基本完成。招收克州130名大学生和100名高中生到江西就读。在克州、阿克陶县组织培训干部人才550人次。充分发挥援疆老师、医生的“传帮带”作用，提高了当地的各项专业技术水平。援疆医生开展的手术填补了当地医疗史上30多项空白。

### （十）浙江省人才援疆工作进展情况

截至2012年，浙江省已实施智力援疆项目181个。2013年之前，每年培训9 600名教师、卫生、技能和党政干部人才。2014至2020年，根据经济社会发展情况，将每年培养近万名紧缺人才。

（1）双向挂职工作到位到岗。浙江省公派七批援疆干部人才共362名，同时，自主选派103名各类援疆干部人才进疆工作，安排受援地党政干部和教育卫生等专业技术人才赴浙江省挂职。

（2）“普通高校毕业生赴对口援疆省市培养计划”顺利开展。安排阿克苏地区889名未就业普通高校毕业生赴浙江省9所高校培养。

（3）加快两地培训工作。2010至2012年，浙江省相关厅局为阿克苏地区培训各类人员9 124名，浙江省各对口支援市为各受援县市培训专业技术人才9 137名。

（4）促进教育、卫生、科技、文化等领域合作交流。推动浙江省相关学校、医院、科研院所、文化传媒机构与受援地组织开展对口帮扶与合作交流。实施学术、科技帮扶合作项目35个，向受援单位派出各类援疆人才及短期服务人才100多人，累计投入计划外援助资金500多万元。

（5）发挥援疆干部和专业人才示范作用。浙江省选派的194名援疆教师累计承担中小学教学任务约3.6万课时，师徒结对437人次，举办教育讲座467场。援疆医生开展门急诊近5.8万人次，会诊6 328人次，义诊3 062人次，推广和运用医学新技术406项。援疆工业、农业技术人员培训产业工人760人次，培训农民92人次，引进和推广工农业新技术32项。

### （十一）深圳市人才援疆工作进展情况

(1)多渠道选派援疆干部人才。派出各类援疆干部人才 377 名，其中，“银龄行动”志愿者 37 名，“募师支教”志愿者 17 名，大学生“西部计划”志愿者 7 名。

(2)支医支教工作亮点纷呈。支医队把工作重点放在人才培养、诊断、治疗、抢救水平的提高和新技术的开展等方面。援疆医生组成医疗队深入乡村开展义诊，受到当地各族群众好评。创建了喀什市人民医院病理科，为当地留下一支专业骨干队伍。援建的塔县人民医院顺利投入使用。支教队以喀什十一中和二十八中为教育教学基地，开设“爱心书屋”。启动教育援疆结对帮扶、名师送教、双语交流、骨干研修等“六大工程”。开展赴喀名师支教等活动，加强深喀塔三地互动交流。开展了“结对子手拉手”、中小学生舞蹈比赛、募师支教、师范生支教等活动，培训双语教师超过 1 000 人次。

(3)干部人才交流深入开展。已有 1 100 余人次党政干部人才赴深圳、北京、浙江等地参加培训。

(4)大学生培养工作顺利实施。安排 350 余名未就业高校毕业生赴深圳培养。同时，协调安排 100 余名大学生到中南民族大学培训，开创了异地培养新模式。定向招收新疆大学生 180 人次。

### （十二）江苏省人才援疆工作进展情况

(1)建“人才特区”，培养人才队伍。5 年内江苏省投入 4.59 亿元援疆资金培养干部人才，并通过建立“人才特区”、引导人才创新创业、人才奖励政策、构建干部人才培养教育基地等 10 项措施，为天山南北培养一支“永不走的人才队伍”。同时，江苏省着力构建受援地人才集聚平台，按照新一轮结对关系，江苏省 17 个市县共选派 383 名干部人才到新疆工作。以“百企千亿”产业合作项目为载体，组织 100 家企业、200 多名企业家到新疆投资，签约项目 111 个，投资总额 1 260 亿元，以此形成了投入一批资金、培养引进一批人才、发展一个产业、培育一个经济增长点的链式效应。

(2)援助伊犁州情况。注重发挥江苏省优势，着力打造干部人才援疆品牌。“连心牵手”全面开花。据不完全统计，共有601对友好乡镇、友好单位结对，近3年开展两地互访交流2 324批次，共计2.3万人次。开展“杏林春风”活动，截至2012年，援疆医生累计接诊6万多人次，手术4 574例，引进新技术、新项目249项，赠送药品22万元。“名家引智”精彩纷呈，通过创设“苏伊名家讲坛”，已组织江苏名家103批次516人次在伊犁举办245场讲座、辅导、报告会，4.1万余名受援地干部人才参加。援疆教师通过“推门听课”、学术沙龙、“青蓝工程”等方式，传递先进教育理念和经验，帮助受援地加强教师队伍建设。援疆农林水牧专家积极开展农技培训、科普推广、新品种培育引进等活动，还组织伊犁州各级干部和专业技术人才赴江苏挂职锻炼、接受培训，接收伊犁州未就业高校毕业生赴江苏培训。

(3)援助克州情况。每年安排528万元在江苏开办克州内高班，服务发展，扎实搞好干部人才培养。2011年已向克州投放114个定向计划。两批共接收克州673名未就业高校毕业生赴江苏高校参加培训。依托南京农业大学、克州干部人才培训基地，以及邀请专家、报告团到克州授课等形式，共计为克州培训人员近1 500人次。

### (十三)湖北省人才援疆工作进展情况

(1)“输血”式智援。派出297名干部人才到受援地公共服务行业第一线工作。积极开展文化、科技、卫生三下乡活动。援疆医生累计接诊门诊病人10万余人次，开展手术800台，参加疑难危重病人会诊及抢救200余人，运用新技术、新项目56项，42项医疗新技术(项目)的运用填补了当地医疗技术的空白。受援地从幼儿园到高中(职教)一条龙援教体系初步建立，“项目+管理+师资+软件”的立体援教模式成效显著。

(2)“造血”式智援。组织受援地各级党政干部、专业技术人员赴鄂培训、赴鄂挂职。组织轮训受援地县、乡、村三级干部，组织未就业普通高校毕业生赴鄂培训。湖北省高校定向招生受援地学生。组织专业人才到受援地开展短期学术交流和技术指导。60余种高产高效优良动植物品种在受援地试养、试种成功。

(3)搭建智援平台。突出推进华师一附中博乐分校、武汉职院博州分校和武汉协和博州分院等学校、医院建设,为援疆干部人才发挥"传帮带"作用创造载体。

### (十四)辽宁省人才援疆工作进展情况

(1)充分发挥援疆干部人才的作用。援疆干部全部在受援地担任经济、社会、文化、党建领域的职务;74 名援疆医生共接诊 5 万余人次,填补医疗技术空白 50 余项。援疆教师积极帮助青年教师更新教学理念,提高教学水平;援疆农业专家为农牧民群众提供多种技术服务,引进辽宁优质动植物品种。

(2)深入实施辽宁干部人才援疆"百千万工程"。所谓"百",即:每年组织受援地 250 名党政干部、100 名教师、100 名医务工作者、100 名农口专业人才和 200 名技工赴辽宁学习培训;组织受援地 100 名左右党政干部到辽宁挂职。所谓"千",即:2011 至 2013 年,组织受援地县、乡、村基层干部近 4 700人次赴辽宁轮训;组织 1 000 余名受援地未就业普通高校毕业生赴辽宁培养;每年协调辽宁省和受援地 1 000 余名干部人才开展两地互访和培训。所谓"万",即:每年为受援地培训干部人才 10 000 余人次。

(3)加强基层党组织阵地建设。投入资金 3 123 万元,新续建基层组织阵地 12 个,全面完成了塔城地区 237 个未达标基层组织阵地建设。

(4)不断深化教育援疆内涵。全面启动"辽宁优质教育资源进教室"活动,实现辽宁、塔城中小学网络学习资源共享,覆盖全地区 172 所中小学,受益教师 8 500 余名。

### (十五)上海市人才援疆工作进展情况

上海市根据干部人才援疆要求,组建了援疆咨询专家库,按照建筑规划、工业技术、教育科学、医疗卫生、农林水牧、社会科学、企业管理等分类,汇总形成了包含 1 000 多名专家和青年人才的咨询专家库。积极发动社会力量参与人才培训,发动社会团体和企业,如华尔街英语、中标软件、光明食品、英特尔公司、万科集团、韬图公司、上海农产品批发市场等,在当地开展了各类人才培训班;同时,积极组织医学劳模、首席记者来喀什休假和服务。

上海市重点加大双语教育人才培养力度,在莎车举办为期一年的200名小学语文、数学骨干教师双语脱产培训班,同时选派200名校长、骨干双语教师到上海培训。大力开展其他各类人才培训,已在上海举办47个培训班,培训了上万人次。40名党政干部、102名专业技术人才、14名招商和工业园区管理干部赴上海挂职锻炼、进修。182名未就业高校毕业生在上海接受为期一年半的培训。上海各类学校2012年在喀什地区扩招1 000多人。同时,组织开展文化援疆工作,筹划喀什文化周活动。举办了沪喀两地青少年"手拉手"活动,切实促进民族团结,推动文化发展。

### (十六)山东省人才援疆工作进展情况

山东省在深入调研基础上提出了"智力援疆"的新思路,把教育培训作为提高受援地干部队伍素质、转变思想观念的重要手段。

(1)开展县、乡、村三级干部培训。在山东举办了6期受援县干部专题培训班,实现了县、乡、村三级干部培训全覆盖。

(2)开展专业技术人才培训。启动了双语教师两年培训计划,第一批安排129名受援四县双语教师接受系统的双语培训。从受援四县中小学教师中选拔了50名教学骨干到山东进行教学业务培训。接纳了99名新疆未就业高校毕业生到山东进行职业技能培训。

(3)大力强化智力人才支持。选派援疆干部人才158名,在完成中组部干部选派任务基础上,又安排教育、医疗、农业等专业技术人才234人次到受援县开展专业技术服务。

(4)开展"1+X"结对培训。山东援疆教师、医生和农业技术人员分别与一名或多名当地人才结成帮扶对子,以师傅传帮带、带受援地人才徒弟的模式,为受援县培训各类专业技术人才1 210人次。

(5)加强干部人才交流活动。安排四县20名党政领导干部到山东挂职锻炼,安排14名青年科技人才到山东省直有关厅局挂职培养。组织四县50

名青少年到山东开展鲁疆青少年“手拉手”交流活动。

### （十七）山西省人才援疆工作进展情况

（1）扎实做好基层干部轮训工作。按照“分级分批、结对培养”的方式培训371人，选派阜康市、农六师、五家渠市干部人才到山西省挂职锻炼，接收阜康市未就业高校毕业生到山西省培训，组织了乡科级干部培训班、中青年后备干部培训班、新型工业化、社区干部管理等20余个培训班赴山西进行培训。

（2）大力引进专业技术人才。山西省分三批选派了85名优秀干部人才入疆工作。援疆医生多次走进社区、学校、企事业单位开展义务巡诊，填补了当地多项医疗空白。援疆教师把先进的教学理念融入教学之中，在学生和教职员工中树立了良好的口碑。

（3）做好未就业普通高校毕业生培训和高校定向招生。

（4）深入开展对口部门结对支援。山西煤炭工业厅、交通运输厅、住房城乡建设厅等部门均组织开展了专题培训班，对受援地相关干部进行了系统培训。

### （十八）河南省人才援疆工作进展情况

3年来，河南省先后选派155名中共中央组织部计划内援疆干部人才，并根据需要陆续选派1 100余名支医支教和工程技术人员进疆开展援建工作。先后组织受援地3 185名干部人才到河南接受培训、挂职锻炼，并选派1 465名少数民族未就业大学生到河南培训。医疗技术及教育援疆填补了当地空白。

### （十九）福建省人才援疆工作进展情况

福建省积极拓宽援助渠道，紧密结合援助单位和受援方的工作实际，形式多样，务求实效，协同推进干部、人才等方面的对口援疆工作。近3年，累计选派650多名新一轮援疆干部进疆开展援助工作。其中，教育、农业、卫生等专业技术干部580多名，为提升受援地教育、卫生、农业专业技术水平做出了贡献。援疆医生累计接诊20多万人次，开展手术2.5万多台，帮助昌吉州

24 家医疗卫生单位开展重点学科建设，实施 120 项新技术，有 11 项填补了昌吉州医疗技术空白。援疆教师开展继续教育培训 1 万多次。援疆农技专家全面开展农村实用技术培训，实施多项新技术。加强昌吉州基层干部人才培养，两年累计接收昌吉州到福建培训的干部近 5 000 人。安排教育、卫生、农业等民生领域基层一线专业技术人才赴福建培训。积极实施未就业大学生培训计划，择优选派未就业普通高校毕业生赴福建进行培训。

## 三、人才援疆效果分析

新疆的持续发展，不单纯是数量的更快增长，而是内涵式增长与外延式增长的结合，并且要逐步实现以内涵式增长为主。而内涵式增长必须建立在科技进步的基础上，依靠能够熟练应用现代科学技术并进行创造性劳动的各类人才来实现。人才工作和人才队伍建设还远不能适应新形势的发展需要，这已成为制约新疆经济社会发展的主要瓶颈之一。新疆人才匮乏，一方面是外地人才不愿意到新疆来，另一方面是新疆本地人才的大量流失，这是长期以来导致新疆人才匮乏的主要原因。此外，新疆人才观念比较落后，人才队伍整体素质不高，人才知识结构单一、综合能力不强、创新能力不足的问题还较为普遍。同时，人才结构和布局也不尽合理，专业技术人才 70% 左右集中在公有制单位，其中 80% 左右集中在卫生和教育两大系统，且大多集中在北疆地区。另外，人才开发投入不足，不仅低于全国平均水平，还存在人才开发投入不均衡、渠道单一、重点不突出等问题。

人才是提高自我发展能力的关键。现成的人才固然好，但更重要的是要培养人才，培养一支连续的不断档的人才队伍。当然，人才的培养不是一蹴而就的，而是需要长期的培养。在新疆接受内地人才援助，对人才的吸纳过程中，政策措施只能暂时吸引或留住人才，而如果想长期、稳定、持续地吸纳人才到新疆发展，必须提升自我发展能力。

新疆人才的大量流失，这与政策环境、物质环境欠缺有很大关系。如果我们的政策环境、人才成长环境及使用环境不能够很好地建立起来，即使能引进人才，也不可能将人才长久地留下来。因而，要积极引进紧缺人才，努力提高人才整体素质,加快构建新疆人才发展的比较优势。同时,加大急需紧缺干部人才的培养力度,加强基层干部、优秀年轻干部和少数民族干部的培养,注重提高培训的实效,制定更加优惠的政策,努力把各类优秀人才集聚到地区经济社会发展中来,合力推进新疆的社会稳定和长治久安。

### (一)引入新的思维模式,带动当地干部转变观念

党政管理干部援疆对当地政府行政人员的思维模式有一定的改变,这是政府改革的先声和基点。与全国及东部沿海地区相比较,新疆作为后发型地区,现代化建设主要由政府推动并在其宏观调控下进行,这就需要在政府中拥有大批有先进理念的党政干部,以求在经济社会发展中成为强有力的推手,推动当地经济社会的发展。新疆区域内资源优势明显,具有现代化发展的诸多优势,干部援疆旨在改善政府的执政理念。

援疆干部利用自身优势,在各自工作岗位上以真才实学发挥着"传帮带"作用,提升了当地干部队伍整体素质和工作水平。同时,他们起到了引进资金和项目,向外推介受援地区的桥梁纽带作用。在工作中,广大援疆干部充分发挥了自身熟悉政策、理论水平较高的优势,积极为本行业、本系统的发展建言献策。很多好的意见、建议被采纳,并及时付诸实施,产生了较好的经济效益和社会效益。

### (二)加快当地项目建设

在党政机关工作的援疆干部,依托派出机构积极地向新疆传递项目信息,帮助新疆提出项目需求建议,并主动到有关部委申请项目、争取资金,促使部委在项目审批和资金支持等方面向新疆倾斜。当前,许多重点项目已经付诸实施,对加快新疆基础设施建设、推进新型工业化进程发挥了重要作用。中央企业的援疆干部通过各种渠道,积极协调,促使派出单位为受援地区提供对口支援资金和物资,努力改善当地民生。同时,企业援疆干部发挥自身优势,积极牵线搭桥,促使企业与当地广泛开展经济合作,实现了派出企业同当地企业人才、技术、资金优势和新疆资源优势的较好结合,既增强

了新疆当地自我发展的能力，又促进了共同发展，实现了双赢的目标。

### （三）提供专业技术人才

专业技术人才援疆为受援地区提供人才和智力支持是援疆政策最常见的做法。新疆人才极其缺乏，不仅南疆一些边远地区人才缺乏，就是省会城市乌鲁木齐，也存在人才不足的问题。近20年来，新疆人才流失达20多万，其中高级教师、学术带头人、技术创新骨干、中青年专业技术人员达10万人。近年来，新疆每年考入内地院校的4万多名学生中，毕业后返回的仅占27%。

由于缺少专业技术人员，有些地方、部门有了好的设施、设备，却不会操作，从而使先进的设备、设施无从发挥效能，既影响了本地的发展，也造成了资源浪费。因此，援疆干部中的专业技术人员在受援地方大受欢迎，他们为对口支援的地方和部门带来了不可或缺的科技和智力支持。农业、医疗等技术领域的援疆专业技术人员将自己掌握的科技知识和科研成果应用到生产、科研领域，促进了新疆的技术进步和科学水平的提高，提高了当地农业、工业发展的科技含量。①

### （四）帮助新疆培训干部和人才

援疆干部本身就是新疆引进的一批高层次人才，他们在发挥自身才能的过程中还把提高新疆各类干部和专业人员素质作为自己的职责，通过各种渠道和形式为新疆培训干部和技术人才。有的干部利用培训的机会，主动为当地干部进行授课辅导；有的干部积极争取派出单位的支持，选派新疆干部到国家机关、中央企业进行挂职培训；有的干部协调帮助新疆干部到内地省市业务对口单位进行考察学习。援疆干部在与当地干部互相学习、取长补短、共同提高的过程中也把内地的新思想、新理念、新方法、新知识传授




①刘向晖：《援疆工作十四年回顾与展望》，《新疆地方志》2011年第3期，第34~38页。

给身边同事，拓展了受援单位抓工作、谋发展的视野和思路。

援疆专业技术干部发挥传帮带的作用，以一对一带领实践观摩、开办讲座等形式，向受援部门的业务骨干传授新知识、新技术、新经验。他们还邀请国内外知名学者、专家来新疆开展学术交流，帮助新疆同事拓展信息空间、提高业务技能。有的同志主动帮助联系，促成受援地方、部门选派业务骨干到内地高校、医院、科研院所进修深造，赴国外大学研修、培训、考察和参加学术活动；有的同志充分发挥桥梁纽带作用，积极推进新疆高校与内地高校、国外大学进行交流合作。特别是 2005 年启动实施“援疆学科建设计划”以来，已有 40 多所内地著名院校分别对口支援新疆 11 所高校的 80 多个相应学科，极大地推动了新疆高校的学科建设，为新疆人才的自我培养打下了坚实基础。

### （五）树立良好的工作作风

援疆干部每一批次在疆工作 3 年，不仅带来了新观念、新思维、新经验，也带来了良好的工作作风。在工作和生活中，他们严格要求自己，坚决服从组织安排，不计个人得失，对交办和分管的工作积极完成。比如，在援疆干部担任县委书记的疏勒县，常常可以听到与援疆干部相关联的两个词汇：“疏勒速度”“五加二、白加黑”。所谓“疏勒速度”，就是用一种超常规的速度发展当地与民生密切相关的工农业生产和各项社会事业，让人民群众尽快得到看得见、摸得着的实惠；所谓“五加二、白加黑”，就是以实现目标、做好工作为前提，无论是节假日还是工作日，无论是白天还是夜晚，都必须服从完成工作任务的需要。为此，援疆干部常常体力透支，甚至因劳累病倒，但他们依旧坚守岗位，毫无怨言。

第三篇

# 援疆背景下新疆经济发展实证分析

本篇以西部大开发和近 5 年(2010 ~ 2014 年)新疆经济发展基本数量变化为基础,通过对比分析,基于新一轮全面对口援疆背景,实证考量新疆的经济发展;试图通过一系列指标的统计分析,实证考量新一轮对口援疆以来新疆经济发展状况;同时总结对口援疆的经验,探寻存在的问题及其形成原因。

本篇共包括 8 章。首先,第 12 ~ 17 章分别就新疆区域经济增长、地方财政收入增长、基础设施建设、民生建设、人才队伍建设和环境污染等六个方面进行分析。其次,第 18 ~ 19 章,通过构建评价指标体系,用主成分分析法总体分析对口援疆效应。

# 第十二章　新疆产业发展研究

改革开放以来,新疆获得了极大的发展,但产业基础薄弱、协作配套能力差等突出问题长期存在。长期以来,新疆靠资源和投资驱动发展经济,但自然资源性产业对经济的持续带动性差,对其他产业的推动作用也相对有限。新一轮对口援疆以来,产业援疆作为重要援助形态,在相当程度上推动了新疆的产业发展。

## 一、经济实力显著增强

新一轮对口援疆以来,新疆经济实力增强主要表现在 GDP 增长速度加快(见图 12 -1)和固定资产投资加快两个方面。

### (一)GDP 显著增长

新疆地区生产总值从 2010 年的 5 437.427 亿元增长至 2014 年的 9 264.10亿元,平均增速为 16.89% 。2014 年实现生产总值 9 264.10 亿元,比上年增长 10.0% ,增速较全国高 2.6 个百分点,居全国第四位。在全国对口援疆背景下,新疆着力推进稳增长、促改革、调结构、惠民生、防风险各项工作,实现了增长比全国快,下降比全国慢;经济保持了平稳较快发展,实现了两位数的增长。

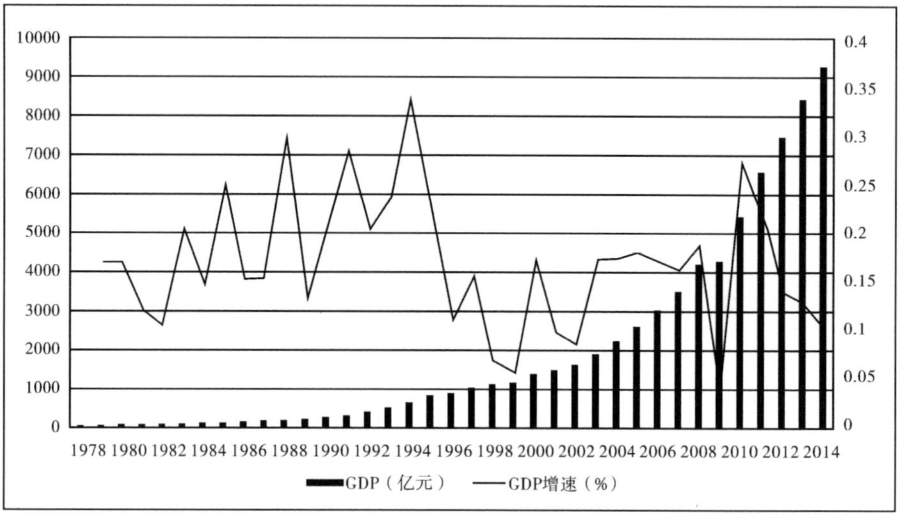


**图 12－1　1980～2014 年新疆 GDP 变动图**

## （二）固定资产投资加快

60 年来，新疆全社会固定资产投资从最初的资金投入不足到成为拉动经济发展的主力军，发生了质的飞跃。尤其是新一轮对口援疆以来，固定资产投资投入资金规模之大、建设项目之多、惠及民生之广前所未有。

2010 至 2014 年，新疆累计完成固定资产投资 32 404.07 亿元，年均增长 28.8%。特别是 2012 年同比增速高达 35.1%，比全国平均水平高 11.2 个百分点，居全国第一位，创历史新高，改变了固定资产投资是新疆经济发展“短板”的现状。

固定资产投资的快速增长有力推进了新疆基础设施和基础产业建设。2010 年以来，诸多优惠政策的“叠加效应”使得新疆成为投资的“洼地”。固定资产投资的增加带动民间投资持续高位增长，民间投资总量持续扩大，全区民间投资 5 年来增速保持在 30% 左右，显示出投资的市场化力量逐步强化，为产业配套、延长产业链、促进就业发挥了积极的作用。

## 二、经济结构愈益优化

随着改革开放、西部大开发战略以及新一轮对口援疆的实施，新疆经济快速发展，经济格局发生了巨大的改变。在经济总量增加的同时，三次产业结构愈益优化。其中，第一产业生产总值由 2010 年的1 078.63亿元增长到2014 年的1 538.6亿元，第二产业生产总值由2 592.15亿元增长到3 948.96亿元，第三产业生产总值由 1 766.69 亿元增长到 3 785.90 亿元。从经济结构来看，1980 年新疆三次产业增加值占地区生产总值的比重分别为40.44%、40.27%和 19.29%，2010 年为 19.84%、47.67%、32.49%；产业结构由改革开放初期的“一二三”型逐渐优化为现在的“二三一”型。新一轮对口援疆以来，新疆产业结构不断优化，第一产业占比下降了 3.25%，第二产业占比下降了 5.09%，第三产业占比上升了 8.34%。2014 年第一产业、第二产业、第三产业占比分别为 16.6%、42.6%、40.8%，初步形成了以农业为基础，工业为主导，第三产业占重要地位的产业结构。1980 至 2014 年，新疆三次产业结构变化情况（见图 12－2）。

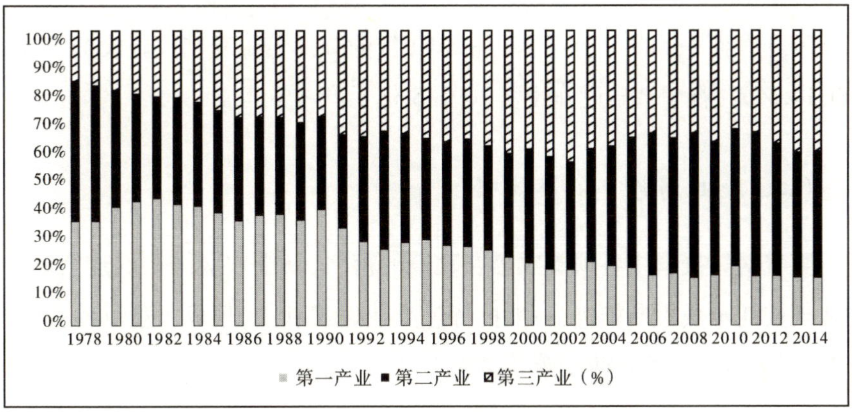


图 12－2　1980～2014 年新疆三次产业结构变化图

## 三、产业聚集效应日益明显

对口援疆以来，新疆以产业发展为重点，以促进产业功能区发展和区域经济协调发展为目标，围绕天山北坡产业带、天山南坡产业带、吐鲁番—哈密、南疆三地州、北疆沿边地区（简称“两带三区”），推动产业聚集发展。

### （一）工业发展向园区集中

按照工业发展集聚化，产业集聚进园区的理念，全疆产业园区规模不断扩大。自治区级以上各类园区由 2010 年的 51 家发展到 2014 年的 90 家，4 年新增 39 家。其中，国家级园区由 2010 年的 9 家发展到 2014 年的 22 家，新增 13 家；自治区级园区由 2010 年的 42 家发展到 2014 年的 69 家，新增 27 家。南疆产业园区发展迅速，园区数量由 2010 年的 17 家发展到 2014 年的 36 家，新增 19 家。其中，国家级园区实现零突破，达到 3 家，自治区级园区达到 33 家。

截至 2014 年年底，全疆园区累计开发面积达到 1 413 平方千米，比 2010 年新增开发面积 888 平方千米，是 2010 年的 2.7 倍。基础设施投资累计达 940.13 亿元，新增基础设施投资 709.13 亿元。

### （二）农业特色产业集聚带

随着对口援疆中各项支农惠农政策的落实，新疆农业结构的连续调整，农业现代化步伐不断推进，一大批特色产业发展壮大，形成了独具特色的优势产业带，成为农民增收的重要渠道。

粮食产业集聚：新疆小麦、玉米、水稻等优势产业带逐渐形成，并向全疆 41 个主产县市集中，粮食单产水平明显提升。东部大型棉纺企业也纷纷落户新疆，优质高效棉田迅速增加。

经济作物集聚：甜菜、啤酒花和芳香植物等优质农产品比重明显上升，新疆农业产业结构实现内部良性循环。环塔里木盆地、伊犁河谷和天山北坡形成了以红枣、核桃、香梨和苹果等果品为主的特色林果产区。随着新疆的番茄和辣椒制品在国际市场站稳脚跟,种植番茄和辣椒的区域也逐渐固定。在塔里木盆地北缘和天山北坡形成稳定的规模化产业带,新疆番茄制品产量占全国的70%,出口量占国际贸易量的1/4。辣椒红素、辣椒碱等产品主要销往新疆以外的市场。

牧民定居工程:借助游牧民定居工程,改变靠天养畜的生产方式,推动传统畜牧业向现代畜牧业转型。2014 年,新疆畜牧业总产值首次突破了651.2 亿元大关。

产业实力的增强为新疆区域经济实力增强和社会稳定奠定了基础,为新疆与内地的双赢互助创造了条件;同时,也为新疆自我竞争力的提高提供了基础要件,为新疆发展从“输血”到“造血”的转变提供了助推力。

# 第十三章　新疆地方财政收入增长研究

## 一、新疆财政收入与经济发展的相关性分析

### (一)财政收入与 GDP 高度正相关

财政收入来源于经济发展,经济发展决定财政收入。新疆财政收入增长与 GDP 的产业构成及其变化趋势有直接关系,这也符合产业结构决定税源结构,从而影响财政收入的现代经济增长理论。

### (二)财政收入增速明显快于 GDP 增速

新疆地方财政收入增长对 GDP 的弹性可分为三个阶段:1994 至 2002 年的弹性系数整体趋于增长的态势,从 -0.54 上升到 2.61,但个别年份有波动,如 1997 年、2000 年弹性系数有所下降;2002 至 2005 年的弹性系数整体呈下降趋势,2005 年达到最低点 -0.32,主要由于 2005 年新疆地方财政收入出现负增长;2005 至 2014 年弹性系数整体属于上升阶段,2006 年达到历史最大值 2.8, 2009 年回落到 1.24, 2011 年升至 2.31, 2014 年又降至 0.91。(见图 13 -1)1994 至 2014 年,新疆地方财政收入对 GDP 的弹性平均大于 1,说明财政收入的增长速度远远快于 GDP 增长速度,但并不表明新疆财政收入与经济增长不协调。其主要原因有以下几点:一是两者的基数不同,财政收入基数小,增长的幅度会大一些;而 GDP 的基数较大,增长的幅度自然小一些。二是新疆在 20 世纪 90 年代进入工业化初期,经济发展速度加快,

产业结构不断优化，经济效益明显提高，可是 GDP 总量和比重都在大幅增加。三是处在经济转型期的新疆利用西部大开发的机遇加快基础设施建设，投资力度比较大，一次性税源相对较多。四是原油等矿产品价格的持续上涨带动相关产品税收快速增长，这一时期财政收入增长快于 GDP 增长。

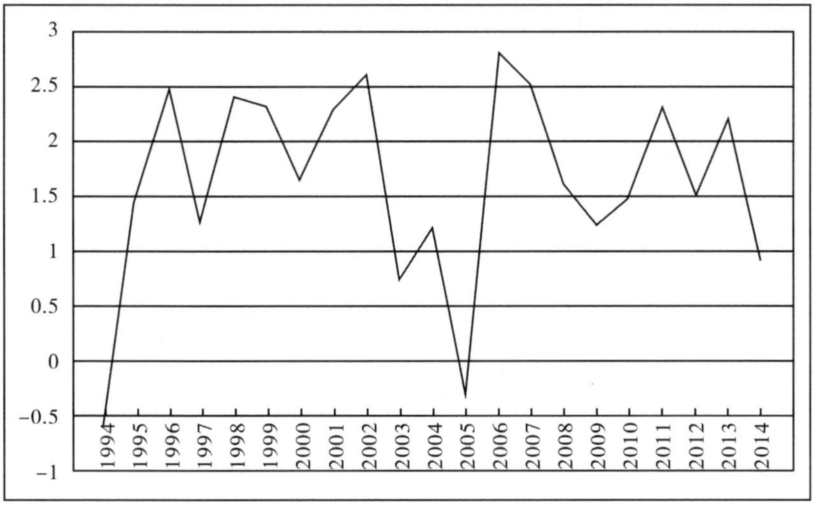


图 13－1　1994～2014 年新疆地方财政收入对 GDP 的弹性变化趋势图

### （三）财政收入占 GDP 的比重保持上升

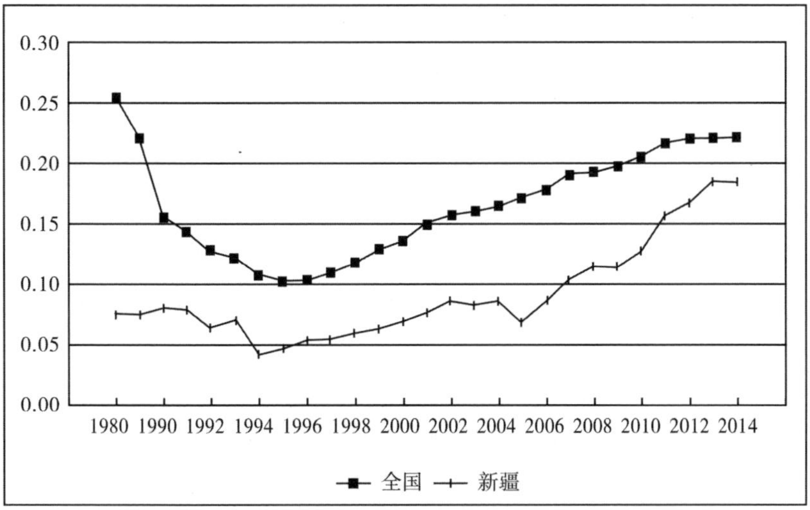


图 13－2　1980～2014 年新疆与全国财政收入占 GDP 比重的对比图

新疆财政收入占 GDP 的比重反映宏观赋税水平。1980 至 2014 年新疆财政收入占 GDP 比重保持上升趋势，从 7.5% 迅速提升至 18.44%，增长了 1 倍多，平均每年提高 0.32 个百分点。从图 13－2 来看，与全国财政收入占 GDP 比重相比，新疆低于全国平均水平，至今仍然与全国平均水平相差近 6 个百分点，赋税状况存在一定的问题。

## 二、新疆财政支出规模与经济增长的相关性分析

### （一）财政支出增速高于 GDP 增速

改革开放以来，新疆财政支出除了 1979 年、1980 年、1981 年和 1987 年出现负增长外，其余年份均逐年递增，从 1978 年的 17.02 亿元骤增到 2014 年的 3 778.03 亿元，增长了 221.98 倍。新疆财政支出在 1980 至 2014 年间保持了年均13.04% 的增长速度，超过了同期新疆国内生产总值年均12.26% 的增长速度。新疆财政收支的剪刀差不断扩大。

### （二）财政支出占 GDP 的比重逐年上升

财政支出占 GDP 的比重代表一定时期内在社会创造的财富中由政府直接支配和使用的份额，该指标既能较全面地衡量政府在国民经济中的深入程度，又便于进行比较。2002 年以来，该比值基本在 20% 以上，2009 年、2010 年、2014 年达到 40% 左右，说明新疆的经济目前正处于飞速发展期，政府支出不断扩大，对宏观经济调控的力度也在逐步增强。

### （三）新疆财政支出规模与全国及东中西部地区的比较分析

新疆与全国的财政支出占 GDP 的比重变化有相同的趋势：1978 至 1981 年及 1986 至 1995 年，该比重有下降趋势；而 1982 至 1985 年及 1996 至 2014 年，基本呈递增现象。一方面，反映出新疆的财政支出政策受全国宏观财政政策的影响；另一方面，大多数年份新疆的值高于全国的值，特别是 2002 年，

这种趋势更加明显，这与中央的西部大开发战略密切相关。新疆是财政支出占 GDP 比重较大的省区，财政支出占 GDP 的比重反映了政府对该区域经济的干预程度，该比例越高，说明政府的干预度越大，范围越广。

## 三、中央财政补贴与新疆财政收入、支出的相关性分析

自 1980 年改革开放至 2000 年，中央财政补贴逐年递增，并在 1995 年大幅增长 76.97%，约达 52.26 亿元。而在中央财政补贴不断上升的同时，中央财政补贴占新疆财政总收入比重从 74.03% 逐步降至 55.55%，这一下降趋势主要由于新疆自改革开放以来，地方财政收入不断提高，使得部分地区总收入增大。（见图 13－3）2001 至 2010 年，西部大开发以来，中央又加大了对新疆的财政补贴，中央财政补贴占新疆财政总收入比重稳定在 60% 左右，两者基本保持同比例的增长，在地方财政收入稳定增长的同时形成了对中央财政补贴一定程度上的依赖。中华人民共和国成立以来新疆财政状况见表 13－1。

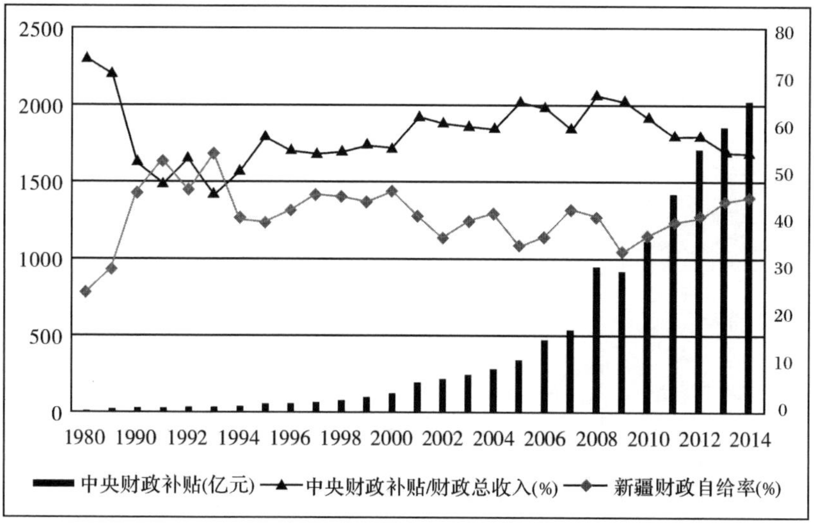


图 13－3　1980～2014 年中央财政补贴与新疆财政自给率变动图

表 13－1　中华人民共和国成立以来新疆财政状况表

| 年份 | 类别 | | | | | |
|---|---|---|---|---|---|---|
| | 地方财政收入（亿元） | 地方财政收入增长率（%） | 中央财政补贴（亿元） | 地方财政支出（亿元） | 中央财政补贴/财政总收入（%） | 财政自给率（%） |
| 1950 | 0.22 | — | 0.52 | 0.67 | 70.16 | 33.12 |
| 1951 | 0.37 | 67.13 | 0.22 | 0.51 | 37.14 | 73.07 |
| 1952 | 0.74 | 98.54 | 0.13 | 0.59 | 14.99 | 124.92 |
| 1953 | 1.15 | 56.15 | 0.04 | 1.44 | 3.35 | 79.92 |
| 1954 | 1.49 | 29.57 | 0.26 | 1.43 | 14.74 | 104.24 |
| 1955 | 1.73 | 16.21 | 0.07 | 1.83 | 4.14 | 94.69 |
| 1956 | 2.02 | 16.46 | 0.13 | 2.55 | 6.03 | 79.07 |
| 1957 | 2.26 | 12.08 | 0.16 | 2.25 | 6.6 | 100.37 |
| 1958 | 3.36 | 48.87 | 1.45 | 4.54 | 30.11 | 74.05 |
| 1959 | 5.41 | 60.84 | 1.79 | 6.90 | 24.82 | 78.38 |
| 1960 | 6.36 | 17.61 | 2.43 | 9.58 | 27.68 | 66.38 |
| 1961 | 3.45 | －45.74 | 0.74 | 3.94 | 17.59 | 87.55 |
| 1962 | 2.84 | －17.59 | 0.03 | 2.20 | 0.97 | 129.42 |
| 1963 | 3.60 | 26.45 | 0.07 | 2.80 | 1.98 | 128.57 |
| 1964 | 4.07 | 13.29 | 0.27 | 3.92 | 6.29 | 103.89 |
| 1965 | 4.53 | 11.22 | 0.30 | 4.89 | 6.13 | 92.72 |
| 1966 | 5.21 | 14.91 | 0.13 | 5.05 | 2.35 | 103.13 |
| 1967 | 2.99 | －42.64 | 0.15 | 4.10 | 4.87 | 72.93 |
| 1968 | 2.22 | －25.61 | 0.98 | 2.91 | 30.6 | 76.3 |
| 1969 | 1.39 | －37.37 | 2.16 | 3.67 | 60.78 | 37.88 |
| 1970 | 3.57 | 156.36 | 3.52 | 6.05 | 49.68 | 58.98 |
| 1971 | 4.14 | 16.03 | 2.53 | 6.59 | 37.89 | 62.82 |
| 1972 | 2.99 | －27.8 | 4.12 | 7.20 | 57.94 | 41.54 |
| 1973 | 1.58 | －47.21 | 6.64 | 8.75 | 80.79 | 18.03 |
| 1974 | 1.39 | －11.78 | 9.68 | 8.39 | 87.42 | 16.6 |
| 1975 | 1.01 | －27.11 | 7.86 | 8.85 | 88.57 | 11.47 |

续表

| 年份 | 类别 | | | | | |
|---|---|---|---|---|---|---|
| | 地方财政收入（亿元） | 地方财政收入增长率(%) | 中央财政补贴（亿元） | 地方财政支出（亿元） | 中央财政补贴/财政总收入(%) | 财政自给率(%) |
| 1976 | 1.98 | 94.71 | 8.31 | 9.69 | 80.79 | 20.38 |
| 1977 | 3.63 | 83.94 | 8.69 | 11.10 | 70.51 | 32.74 |
| 1978 | 7.14 | 96.52 | 9.66 | 17.02 | 57.48 | 41.97 |
| 1979 | 5.49 | -23.13 | 10.46 | 16.99 | 65.57 | 32.31 |
| 1980 | 4.03 | -26.58 | 11.49 | 16.22 | 74.03 | 24.86 |
| 1981 | 1.65 | -59.15 | 12.50 | 14.82 | 88.36 | 11.11 |
| 1982 | 4.38 | 165.82 | 12.52 | 14.94 | 74.09 | 29.3 |
| 1983 | 5.63 | 28.61 | 13.63 | 18.61 | 70.77 | 30.25 |
| 1984 | 7.22 | 28.28 | 15.59 | 23.33 | 68.35 | 30.96 |
| 1985 | 8.47 | 17.24 | 20.74 | 28.60 | 71.01 | 29.6 |
| 1986 | 10.20 | 20.49 | 24.11 | 35.12 | 70.27 | 29.05 |
| 1987 | 11.58 | 13.56 | 25.75 | 33.69 | 68.97 | 34.39 |
| 1988 | 15.46 | 33.44 | 23.92 | 38.91 | 60.75 | 39.73 |
| 1989 | 19.15 | 23.9 | 23.91 | 41.70 | 55.52 | 45.93 |
| 1990 | 21.78 | 13.71 | 24.36 | 47.62 | 52.8 | 45.73 |
| 1991 | 26.47 | 21.54 | 24.49 | 50.34 | 48.06 | 52.58 |
| 1992 | 26.07 | -1.49 | 29.89 | 56.09 | 53.41 | 46.48 |
| 1993 | 35.13 | 34.75 | 29.82 | 64.71 | 45.91 | 54.29 |
| 1994 | 28.70 | -18.32 | 29.53 | 71.10 | 50.71 | 40.37 |
| 1995 | 38.28 | 33.39 | 52.26 | 96.40 | 57.72 | 39.71 |
| 1996 | 48.31 | 26.19 | 59.07 | 114.89 | 55.01 | 42.05 |
| 1997 | 57.62 | 19.27 | 68.38 | 126.82 | 54.27 | 45.43 |
| 1998 | 66.57 | 15.53 | 80.12 | 147.38 | 54.62 | 45.17 |
| 1999 | 74.44 | 11.83 | 95.77 | 169.11 | 56.27 | 44.02 |
| 2000 | 95.50 | 28.29 | 119.35 | 205.45 | 55.55 | 46.48 |
| 2001 | 115.75 | 21.21 | 189.07 | 281.81 | 62.03 | 41.07 |

续表

| 年份 | 类别 | | | | | |
|---|---|---|---|---|---|---|
| | 地方财政收入（亿元） | 地方财政收入增长率（%） | 中央财政补贴（亿元） | 地方财政支出（亿元） | 中央财政补贴/财政总收入（%） | 财政自给率（%） |
| 2002 | 140.24 | 21.15 | 217.95 | 384.73 | 60.85 | 36.45 |
| 2003 | 157.71 | 12.46 | 237.78 | 394.80 | 60.12 | 39.95 |
| 2004 | 191.28 | 21.29 | 282.71 | 459.35 | 59.64 | 41.64 |
| 2005 | 180.32 | -5.73 | 339.22 | 519.02 | 65.29 | 34.74 |
| 2006 | 265.65 | 47.33 | 470.14 | 727.86 | 63.9 | 36.5 |
| 2007 | 369.56 | 39.11 | 551.54 | 874.56 | 59.88 | 42.26 |
| 2008 | 479.76 | 29.82 | 952.67 | 1 176.19 | 66.51 | 40.79 |
| 2009 | 493.07 | 2.77 | 928.00 | 1 474.11 | 65.3 | 33.45 |
| 2010 | 693.27 | 40.6 | 1 125.00 | 1 885.56 | 61.87 | 36.77 |
| 2011 | 1 038.80 | 49.84 | 1 430.00 | 2 598.34 | 57.92 | 39.98 |
| 2012 | 1 251.80 | 20.5 | 1 715.40 | 3 079.50 | 57.81 | 40.65 |
| 2013 | 1 556.55 | 24.34 | 1 877.74 | 3 519.62 | 54.68 | 44.22 |
| 2014 | 1 710.25 | 9.87 | 2 040.09 | 3 778.03 | 54.4 | 45.27 |

注：数据来自《新疆50周年》和相关年份《新疆统计年鉴》。

# 第十四章　新疆基础设施建设研究

自改革开放以来，由于国家给予的大力支持，新疆的基础设施建设投入力度不断加大，相应地拉动了新疆的经济增长，推动了其经济结构调整，增强了其经济发展后劲。

## 一、固定资产投资

新疆人均固定资产投资逐年递增，改革开放（1980～1999 年）后平均增速为 18.57%，西部大开发（2000～2009 年）后平均增速下滑为15.98%，而新一轮对口援疆开始（2010～2014 年）后平均增速快速上升为 28.65%，这充分体现出中央及全国 19 个省市对国家新一轮对口援疆政策的大力支持，新疆的基础设施建设有了显著的改善。（见图 14－1）

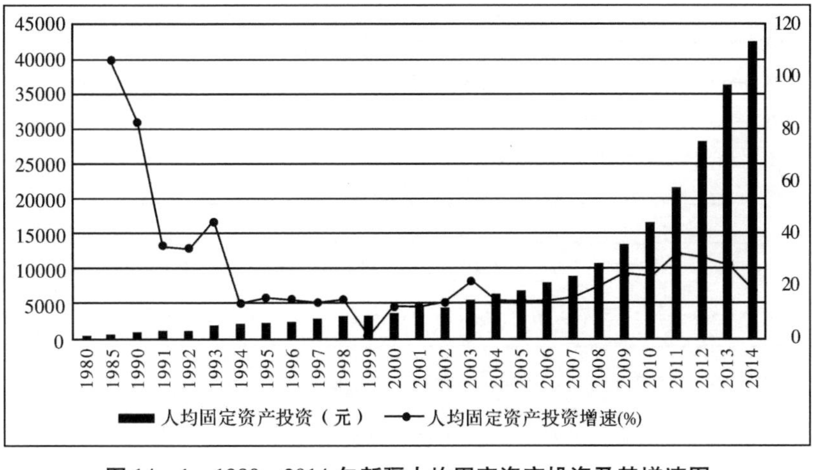


图 14－1　1980～2014 年新疆人均固定资产投资及其增速图

## 二、交通

在国家对口援疆政策的推动下,新疆的人均拥有道路里程及公用交通车辆数也是呈上升趋势的。尤其是2006年,新疆共安排重点建设项目14个,连云港—霍尔果斯国道主干线的星星峡—哈密段、鄯善—吐鲁番段、赛里木湖—霍尔果斯段公路、218国道清水河—伊宁段等7个纳入计划的项目全面开工建设;6个县级公路工程建成通车;第二条沙漠公路阿拉尔—和田沙漠公路项目建设稳步推进。新疆累计完成交通固定资产投资100亿元,建设公路1.2万千米,这使人均拥有道路里程在2006年有了一个明显的提升。(见图14-2)根据2014年公布的统计公报中的数据,新疆每万人拥有道路数在青海、新疆、贵州、黑龙江、重庆、宁夏、山西、吉林、湖南、福建、辽宁、河北、江苏、广东、北京15个地区中排名第二。可以说,新疆在交通运输方面投入巨大,但是新疆地域辽阔,由于区位原因,其交通、通信成本还较高,现代物流体系发展缓慢,为了更好地实现招商引资和产业转移等带来的产业结构调整和升级,还需进一步完善物流体系建设。

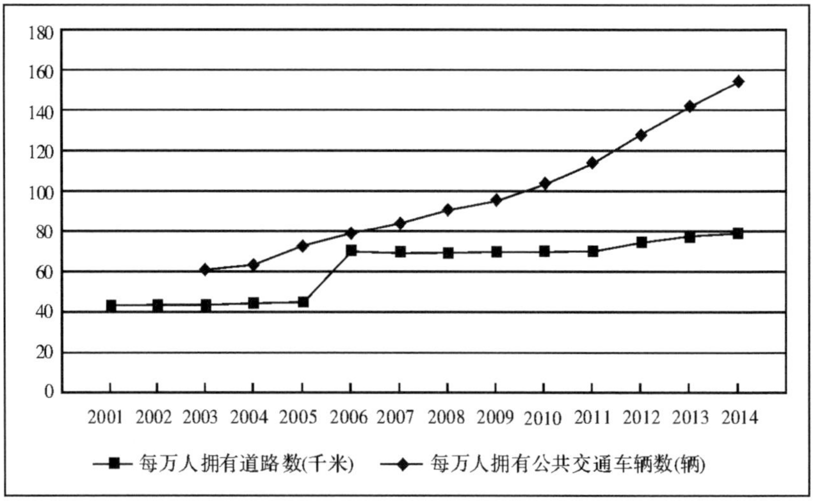


**图14-2　2001~2014年新疆每万人拥有道路及公交车辆数图**

注:根据数据的可得性,每万人拥有道路数只采用了公路的里程。

## 三、基础设施建设

新疆财政性公共基础设施建设在财政支出中的比重整体呈下降趋势，2010 至2014 年的比重（平均占比 84.83%）较西部大开发时期（2001 至2009 年）的比重（平均占比94.19%）有所下降，但仍保持了一个较大的投入。（见图 14－3及表 14－1）

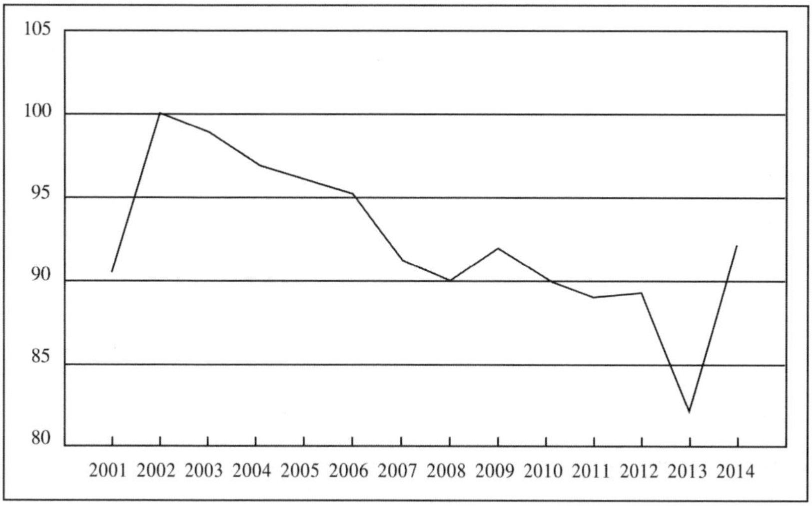


图 14－3　2001～2014 年新疆财政性公用基础设施建设支出占财政支出比重图

表 14－1　1980～2014 年新疆基础设施建设情况表

| 年　份 | 类　别 | | | | | |
|---|---|---|---|---|---|---|
| | 固定资产投资总额（亿元） | 固定资产投资增长速度（%） | 人均固定资产投资（元） | 人均固定资产投资增速（%） | 每万人拥有道路数（千米） | 每万人拥有公共交通车辆数（辆） |
| 1980 | 20.47 | — | 159.00 | — | 16.48 | — |
| 1985 | 44.48 | 117.29 | 327.00 | 105.66 | 16.33 | — |
| 1990 | 88.78 | 99.60 | 595.00 | 81.96 | 16.63 | — |
| 1991 | 124.93 | 40.73 | 804.00 | 35.13 | — | — |
| 1992 | 170.03 | 36.1 | 1076.00 | 33.83 | — | — |

续表

| 年　份 | 类　别 | | | | | |
|---|---|---|---|---|---|---|
| | 固定资产投资总额(亿元) | 固定资产投资增长速度(%) | 人均固定资产投资(元) | 人均固定资产投资增速(%) | 每万人拥有道路数(千米) | 每万人拥有公共交通车辆数(辆) |
| 1993 | 248.44 | 46.11 | 1 548.00 | 43.87 | — | — |
| 1994 | 285.48 | 14.91 | 1 749.00 | 12.98 | — | — |
| 1995 | 333.34 | 16.77 | 2 006.00 | 14.69 | 18.24 | — |
| 1996 | 387.85 | 16.35 | 2 296.00 | 14.46 | 18.71 | — |
| 1997 | 446.82 | 15.2 | 2 601.00 | 13.28 | 18.66 | — |
| 1998 | 519.77 | 16.33 | 2 975.00 | 14.38 | 18.75 | — |
| 1999 | 534.65 | 2.86 | 3 012.00 | 1.24 | 18.86 | — |
| 2000 | 610.38 | 14.17 | 3 368.00 | 11.82 | 43.73 | — |
| 2001 | 706.00 | 15.66 | 3 763.00 | 11.73 | 43.14 | — |
| 2002 | 813.02 | 15.16 | 4 267.00 | 13.39 | 43.53 | — |
| 2003 | 1 002.13 | 23.26 | 5 182.00 | 21.44 | 43.24 | 60.48 |
| 2004 | 1 161.53 | 15.91 | 5 917.00 | 14.18 | 44.23 | 62.74 |
| 2005 | 1 352.28 | 16.42 | 6 727.00 | 13.69 | 44.54 | 72.53 |
| 2006 | 1 567.05 | 15.88 | 7 644.00 | 13.63 | 70.12 | 78.76 |
| 2007 | 1 850.84 | 18.11 | 8 834.00 | 15.57 | 69.31 | 84.04 |
| 2008 | 2 259.97 | 22.11 | 10 606.00 | 20.06 | 68.82 | 90.51 |
| 2009 | 2 827.24 | 25.1 | 13 181.00 | 24.27 | 69.80 | 95.85 |
| 2010 | 3 539.69 | 25.2 | 16 312.00 | 23.75 | 70.07 | 103.54 |
| 2011 | 4 712.77 | 33.14 | 21 470.00 | 31.62 | 70.24 | 114.01 |
| 2012 | 6 258.38 | 35.1 | 28 030.00 | 30.55 | 74.17 | 127.89 |
| 2013 | 8 148.41 | 30.2 | 35 986.00 | 28.38 | 77.32 | 141.77 |
| 2014 | 9 744.80 | 19.6 | 42 397.00 | 17.82 | 78.85 | 154.53 |

# 第十五章　新疆民生建设研究

中央新疆工作座谈会以来，民生建设仍是新疆社会建设的重点，是进一步推进新疆社会稳定、维持其长治久安的前提。新一轮对口援疆举措实施以来，自治区不断加大对民生工程和社会事业的投入，以保证人民群众能在改革发展中获利。

## 一、就业是民生之本

就业是民生之本，新疆就业人数的增减直接反映了其民生建设的成功与否。改革开放(1980～1999)以来，就业人数增加了37.13%；西部大开发时期(2000～2009)，就业人数增加了28.8%；而新一轮对口援疆开始5年(2010～2014)后，政府解决就业人口约249.7万，增幅为13.6%。(见表15－1)

表15－1　1980～2014年新疆民生建设情况表

| 年　份 | 类　别 | | | | | | | | |
|---|---|---|---|---|---|---|---|---|---|
| | 就业人数(万人) | 城镇居民人均可支配收入(元) | 农村居民人均纯收入(元) | 城镇居民家庭恩格尔系数(%) | 农村居民家庭恩格尔系数(%) | 城镇居民人均住房面积($m^2$) | 农村居民人均住房面积($m^2$) | 每万人拥有医疗机构床位数(张) | 每万人拥有医生数(人) |
| 1980 | 506.35 | 427.00 | 201.00 | 57.3 | 60.8 | — | — | — | — |
| 1985 | 565.81 | 735.00 | 394.00 | 46.8 | 57.9 | 10.70 | 12.75 | 40.63 | 18.90 |
| 1990 | 617.70 | 1 314.00 | 684.00 | 47.8 | 53.7 | 13.55 | 14.04 | 39.70 | 22.03 |

续表

| 年份 | 类别 | | | | | | | | |
|---|---|---|---|---|---|---|---|---|---|
| | 就业人数（万人） | 城镇居民人均可支配收入(元) | 农村居民人均纯收入(元) | 城镇居民家庭恩格尔系数(%) | 农村居民家庭恩格尔系数(%) | 城镇居民人均住房面积($m^2$) | 农村居民人均住房面积($m^2$) | 每万人拥有医疗机构床位数(张) | 每万人拥有医生数(人) |
| 1995 | 638.49 | 4 163.00 | 1 137.00 | 44.8 | 50.1 | 16.57 | 16.12 | 40.15 | 23.86 |
| 1999 | 694.34 | 5 320.00 | 1 473.00 | — | — | 19.76 | 16.90 | — | — |
| 2000 | 672.50 | 5 645.00 | 1 618.00 | 36.4 | 50 | 20.06 | 17.25 | 35.64 | 24.55 |
| 2001 | 685.38 | 6 215.00 | 1 710.00 | 34.8 | 50.4 | 20.60 | 18.04 | — | — |
| 2002 | 701.49 | 6 554.00 | 1 863.00 | 33.9 | 49 | 18.17 | 18.56 | — | — |
| 2003 | 721.27 | 7 006.00 | 2 106.00 | 35.9 | 45.5 | 17.91 | 18.62 | — | — |
| 2004 | 744.49 | 7 503.00 | 2 245.00 | 36.1 | 45.2 | 18.82 | 19.10 | — | — |
| 2005 | 791.62 | 7 990.00 | 2 482.00 | 36.4 | 41.8 | 20.15 | 21.23 | 37.81 | 20.61 |
| 2006 | 811.75 | 8 871.00 | 2 737.00 | 35.5 | 39.9 | 20.33 | 21.96 | 39.07 | 20.87 |
| 2007 | 830.42 | 10 313.00 | 3 183.00 | 35.1 | 39.9 | 20.38 | 22.45 | 41.59 | 20.79 |
| 2008 | 847.58 | 11 432.00 | 3 503.00 | 37.3 | 42.5 | 20.47 | 22.79 | 43.76 | 20.39 |
| 2009 | 866.15 | 12 258.00 | 3 883.00 | 36.3 | 41.6 | 20.42 | 23.45 | 47.54 | 21.13 |
| 2010 | 894.65 | 13 644.00 | 4 643.00 | 36.2 | 40.3 | 20.49 | 24.02 | 50.36 | 22.25 |
| 2011 | 953.34 | 15 514.00 | 5 442.00 | 38.3 | 36.1 | 21.70 | 26.14 | 53.90 | 22.49 |
| 2012 | 993.38 | 17 921.00 | 6 394.00 | 37.7 | 36.1 | 21.78 | 27.18 | 56.01 | 22.63 |
| 2013 | 1 096.59 | 19 874.00 | 7 296.00 | 35 | 36.1 | 22.96 | 25.41 | 57.75 | 23.39 |
| 2014 | 1 135.24 | 23 214.00 | 8 068.00 | 34.49 | 32.4 | 24.14 | 26.24 | 59.48 | 26.68 |



## 二、居民收入和生活水平

自改革开放以来，借助国家和全国 19 个省市的援助与扶持，新疆城镇和农村居民的人均可支配纯收入逐年增加，均保持了上升的势头。改革开放头二十年（1980～1999 年），城镇居民人均可支配收入增长了近 12 倍，从 427 元升至 5 320 元；农村居民人均纯收入也增长了近 7 倍，从 201 元升至 1 473

元。西部大开发时期(2000～2009年),城镇居民人均可支配收入增长了117.15%,2009年达到12 258元;农村居民人均纯收入增长了140%,2009年达到3 883元。新一轮对口援疆开始5年(2010～2014年)后,在较之前相比的高基数基础上,城镇居民人均可支配收入增加了41.22%,农村居民人均纯收入增加了42.45%。

但新疆城镇居民人均可支配收入与我国其他地区相比却十分落后,自2005年起一直位于全国的末尾,2005年和2006年则是最后一位。我们必须注意到,在人均收入绝对数不断上涨的同时,城乡收入差距也在发生变化。收入差距的绝对数不断加大,从1980年的226元升至2014年的15 146元;倍数关系也发生了变化,1980年城镇居民收入是农村居民收入的2倍多,时至今日已经接近3倍。另外,城镇居民恩格尔系数在改革开放以后到西部大开发之前的20年间有比较明显的改善,从57.3%降至34.49%,之后一直徘徊在37%附近,变动幅度很小。农村居民家庭恩格尔系数有了一定幅度的下降,从1980年的60.8%逐步降至2014年的32.4%。这也说明在收入提高的同时,存在收入差距拉大、生活水平改善不明显和远低于全国平均水平等有悖人民期望的现象。(见图15－1)

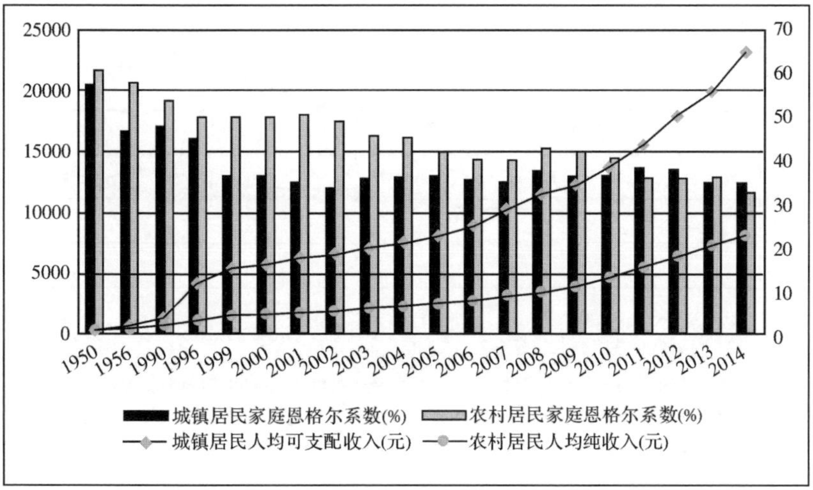


**图15－1 新疆城镇及农村居民人均收入和恩格尔系数变动图**

## 三、居民住房和医疗保障

随着民生建设投入力度的加大，新疆不断扩大了住房建设，城镇和农村居民的人均住房面积也相应扩大。（见图 15－2）改革开放前二十年，城镇居民人均住房面积增加了 84.67%，为 19.76 平方米；农村居民人均住房面积也增加了 32.55%，为 16.9 平方米。西部大开发时期，城镇居民人均住房面积增加了1.79%，达 20.42 平方米；农村居民人均住房面积增加了 35.94%，达23.45 平方米。新一轮对口援疆 5 年中，城镇居民人均住房面积增加了15.12%，为 24.14 平方米；农村居民人均住房面积增加了 8.54%，为 26.24 平方米。

医疗作为民生之急，改革开放以来，新疆每万人拥有医疗机构床位数和医生数虽略有波动，但总体上是保持增长的。（见图 15－2）新一轮对口援疆开始后，每万人拥有医疗机构床位数和医生数分别增加了 15.33% 和 16.6%，"看病难"的问题有所缓解。

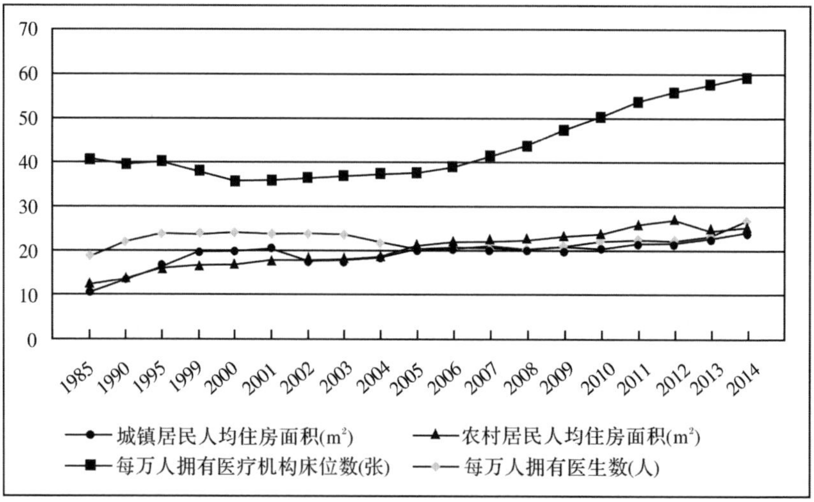


**图 15－2　1985～2014 年新疆城镇及农村居民人均住房面积和医疗情况图**

得益于各支援省市以解决受援地各族群众生产生活中最直接、最现实、最急迫的问题为重点，新疆各级政府将 80% 的政府性援疆资金用于民生建设。民生援疆项目高效且有力地推进使城乡面貌和群众生产生活条件得到了很大的改善,各族群众享受到了看得见、摸得着的实惠。总体来说,民生援疆卓有成效,但在就业、收入分配、社会保障等有关民生问题上还存在着分配不合理、制度不健全等问题。因此,我们应该积极探寻新的发展方式,而不仅仅满足于这种“输血”式的发展。

# 第十六章　新疆人才队伍建设分析

## 一、人才质量和人力资源利用

新疆的科技研发强度（研究与试验发展经费支出占新疆地区生产总值的比重）与新疆的大学以上毕业人口占全部人口的比重都在逐渐向上攀升。其中，研发强度从西部大开发初期的0.2%上升到2014年的0.53%。从研究和试验发展经费支出在新疆地区生产总值占比的提高可以看出，政府对新疆科研能力的重视程度比以往大大提高了。

大学以上毕业的高素质人才占比增长十分明显，从西部大开发实施之初的0.06%增至2014年的0.29%。（见图16－1）在人才质量上可谓成效显著，这为新疆人才的自我培养打下了坚实基础。

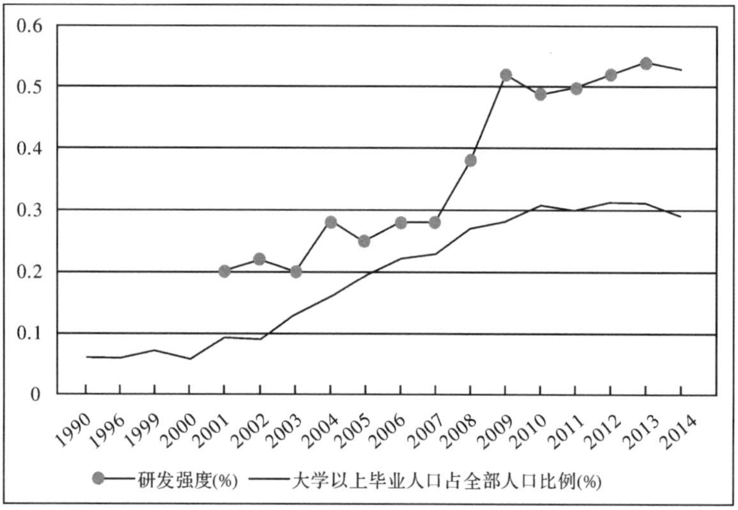


16－1　1990～2014年新疆的科技研发强度和大学以上毕业人口比例图

## 二、教育投入

加强人才队伍建设,最基础的是增加教育投入。西部大开发以来,政府进一步加大了教育经费的支出,人均教育经费平均增速为18.67%。尤其是新一轮对口援疆后,人均教育经费从2009年的1 210元增至2014年的2 768.62元,增加了1倍。(见图16-2)虽然教育经费的投入加大了,学校数量和在校学生增加了,但由于人才流失严重,新疆人才缺乏问题依然十分严峻,(见表16-1)人力资源方面的投资效益比较差,有待改善。

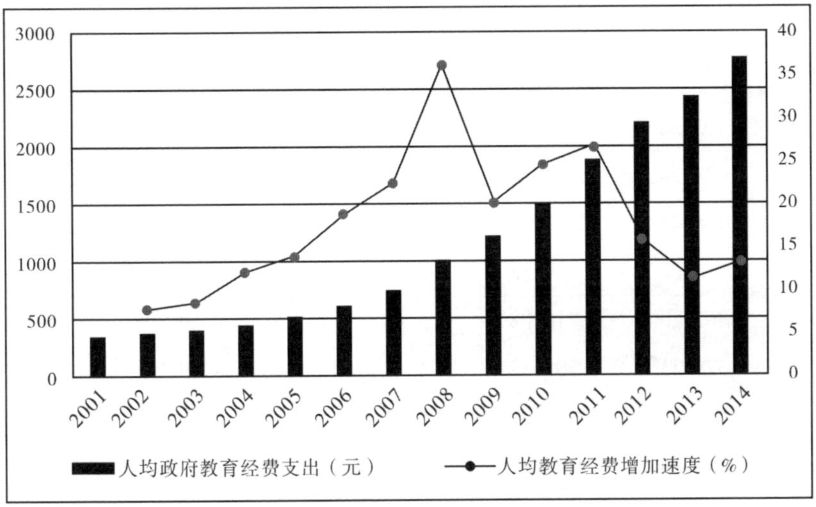


图16-2　2001~2014年新疆人均政府教育经费支出及其增速图

表16-1　2001~2014年新疆政府教育经费支出和人才队伍建设情况表

| 年　份 | 类　别 | | | | | |
|---|---|---|---|---|---|---|
| | 政府教育经费支出额(亿元) | 人均政府教育经费支出(元) | 人均教育经费增长速度(%) | 每万人教师数(人) | 研发强度(%) | 大学(含大学本科)以上毕业人口占全部人口比例(%) |
| 1980 | — | — | — | — | — | 0.01 |
| 1985 | — | — | — | — | — | 0.03 |
| 1990 | — | — | — | — | — | 0.06 |

第十六章　新疆人才队伍建设分析

续表

| 年份 | 类别 | | | | | |
|---|---|---|---|---|---|---|
| | 政府教育经费支出额（亿元） | 人均政府教育经费支出（元） | 人均教育经费增长速度（%） | 每万人教师数（人） | 研发强度（%） | 大学（含大学本科）以上毕业人口占全部人口比例（%） |
| 1995 | — | — | — | — | — | 0.06 |
| 1999 | — | — | — | — | — | 0.07 |
| 2000 | — | — | — | — | — | 0.06 |
| 2001 | 64.33 | 342.88 | — | 125.03 | 0.2 | 0.09 |
| 2002 | 70.25 | 368.73 | 7.54 | 125.70 | 0.22 | 0.09 |
| 2003 | 77.36 | 400.01 | 8.48 | 127.67 | 0.2 | 0.13 |
| 2004 | 88.00 | 448.27 | 12.06 | 129.51 | 0.28 | 0.16 |
| 2005 | 102.58 | 510.26 | 13.83 | 129.68 | 0.25 | 0.19 |
| 2006 | 124.28 | 606.24 | 18.81 | 131.49 | 0.28 | 0.22 |
| 2007 | 155.43 | 741.84 | 22.37 | 129.95 | 0.28 | 0.23 |
| 2008 | 215.08 | 1 009.38 | 36.06 | 127.07 | 0.38 | 0.27 |
| 2009 | 261.20 | 1 210.03 | 19.88 | 127.84 | 0.52 | 0.28 |
| 2010 | 328.33 | 1 505.18 | 24.39 | 127.96 | 0.49 | 0.31 |
| 2011 | 420.25 | 1 902.69 | 26.41 | 129.26 | 0.5 | 0.3 |
| 2012 | 490.86 | 2 198.41 | 15.54 | 129.46 | — | 0.31 |
| 2013 | 554.09 | 2 447.07 | 11.31 | 131.07 | 0.54 | 0.309 |
| 2014 | 636.36 | 2 768.62 | 13.14 | 133.19 | 0.53 | 0.29 |

# 第十七章　新疆环境污染效应分析

新疆生态环境脆弱,气候干旱、水资源短缺、荒漠植被、风沙危害是新疆生态环境的基本特点。自然条件是区域发展的重要基础,也是阻碍区域发展的重要因素。在对口援疆的过程中,对环境造成的破坏也越来越严重。

## 一、环境污染

从新疆“三废”排放量变化图(见图 17 - 1)以及新疆环境污染情况表(见表 17 - 1)可以看出,自 2000 年西部大开发以来,废水、废气和固体废弃物的排放量都呈不断攀升趋势;而 2010 年新一轮对口援疆以后,攀升的幅度又创新高。尤其在 2013 年,废水、废气和固体废弃物可排放量分别以

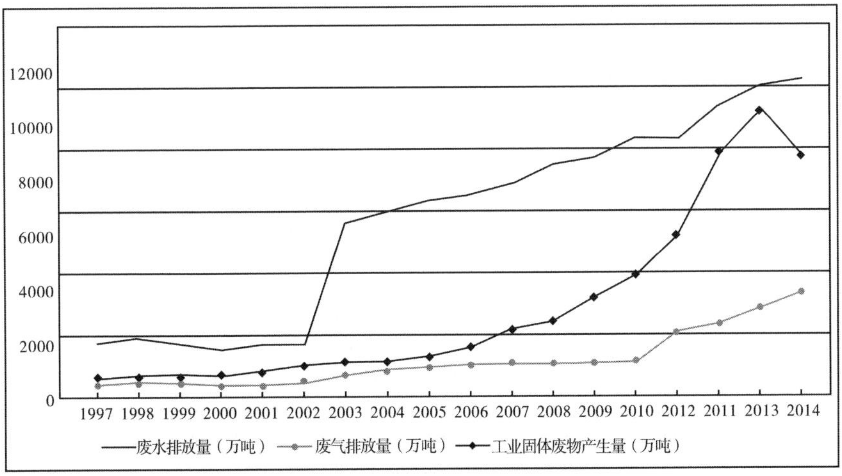


图 17 - 1　1997 ~ 2014 年新疆“三废”排放量变化图

7.34%、8.7% 和 17.8% 的速度攀升，远远超过了排放“三废”的主体工业产值8.51% 的增长率。这与新疆长期依赖于资源的传统发展模式和低层次的产业结构有很大关系，同时也说明在对口援疆的过程中存在产业结构不合理、高污染生产等问题，这不仅对脆弱的绿洲生态环境造成巨大的压力，也使得实施优势资源转换战略较困难。

**表 17－1　1997～2014 年新疆环境污染情况表**

| 年份 | 类别 | | | | | |
|---|---|---|---|---|---|---|
| | 废水排放量(万吨) | 废气排放量(万吨) | 工业固体废物产生量(万吨) | 工业固体废物综合利用率(%) | 环境污染治理投资总额(亿元) | 环境污染治理投资额占国内生产总值比重(%) |
| 1997 | 17 376.00 | 40.17 | 634.00 | 40.22 | — | — |
| 1998 | 19 473.00 | 47.53 | 684.00 | 42.11 | — | — |
| 1999 | 16 919.00 | 44.37 | 702.00 | 38.07 | — | — |
| 2000 | 15 365.00 | 38.43 | 718.00 | 41.24 | 21.62 | 1.58 |
| 2001 | 16 797.00 | 38.53 | 784.00 | 50.13 | 18.73 | 1.26 |
| 2002 | 16 426.00 | 38.47 | 1 008.00 | 51.19 | 34.95 | 2.19 |
| 2003 | 55 905.00 | 69.57 | 1 087.00 | 49.68 | 40.81 | 2.17 |
| 2004 | 60 040.00 | 90.90 | 1 129.00 | 49.34 | 38.84 | 1.77 |
| 2005 | 63 419.00 | 96.20 | 1 295.00 | 51.97 | 39.35 | 1.51 |
| 2006 | 65 442.00 | 100.50 | 1 581.00 | 47.5 | 31.90 | 1.05 |
| 2007 | 68 617.00 | 105.70 | 2 137.00 | 47.29 | 41.17 | 1.18 |
| 2008 | 74 700.00 | 107.64 | 2 438.00 | 47.95 | 54.98 | 1.31 |
| 2009 | 77 184.00 | 109.12 | 3 206.00 | 47.63 | 73.55 | 1.72 |
| 2010 | 83 690.00 | 111.71 | 3 914.00 | 47.96 | 65.02 | 1.2 |
| 2011 | 83 329.00 | 205.01 | 5 219.00 | 54.38 | 194.04 | 2.95 |
| 2012 | 93 810.00 | 231.17 | 7 880.00 | 51.56 | 237.09 | 3.15 |

| 年份 | 类别 | | | | | |
|---|---|---|---|---|---|---|
| | 废水排放量(万吨) | 废气排放量(万吨) | 工业固体废物产生量(万吨) | 工业固体废物综合利用率(%) | 环境污染治理投资总额(亿元) | 环境污染治理投资额占国内生产总值比重(%) |
| 2013 | 100 700.00 | 290.10 | 9 283.00 | 51.86 | 281.15 | 3.3 |
| 2014 | 102 700.00 | 332.79 | 7 789.67 | 55.63 | 363.32 | 3.92 |

需要说明的是,由于《统计年鉴》中统计口径的变动,1997 至 2014 年的废水排放量仅统计的是工业废水排放总量;2003 至 2010 年的废水排放量为工业废水排放总量与生活污水排放总量加总;2011 年、2013 年的废水排放不再分工业和生活,而是改为统计废水中主要污染物排放量,给出加总的统计数据。1997 至 2002 年的废气排放量仅统计的是工业二氧化硫、烟尘排放量和粉尘排放量;2003 至 2010 年的废水排放量为工业二氧化硫、烟尘排放量、粉尘排放量以及生活二氧化硫和烟尘排放量的加总; 2011 年、2014 年的废气排放量不再分工业和生活,而是改为统计废气中主要污染物排放量,给出加总的统计数据。即 2003 年和 2011 年的废水废气排放量的大幅度变动来源于数据统计口径的变动。

## 二、环境保护

当然,我们也可以看到政府和企业在环境保护方面做出的努力,尤其自 2010 年新一轮对口援疆以后,污染加重的同时大力加强了治理污染的力度。环境污染治理投资总额从 2010 年的 65 亿元增至 2014 年的 363.32 亿元,增长了近 4.6 倍;环境污染治理投资额在国内生产总值中的比重也从 1.2% 增至3.15% ,2011 年工业固体废弃物综合利用率从 41.24% 升至50.13% ,提高了近 10 个百分点。(见图 17 – 2)可见政府和企业对环境污染有所重视,并采取了切实的措施,这使得局部地区的生态环境得到了不同程度的改善。

边污染边治理,且治理的力度显然赶不上污染的程度,因此,新疆的环境整体恶化趋势并未得到遏制。

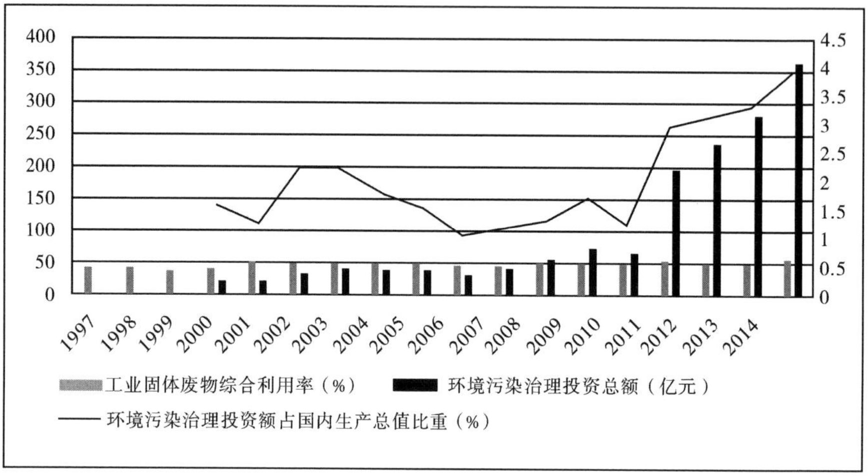


**图 17－2　1997～2014 年新疆固废综合利用及污染治理投资情况图**

注:主坐标轴标示的是工业固体废弃物综合利用率和环境污染治理投资总额,次坐标轴标示的是环境污染治理总额占国内生产总值比重。

# 第十八章　新疆对口援疆经济效应评价指标体系构建研究

新一轮全面对口支援新疆是党中央做出的重大战略部署，充分显示了社会主义国家制度的优越性，有利于推动新疆的稳定、发展和长治久安。如何在这千载难逢的背景下构建新疆经济发展的指标体系并进行科学评价，是新一轮对口支援新疆效应研究的重要课题。

## 一、相关研究回顾

### (一)区域可持续发展的研究

高志刚(2004)从区域可持续发展内涵出发，以实现经济、生态环境和社会协调发展为目标，提出了由 4 个一级指标、14 个二级指标和 55 个三级指标组成的新疆区域可持续发展评价指标体系。① 郭本海(2005)根据区域持续发展内容的不同，将区域持续发展指标体系结构划分为五个层次。② 李志强、周丽琴(2006)设计的区域可持续发展指标体系框架由人口、环境、资源、经济四个子系统构成。③ 邓彬(2011)构建了由 1 个一级指标、5 个二级指标





①高志刚:《新疆区域可持续发展评价指标体系构建与测度方法研究》,《新疆社会科学》2004 年第 4 期，第 27 ~ 31 页。

②郭本海:《区域持续发展指标体系构建及其评估》,《经济理论与经济管理》2005 年第 5 期，第 55 ~ 59 页。

③李志强、周丽琴:《基于区域可持续发展的指标体系构建研究》,《当代财经》2006 年第 5 期，第 126 ~ 128 页。

和 54 个三级指标组成的长沙市“十二五”时期发展指标体系。指标涉及经济发展、结构优化、社会民生、资源环境、区域创新 5 个方面。① 李玲玲、张耀辉(2011)分析了我国经济发展方式转变测评的指标体系主要分为三级,其中一级指标由经济增长、发展动力、资源环境支持、发展成果 4 个指标构成,用于体现经济运行行为、发展动力、发展约束适应和发展成果分享四个方面的转变结果;二级指标 12 个,根据一级指标在各方面的主要特征确定;三级指标 29 个,由以可观测、易统计原则确定的能反映二级指标的具体经济、社会指标组成。②

### (二)西部大开发战略实施效果评价研究

魏后凯、孙承平(2004)从经济总量规模、经济增长速度、人均 GDP 差距、固定资产投资、产业结构、工业发展、对外贸易发展、实际利用外资、人民生活等方面对西部大开发战略的实施效果进行评价。③ 王新红等(2010)则是运用经济总量、经济结构、经济速度、经济负面、经济均量等指标来评价西部大开发战略的政策效果。④ 彭晖、张丽淑(2009)从经济发展水平、经济发展结构、经济发展速度、农民生活水平、基础设施、环境保护、对外开放程度等方面共 14 个指标,构建评价指标体系来评价西部大开发战略的实施效果。⑤ 淦未宇、徐细雄、易娟(2011)选取宏观经济水平、工业化发展进程、居民生活质量和生态发展状况四大类指标对中国西部大开发战略实施 10 周年的政策效果展开系统评价。⑥





①邓彬:《长沙市“十二五”时期发展指标体系构建研究》,《财经理论与实践》2011 年第 1 期,第 114～117 页。

②李玲玲、张耀辉:《我国经济发展方式转变测评指标体系构建及初步测评》,《中国工业经济》2011 年第 4 期,第 54～63 页。

③魏后凯、孙承平:《我国西部大开发战略实施效果评价》,《开发研究》2004 年第 3 期,第 21～25 页。

④王新红、邓敏、冯鑫:《西部 12 省市经济发展的综合评价——“西部大开发战略”实施 10 年前后的对比研究》,《人文地理》2010 年第 4 期,第 97～100 页。

⑤彭晖、张丽淑:《西部大开发战略实施效果综合评价》,《科技进步与对策》2009 年第 10 期,第 46～50 页。

⑥淦未宇、徐细雄、易娟:《我国西部大开发战略实施效果的阶段性评价与改进对策》,《经济地理》2011 年第 1 期,第 40～46 页。

### （三）社会和谐构建和地方政府绩效

胡生军(2008)从经济发展水平、社会发展水平、生态环境发展和文明法治发展四个方面,选取了27个指标来探索和谐社会指标体系的构建。① 马辉、王涛(2008)则从"人"与"集体"之间的基本社会关系角度出发,建立了"社会关系和谐"评价指标体系。他采用客观的各级指标权重确定方法,进行统计描述和定量化的监测与评价,并以5个主要城市为样本进行了实证研究。还有一些学者对我国地方政府绩效指标体系构建进行了研究。② 吴建南等(2009)则从人口、社会、经济和环境等4个维度构建了省级政府系统性绩效评价指标体系。③ 李美娟(2010)主要从经济、社会、政治文化、生态环境和周边国际环境五个方面构建了西部少数民族地区经济社会发展失衡预警指标体系。④ 孙洪敏(2010)认为传统的地方政府绩效评估指标体系设计往往偏好经济增长,过分强调GDP水平,忽视了城镇居民人均实际可支配收入及其增长率、恩格尔系数、人均居住面积、居民社会保障和社会福利享有度、居民就业率、城镇登记失业率、社会保障覆盖面、弱势群体救助范围、公共卫生体系建设、义务教育普及率、生态环境和历史文物保护度等关乎民生的指标。应该突出民生在地方政府绩效评估经济指标体系建构中应占有的重要地位。⑤

### （四）民生问题

张香云(2009)从五个方面设计民生指标的内容:一是居民收入与分配

①胡生军:《和谐社会评价指标体系的构建》,《统计与决策》2008年第15期,第73~75页。

②马辉、王涛:《社会关系和谐评价指标体系构建及实证研究》,《统计教育》2008年第8期,第41~44页。

③吴建南、章磊、李贵宁:《地方政府绩效指标设计框架及其核心指标体系构建》,《管理评论》2009年第11期,第121~129页。

④李美娟:《西部少数民族地区经济社会发展失衡预警指标体系的构建》,《统计与决策》2010年第10期,第53~55页。

⑤孙洪敏:《论民生在地方政府绩效评估经济指标体系中的地位》,《经济纵横》2010年第10期,第32~35页。

公平，包括居民人均可支配收入、恩格尔系数、人均预期寿命、城镇居民人均居住面积、全社会教育支出占 GDP 比重、基尼系数 6 个二级指标；二是教育文化发展水平，包括九年义务教育完成率、初中毕业升学率、人均受教育年限、每万人口拥有大专以上文化程度人数、每百万人公共图书馆藏书量 5 个二级指标；三是社会保障水平，包括每万人口拥有医生人数、5 岁以下儿童死亡率、社会保险综合参保率、城镇基本养老保险覆盖率、人口自然增长率、失业率 6 个二级指标；四是公共服务水平，包括人均拥有道路面积、人均生活用水、人均生活用电、每万人拥有公共汽（电）车数、环保投资经费占财政支出比例 5 个二级指标；五是生存环境及安全水平，包括工业废水排放达标率、人均占有公共绿地面积、森林覆盖率、刑事案件发案率、药品安全抽样合格率 5 个二级指标。① 林宝（2010）从基本生计和基本健康、安全两大方面共计 26 个指标来设计民生问题预警指标体系。② 李志强（2010）指出，要构建中国的民生评价指标体系，应从系统研究出发，以生态学思维方式为支撑，以整体、系统、均衡和动态观念为方法论，利用交叉学科融合应用分析，从而建立民生、经济、社会和环境的复合系统（民生发展系统）。③

综上所述，国内外关于区域可持续发展等几个方面的研究成果为对口支援新疆效果评价指标体系的构建奠定了翔实的理论基础。特别是在指标选择上，这些研究成果为本研究提供了一些借鉴。但是构建指标体系时，我们还应考虑到新疆的地域、民族、文化等特点，结合新疆实际情况，制定出适合新疆区情的对口支援新疆效果评价指标体系。





①张香云：《民生指标体系的构建及评价导向》，《中国统计》2010 年第 6 期，第 9～10 页。

②林宝：《民生问题预警指标体系的构建》，《统计与决策》2010 年第 19 期，第 50～52 页。

③李志强：《基于生态学思维方式的民生指标体系构建及评价理论探析》，《江西财经大学学报》2010 年第 6 期，第 5～9 页。

## 二、新疆经济发展评价指标体系构建的原则

### （一）目的性原则

新一轮对口援疆背景下，新疆经济发展指标体系构建应该突出其目的性，即新疆稳定、发展和长治久安目标，能够较全面地描述新疆经济社会发展的现状，从整体上考虑指标之间的关系，以实现新疆长期稳定、可持续发展和长治久安为最终目的。

### （二）科学性原则

以中央新疆工作座谈会精神和全国对口支援新疆工作会议精神要求为指导，密切联系新疆实际。指标的选取必须体现科学性，指标体系能够比较准确地、科学地、全面地反映对口支援新疆政策的本质特征。

### （三）系统性原则

对口援疆工作是一项系统工程，涉及经济、社会、民生等诸多方面，新疆经济发展指标体系必须体现新一轮对口支援新疆工作的系统性，能够系统全面地反映对口支援省市的支援效果和新疆的受援效果。

### （四）突出性原则

（1）新一轮的对口支援新疆工作将改善新疆民生问题为基本出发点和落脚点，因此，对口援疆背景下的新疆经济发展效应评价指标体系构建应该重点突出民生问题。

（2）对口支援背景下，新疆经济发展效果评价指标体系的构建要突出增强新疆自我发展能力的效果评价，重点反映对口支援政策对于增强新疆自我发展能力的结果。增强自我能力是对口支援新疆政策的根本出发点，尤其是要增强新疆的经济、产业、财政收入自我发展能力。

### （五）前瞻性原则

新一轮对口支援背景下，新疆经济发展指标体系的构建既要体现对口支援新疆工作的战略性，又要用长远的眼光来反映对口支援新疆的趋势和未来。

## 三、新一轮对口援疆背景下新疆经济发展评价指标体系的构建

### （一）新疆经济发展评价指标体系的整体框架

根据指标体系构建的原则，并结合新疆区情特点，采用频度统计法、理论分析法来解决指标的筛选问题。新疆经济发展评价指标体系主要分为三个层次：目标层、基准层和指标层。以新一轮对口援疆背景下新疆经济发展为一级指标，即目标层；以经济增长、地方财政发展、基础设施建设、民生建设、人才建设、环境污染、区域经济竞争力 7 个指标为二级指标，即基准层；指标层由 29 个要素组成，包括 $C_1 \sim C_{29}$。（见表 18－1）

**表 18－1　新疆经济发展指标体系表**

| 一级指标 | 二级指标 | 三级指标 | 指标属性 |
|---|---|---|---|
| 新疆经济发展 | $B_1$ 经济增长 | $C_1$ 人均 GDP 增长速度（%） | 正指标 |
| | | $C_2$ 第三产业产值占 GDP 比重（%） | 正指标 |
| | | $C_3$ 生产性服务业在第三产业中占比重（%） | 正指标 |
| | | $C_4$ 城镇化率（%） | 正指标 |
| | | $C_5$ 经济开放度 | 正指标 |
| | $B_2$ 地方财政发展 | $C_6$ 地方财政收入增长速度（%） | 正指标 |
| | | $C_7$ 中央财政补贴占地方财政总收入比重（%） | 逆指标 |
| | $B_3$ 基础设施建设 | $C_8$ 人均固定资产投资增长速度（%） | 正指标 |
| | | $C_9$ 每万人拥有道路数（千米） | 正指标 |
| | | $C_{10}$ 每万人拥有公共交通车辆数（辆） | 正指标 |
| | | $C_{11}$ 财政性公共基础设施建设支出占财政支出比重（%） | 正指标 |

续表

| 一级指标 | 二级指标 | 三级指标 | 指标属性 |
|---|---|---|---|
| 新疆经济发展 | $B_4$ 民生建设 | $C_{12}$就业率(%) | 正指标 |
| | | $C_{13}$城镇居民人均可支配收入(元) | 正指标 |
| | | $C_{14}$农村居民人均纯收入(元) | 正指标 |
| | | $C_{15}$农村居民家庭恩格尔系数(%) | 正指标 |
| | | $C_{16}$城镇居民家庭恩格尔系数(%) | 正指标 |
| | | $C_{17}$城镇居民人均住房面积($m^2$) | 正指标 |
| | | $C_{18}$农村居民人均住房面积($m^2$) | 正指标 |
| | | $C_{19}$每万人拥有医疗机构床位数(张) | 正指标 |
| | | $C_{20}$每万人拥有医生数(人) | 正指标 |
| | | $C_{21}$人均教育经费增长速度(%) | 正指标 |
| | | $C_{22}$每万人教师数(人) | 正指标 |
| | $B_5$ 人才建设 | $C_{23}$研发强度(%) | 正指标 |
| | | $C_{24}$大学以上毕业人口占全部人口比例(%) | 正指标 |
| | $B_6$ 环境污染 | $C_{25}$废水排放总量(万吨) | 逆指标 |
| | | $C_{26}$废气排放总量(万吨) | 逆指标 |
| | | $C_{27}$工业固体废物产生量(万吨) | 逆指标 |
| | | $C_{28}$工业固体废物综合利用率(%) | 正指标 |
| | | $C_{29}$环境污染治理投资总额占国内生产总值比重(%) | 正指标 |

注:选取了可比性较强的比重、人均值和增速等指标来构建体系,$C_7$、$C_{25}$、$C_{26}$、$C_{27}$等逆指标在后面的运用中对数据做了倒数处理。

### (二)新一轮对口援疆背景下新疆经济发展评价指标体系的构成

(1)经济发展。主要反映对口产业援疆对新疆经济发展的效应,我们试图以人均 GDP 及其增速、第三产业产值占 GDP 比重、生产性服务业在第三产业中比重、城镇化率、经济开放度等 5 个指标表征经济发展。因为人均 GDP 增长率作为相对平均量比绝对量(如人均或地区 GDP 总值)更能反映区域经济发展的成长性。我们选择第三产业产值占 GDP 比重、生产性服务业在第三产业中比重为评价指标,原因在于第三产业的发展必须以第一、二产业的发展为前提和支撑。尤其是生产性服务业在第三产业中比重越大,则表明区域生产性服务需求越强,并且第三产业对区域经济发展的服务供给能力越强,则区域经济竞争力越强。新型城镇化是我国实现国家现代化转型的重要途径之一,因此,我们以城镇化率作为区域城镇化程度表征指标。我国30余年的迅速发展是在经济改革开放大背景下实现的,区域开放程度是区域经济发展的必由之路和发展环境,故我们亦把开放度作为衡量对口援疆效应的重要指标之一。

(2)财政收入。主要反映对口援疆背景下,新疆地方财政收入自我发展能力,以地方财政收入及其增速、财政转移收入占地方财政收入比重等两个指标表征地方财政自我发展能力。其中,财政转移收入占地方财政收入比重是逆指标,其越高则表明区域经济对财政能力越弱,地方财政的对外依赖性越强。

(3)基础设施建设。主要反映对口援疆对新疆基础设施建设能力的提升,通过人均固定资产投资增速、人均拥有道路数、每万人拥有公共交通车辆数、财政性公共基础设施建设支出占财政支出比例4个指标表征基础设施建设发展情况。

(4)民生建设。民生指标是对口援疆背景下新疆经济发展评价体系中较为重要的组成部分,用就业率、城镇居民人均可支配收入、农村居民人均纯收入、城镇及农村家庭恩格尔系数、城镇及农村居民人均住房面积、每万人拥有医疗机构床位数、每万人拥有医生数等10个指标表征民生建设发展及其效果。

(5)人才建设。主要反映人才援疆对新疆经济发展的影响,用研发强度、大学以上毕业人口占全部人口比例等指标表征人才建设。

(6)环境污染。主要反映援疆过程中对新疆的环境影响,用废水排放总量、废气排放总量、工业固体废物产生量、工业固体废物综合利用率、环境污染治理投资总额占国内生产总值比重5个指标来表征环境污染。

# 第十九章　对口援疆总体效应研究

对口支援新疆背景下，经济发展评价指标体系涉及产业发展、财政收入能力提升、基础设施建设、民生改善、人才发展、环境污染和区域竞争力提升等诸多方面。指标繁多，如何运用这一指标体系对对口援疆背景下的经济援疆效果进行科学评价是指标体系建立的目的所在。

## 一、评价方法的选定与介绍

目前，对于指标体系评价问题，多采用模糊综合评判方法、主成分分析法、因子分析法、层次分析法等多指标综合评价法。在多指标综合评价法中，最关键的问题是如何确定指标权重。确定权重方法大体上可分为两种，即主观赋权法和客观赋权法。主观赋权法主要是由专家根据经验主观判断而得，如德尔菲(Delphi)法、环比赋权法、层次分析法(AHP)等。这类方法研究较早，相对成熟，但客观性较差，难以避免主观因素的影响，而且工作量较大。客观赋权法，如主成分分析法、离差最大化法、熵值赋权法、离差法、均方差法等，客观性较强，避免了人为因素带来的偏差，但也有可能出现确定的权重与指标本身的重要性不一致的情况。主成分分析法是多元统计分析中的一种重要方法。在多指标或多变量的研究中，由于变量的个数较多，具有相关性和缺乏同度量因素，在高维空间中研究样本的分布规律及特征比较麻烦。主成分分析法的应用使问题得到了简化，用这种方法找到几个综合因子来代表原来众多的变量，并且这几个综合因子能反映原来绝大多数的信息。本章从新疆、全国综合发展和新疆的产业、地方财政、基础设施建设、民生、人才和环保等角度出发，利用主成分分析法，以《新疆统计年鉴》

《中国统计年鉴(2000 ~ 2013 年)》的相关数据为基础,利用 SPSS19.0 软件对数据进行主成分分析,从而评价西部大开发和新一轮对口援疆以来新疆经济发展的总体情况及存在的问题。

## 二、用主成分分析法测定新疆经济发展

我们选取指标体系中更具可比性的比重、人均值和增速来建立模型。其中,$X_1$ 新疆人均 GDP 增速(%),$X_2$ 第三产业产值占 GDP 比重(%),$X_3$ 生产性服务业在第三产业中占比重(%),$X_4$ 城镇化率(%),$X_5$ 对外开放度(%),$X_6$ 地方财政收入增长率(%),$X_7$ 中央财政补贴占地方财政总收入比重(%),$X_8$ 人均固定资产投资增速(%),$X_9$ 每万人拥有道路数(千米),$X_{10}$每万人拥有公共交通车辆数(辆),$X_{11}$财政性公共基础设施建设支出占财政支出比重(%),$X_{12}$就业率(%),$X_{13}$城镇居民人均可支配收入(元),$X_{14}$农村居民人均纯收入(元),$X_{15}$农村居民家庭恩格尔系数(%),$X_{16}$城镇居民家庭恩格尔系数(%),$X_{17}$城镇居民人均住房面积($m^2$),$X_{18}$农村居民人均住房面积($m^2$),$X_{19}$每万人拥有医疗机构床位数(张),$X_{20}$每万人拥有医生数(人),$X_{21}$人均教育经费增长速度(%),$X_{22}$每万人教师数(人),$X_{23}$研发强度(%),$X_{24}$大学以上毕业人口占全部人口比例(%),$X_{25}$废水排放总量(万吨),$X_{26}$废气排放总量(万吨),$X_{27}$工业固体废物产生量(万吨),$X_{28}$工业固体废物综合利用率(%),$X_{29}$环境污染治理投资总额占国内生产总值比重(%)。

根据新疆经济发展指标体系中各指标 2001 至 2013 年的数据进行主成分分析,主成分特征值和贡献率结果列于表 19-1,经过方差最大化旋转,得到因子载荷表 19-2。按照主成分 $\lambda > 1$ 和累计贡献率 ≥85% 的原则,提取 $W_1$、$W_2$、$W_3$、$W_4$、$W_5$ 5 个主成分。

表 19-1　被提取主成分的特征值、贡献率和累计贡献率表

| 成　分 | 特征值 | 贡献率(%) | 累计贡献率(%) |
|---|---|---|---|
| $W_1$ | 16.310 | 56.242 | 56.242 |
| $W_2$ | 5.293 | 18.251 | 74.493 |
| $W_3$ | 3.427 | 11.816 | 86.308 |
| $W_4$ | 2.913 | 10.045 | 96.353 |
| $W_5$ | 1.058 | 3.647 | 100.000 |

表 19－2　因子载荷表

| 指　标 | 成　分 | | | | |
|---|---|---|---|---|---|
| | 1 | 2 | 3 | 4 | 5 |
| $X_1$ 人均 GDP 增速(％) | 0.155 | －0.414 | 0.097 | 0.879 | 0.148 |
| $X_2$ 第三产业产值占 GDP 比重(％) | －0.433 | 0.405 | 0.037 | －0.803 | 0.041 |
| $X_3$ 生产性服务业在第三产业中占比重(％) | 0.498 | －0.217 | －0.467 | －0.544 | 0.437 |
| $X_4$ 城镇化率(％) | 0.954 | －0.125 | 0.191 | 0.170 | 0.090 |
| $X_5$ 对外开放度(％) | －0.040 | 0.128 | －0.939 | 0.220 | 0.229 |
| $X_6$ 地方财政收入增长率(％) | 0.316 | －0.852 | －0.307 | 0.182 | －0.218 |
| $X_7$中央财政补贴占地方财政总收入比重(％) | 0.172 | －0.809 | 0.184 | －0.172 | 0.503 |
| $X_8$ 人均固定资产投资增速(％) | 0.912 | 0.361 | 0.150 | －0.117 | －0.044 |
| $X_9$每万人拥有道路数(千米) | 0.702 | －0.436 | －0.335 | －0.323 | －0.317 |
| $X_{10}$每万人拥有公共交通车辆数(辆) | 0.992 | 0.052 | 0.114 | －0.018 | －0.027 |
| $X_{11}$财政性公共基础设施建设支出占财政支出比重(％) | －0.894 | 0.022 | 0.346 | 0.039 | －0.281 |
| $X_{12}$就业率(％) | 0.792 | 0.068 | 0.439 | 0.334 | 0.252 |
| $X_{13}$城镇居民人均可支配收入(元) | 0.994 | 0.066 | 0.075 | －0.023 | 0.038 |
| $X_{14}$农村居民人均纯收入(元) | 0.977 | 0.024 | 0.203 | 0.046 | 0.041 |
| $X_{15}$农村居民家庭恩格尔系数(％) | －0.014 | 0.931 | －0.307 | 0.195 | 0.017 |
| $X_{16}$城镇居民家庭恩格尔系数(％) | 0.249 | 0.796 | －0.259 | 0.468 | －0.138 |
| $X_{17}$城镇居民人均住房面积($m^2$) | 0.931 | －0.148 | －0.307 | －0.046 | －0.121 |
| $X_{18}$农村居民人均住房面积($m^2$) | 0.987 | －0.003 | 0.120 | －0.101 | －0.038 |
| $X_{19}$每万人拥有医疗机构床位数(张) | 0.966 | 0.115 | 0.226 | －0.045 | 0.010 |
| $X_{20}$每万人拥有医生数(人) | 0.666 | －0.281 | 0.676 | 0.141 | －0.027 |
| $X_{21}$人均教育经费增长速度(％) | 0.585 | 0.078 | －0.749 | 0.301 | －0.015 |
| $X_{22}$每万人教师数(人) | －0.716 | －0.628 | 0.181 | －0.155 | －0.189 |
| $X_{23}$研发强度(％) | 0.877 | 0.337 | 0.239 | －0.177 | －0.171 |
| $X_{24}$大学以上毕业人口占全部人口比例(％) | 0.990 | 0.081 | 0.045 | 0.035 | －0.105 |

续表

| 指 标 | 成 分 | | | | |
|---|---|---|---|---|---|
| | 1 | 2 | 3 | 4 | 5 |
| $X_{25}$废水排放总量（万吨） | -0.968 | -0.157 | 0.005 | -0.103 | 0.167 |
| $X_{26}$废气排放总量（万吨） | -0.980 | 0.041 | 0.116 | 0.146 | -0.050 |
| $X_{27}$工业固体废物产生量（万吨） | -0.984 | -0.011 | 0.029 | 0.174 | -0.037 |
| $X_{28}$工业固体废物综合利用率（%） | -0.618 | 0.485 | 0.376 | 0.415 | 0.264 |
| $X_{29}$环境污染治理投资总额占国内生产总值比重（%） | 0.022 | 0.877 | 0.244 | -0.389 | 0.140 |

根据因子载荷矩阵（见表19-2）给出的主成分载荷，将各个主成分除以相应的特征根的二次方根，还原为未经标准化的各主成分的值（具体模型及各主成分的值见对口援疆效应主成分分析，未经标准化的各主成分值）；再以各主成分的方差贡献率作为权数，构造综合评价函数。用Z表示新疆经济发展综合指标，即可得到综合得分模型：

$$Z=56.242\%\ W_1+18.251\%\ W_2+11.816\%\ W_3+10.045\%\ W_4+3.647\%\ W_5$$

根据主成分综合得分模型计算2001至2012年综合得分及增速。（见图19-1）从趋势图可以看出，西部大开发对新疆经济社会发展有推动作用，

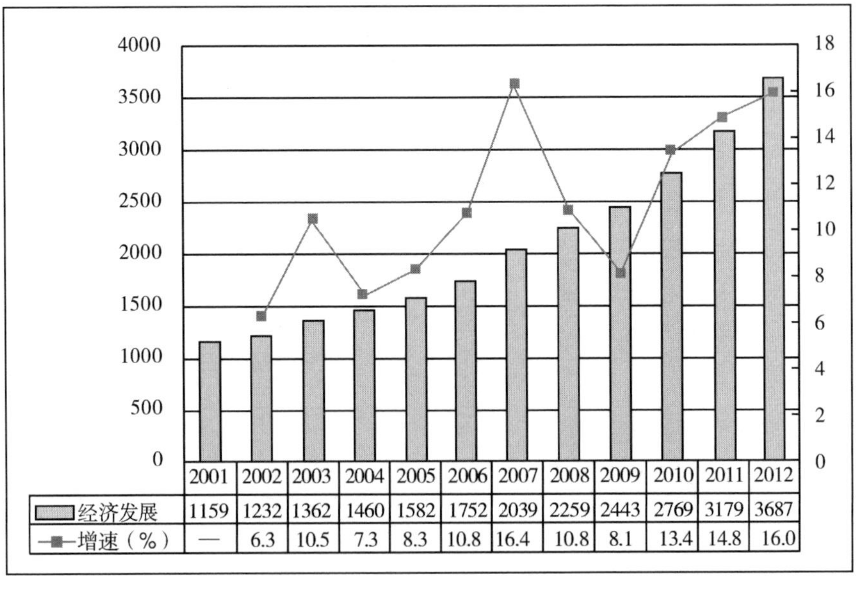


图19-1 2001~2012年新疆经济发展综合指标变化趋势图

综合得分自2001年以来稳步发展。新一轮对口援疆的实施又为新疆经济社会发展注入了新的活力,自2010年以来综合得分增速升高。

## 三、新疆区域经济增长分析

### (一)地区生产总值与人均生产总值

改革开放以来,1980至1999年新疆地区生产总值均值为612.37亿元,以19.49%的平均速度(按环比发展速度连乘积计算),从1980年的53.24亿元增长至1999年的1 163.17亿元。这期间新疆地区生产总值在全国一直排名第25位(见表19-3),从经济总量看,新疆地区竞争力在全国比较靠后。

表19-3 1985~2014年的新疆部分经济指标排名表

| 年份 | GDP在全国排名 | GDP增速在全国排名 | 人均GDP在全国排名 | 人均GDP增速在全国排名 |
|---|---|---|---|---|
| 1985 | 26 | — | 13 | — |
| 1990 | 24 | — | 10 | — |
| 1995 | 24 | 22 | — | — |
| 2000 | 25 | 1 | 13 | — |
| 2001 | 25 | 21 | 13 | 28 |
| 2002 | 25 | 22 | 13 | 25 |
| 2003 | 25 | 9 | 14 | 9 |
| 2004 | 25 | 26 | 14 | 27 |
| 2005 | 25 | 28 | 14 | 19 |
| 2006 | 25 | 30 | 14 | 20 |
| 2007 | 25 | 29 | 15 | 31 |
| 2008 | 25 | 19 | 18 | 25 |
| 2009 | 25 | 30 | 21 | 30 |
| 2010 | 25 | 29 | 19 | 3 |
| 2011 | 25 | 21 | 19 | 19 |
| 2012 | 25 | 7 | 17 | 18 |
| 2013 | 25 | 6 | 18 | 1 |
| 2014 | 25 | 4 | 16 | — |

西部大开发政策实施后,2000 年新疆地区生产总值增速跃居全国首位。新一轮对口援疆以来,新疆地区生产总值从 2010 年的 5 437.42 亿元增长至 2014 年的 9 264.10 亿元,平均增速为 16.899% 。

新疆的经济和社会发展取得了巨大成就,2010 至 2014 年新疆地区生产总值均值约为 7 440.42 亿元,以 14.28% 的平均速度从 2010 年的 5 437.42 亿元增长至 2014 年的 9 264.10 亿元,在较大的基数基础上实现了高于 2000 至 2009 年 6 个百分点的经济增长速度。2014 年,在国际国内经济形势复杂多变的情况下,新疆实现了 9.76% 的经济增速,位居全国第 4 位。可见,新一轮对口援疆工作取得了显著成效,有力助推了新疆的经济发展与社会进步。

在经济总量快速发展的同时,也出现了新疆人均生产总值与全国人均生产总值差距逐步拉大的趋势(见图 19 -2)。2008 年之前,新疆人均生产总值居全国前 15 位,而自 2008 年之后降至第 20 位左右。人口基数大、增速快,给新疆社会综合发展水平的提高带来了一定的阻力。在新一轮对口援疆后新疆地区生产总值增速高于全国生产总值增速的背景下,差距依然在拉大。这一现象反映出新疆存在人口增长过快的问题,新疆人口以高于全国人口增速平均水平近 3 倍的速度增长(见图 19 -3),长期拉低人均生产总值。因此,有必要适度调整人口与经济增长的关系。

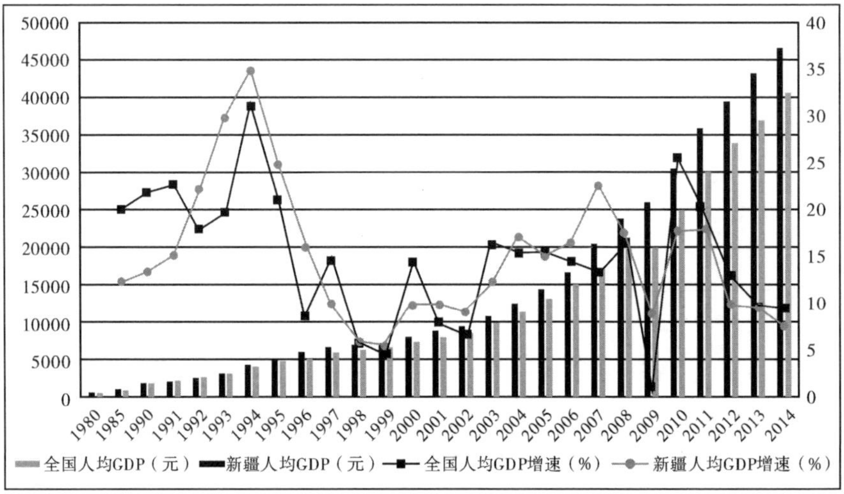


**图 19 -2　1980 ~2014 年新疆与全国人均 GDP 及增速对比图**

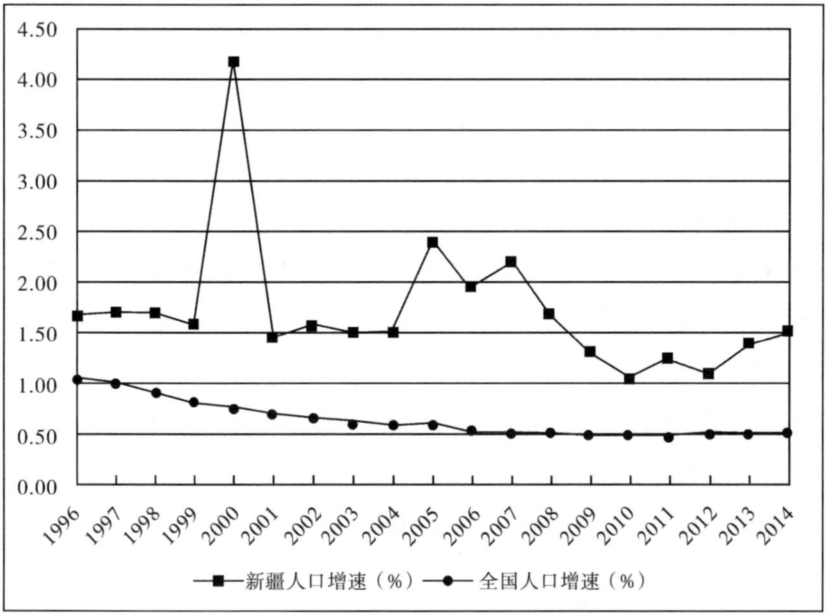


**图 19－3　1996～2014 年新疆与全国人口增速对比图**

## （二）城镇化率

随着新疆经济社会的发展和全国对口援疆力度的不断增强，新疆城镇化建设正成为全面建成小康社会、推进现代化建设的战略要点。城镇化是人口持续向城镇集聚的过程，反映城镇化水平高低的一个重要指标为城镇化率，这里用"一个地区城镇人口占该地区总人口的比例"来表示。

改革开放使新疆城镇化进程加快。1980 至 1985 年为迅速提升阶段（见图 19－4），新疆城镇人口从 1 283.24 万人增至 1 361.14 万人，城镇化率从 29.05% 增至 42.78% 。这期间城市数量增加，新疆小城镇建设也发展较快，城市网络建设基本完成。1986 至 1999 年为缓慢上升阶段，城镇化率逐步增长至 52.34% 。党的十五届五中全会提出的"不失时机地实施城镇化战略"，为新疆的城市化进程注入了新的活力，但人口城镇化率增长幅度不大，城镇化发展整体趋缓。

2000 年城镇化率与 1999 年相比发生了大幅变化，经查证是因为统计口径发生改变。2000 年之前城镇人口的统计数据来自公安局，2000 年之后的统计数据来自于全国统一的人口普查。鉴于此,我们对新疆 2000 年前后的城镇化水平进行分段分析。

西部大开发以来,城镇化进入稳步发展阶段,城镇人口从 2000 年的624.18 万人增长至2014 年的1 058.91 万人,城镇化率从 2000 年的 33.75% 逐步增长至2014 年的46.1% 。新疆人口城镇化水平稳步上升,年均增长1 个百分点,城镇化进程稳步推进。2010 年的城镇化率同 2009 年相比,提高了 3 个百分点,因为新疆维吾尔自治区于 2010 年 7 月 8 日召开了城市规划管理委员会新型城镇化发展规划专题会议,确定了《新疆维吾尔自治区新型城镇化战略研究》等规划编制工作方案,这对新疆新型城镇化发展规划工作起了很大作用。总体而言,新疆城镇化发展取得了很大的成绩。然而,新疆的城镇化程度较全国的平均城镇化水平还有一定差距。自 2000 年至今,差距逐渐拉大,从相差 2.47 个百分点增至 8.57 个百分点。

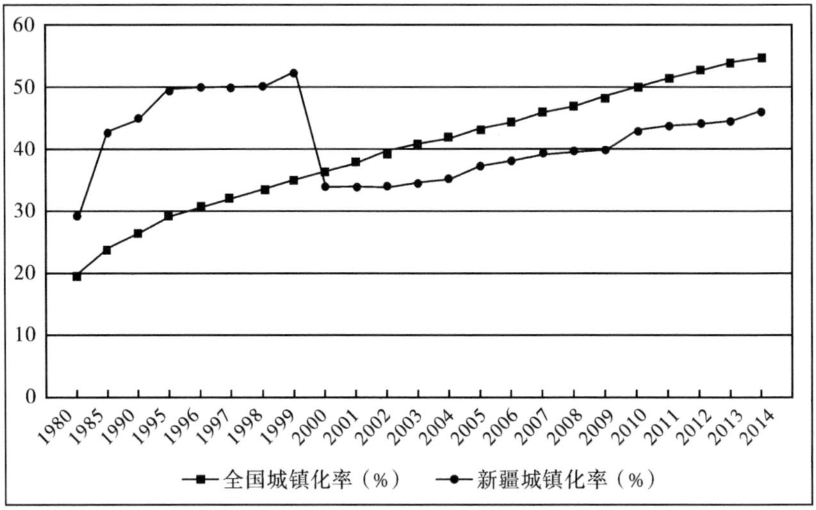


图 19-4　1980~2014 年新疆与全国城镇化率趋势对比图

### (三)经济开放度

经济开放度又称对外依存度,是一个国家或地区的经济对外开放或融入国际经济的程度。基于操作简便易行、指标的可比性与连续性等原则,将新疆经济的经济开放度用外贸依存度和外资依存度之和来表示。其中,外贸依存度是新疆进出口贸易总额占同期 GDP 的比率,反映了新疆经济融入国际市场的程度;外资依存度是新疆所得外国直接投资总额占同期 GDP 的比率,反映了新疆在直接投资领域的对外开放程度。

新疆作为我国向西开放的前沿和重要门户,在 1985 至 2014 年的 30 年中,经济对外开放度总体是显著扩大的(见图 19 - 5),前沿和窗口作用逐步得以发挥,区域性国际商贸中心地位已初露端倪。同时,新疆在中亚五国中的贸易地位不断上升,并且对巴基斯坦、阿富汗、伊朗、俄罗斯中部,以及外高加索地区也产生了较强的辐射作用。

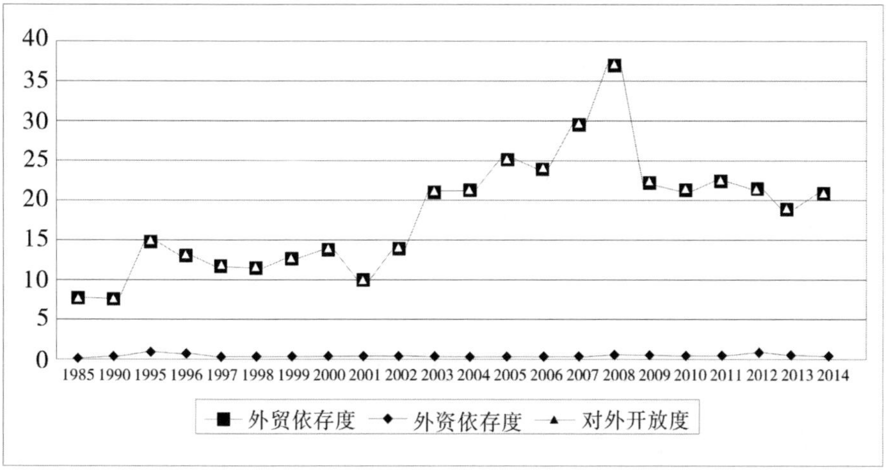


**图 19 - 5　1985 ~ 2014 年新疆经济开放情况图**

新疆经济的开放度在 1990 至 1995 年由 7.63 升至 15.32。2002 年新疆维吾尔自治区第九届人民政府第 50 次主席办公会议讨论通过了《新疆维吾尔自治区鼓励外商投资若干政策规定》的实施细则,以及关于税收优惠、改善投资软环境、土地使用和矿产等一系列法规;国务院批准设立乌鲁木齐进出口加工区;中哈两国政府批准设立跨国界的中哈霍尔果斯国际边境合作中心,这使得新疆 2002 年的经济开放度比 2001 年上升了 4 个百分点。2005 年,自治区批准每年在南疆重镇喀什举办“新疆喀什 · 中亚南亚商品交易会”等重大举措的出台,开创了新疆全方位、多层次、宽领域对外开放的新格局,这又使 2005 年的经济开放度比 2004 年上升了 4 个百分点。2008 年的第17届乌洽会共签订外经贸合同总额35.33亿美元,其中对外经济技术合作项目成交6.34亿美元,国内经济贸易成交总额1 816亿元人民币。以投资和贸易洽谈为主的乌洽会,对新疆加快优势资源转换步伐、扩大经贸交流、优化投资环境、拓展新疆对外开放、促进新疆经济社会发展发挥了积极的作用,使得2008年的经济开放度出现了37.2的峰值。(见表19－4)可见,政府相关政策的颁布和对向西开放的大力支持,对新疆经济开放度的提高有重要的作用。

**表19－4 新疆经济增长指标统计表**

| 年份 | 类别 | | | | | |
|---|---|---|---|---|---|---|
| | 地区GDP(亿元) | GDP增速(%) | 人均GDP(元) | 人均GDP增速(%) | 城镇化率(%) | 对外开放度 |
| 1980 | 53.24 | 410 | — | 29.05 | — | — |
| 1985 | 112.24 | 22.16 | 820.00 | 20 | 42.78 | 7.68 |
| 1990 | 261.44 | 26.59 | 1 713.00 | 21.78 | 44.86 | 7.63 |
| 1991 | 335.91 | 28.48 | 2 101.00 | 22.65 | — | — |
| 1992 | 402.31 | 19.77 | 2 477.00 | 17.9 | — | — |
| 1993 | 495.25 | 23.1 | 2 964.00 | 19.66 | — | — |
| 1994 | 662.32 | 33.73 | 3 888.00 | 31.17 | — | — |
| 1995 | 814.85 | 23.03 | 4 701.00 | 20.91 | 49.51 | 15.32 |
| 1996 | 900.93 | 10.56 | 5 102.00 | 8.53 | 50.09 | 13.57 |
| 1997 | 1 039.85 | 15.42 | 5 848.00 | 14.62 | 50.1 | 11.73 |
| 1998 | 1 106.95 | 6.45 | 6 174.00 | 5.57 | 50.1 | 11.62 |
| 1999 | 1 163.17 | 5.08 | 6 443.00 | 4.36 | 52.34 | 12.73 |
| 2000 | 1 363.56 | 17.23 | 7 372.00 | 14.42 | 33.75 | 13.86 |
| 2001 | 1 491.60 | 9.39 | 7 945.00 | 7.77 | 33.75 | 9.94 |
| 2002 | 1 612.65 | 8.12 | 8 457.00 | 6.44 | 33.84 | 14.04 |
| 2003 | 1 886.35 | 16.97 | 9 828.00 | 16.21 | 34.39 | 21.11 |
| 2004 | 2 209.09 | 17.11 | 11 337.00 | 15.35 | 35.15 | 21.29 |
| 2005 | 2 604.14 | 17.88 | 13 108.00 | 15.62 | 37.15 | 25.13 |
| 2006 | 3 045.26 | 16.94 | 15 000.00 | 14.43 | 37.94 | 24.10 |
| 2007 | 3 523.16 | 15.69 | 16 999.00 | 13.33 | 39.15 | 29.87 |

续表

| 年 份 | 类 别 | | | | | |
|---|---|---|---|---|---|---|
| | 地区 GDP（亿元） | GDP 增速（%） | 人均 GDP（元） | 人均 GDP 增速（%） | 城 镇 化 率（%） | 对外开放度 |
| 2008 | 4 183.21 | 18.73 | 19 797.00 | 16.46 | 39.64 | 37.20 |
| 2009 | 4 277.05 | 2.24 | 19 942.00 | 0.73 | 39.85 | 22.43 |
| 2010 | 5 437.47 | 27.13 | 25 034.00 | 25.53 | 42.79 | 21.62 |
| 2011 | 6 610.05 | 21.56 | 30 087.00 | 20.18 | 43.54 | 22.63 |
| 2012 | 7 530.32 | 13.92 | 33 909.00 | 12.7 | 44 | 21.35 |
| 2013 | 8 360.24 | 11.02 | 37 181.00 | 9.6 | 44.47 | 20.57 |
| 2014 | 9 264.10 | 10.81 | 40 648.00 | 9.32 | 46.1 | 18.83 |

## 四、基于主成分分析法的新疆与全国经济发展对比分析

以上的分析反映了自西部大开发和新一轮对口援疆以来新疆的经济发展。但在当地经济发展的同时，新疆在人均生产总值和城镇化等方面与全国相比差距却在拉大。

在经济发展指标体系的基础上，去掉指标 $X_7$ 中央财政补贴占地方财政总收入比重，用主成分分析法测算新疆与全国的经济发展综合得分。将新疆的相关数据用 SPSS19.0 进行因子分析降维处理，用与测定原指标体系下新疆经济发展相同的方法，得到主成分特征值和贡献率结果列于表 19－5，经过方差最大化旋转得到因子载荷表 19－6。提取 $M_1$、$M_2$、$M_3$、$M_4$、$M_5$ 5 个主成分。

表 19－5　被提取主成分的特征值、贡献率和累计贡献率表

| 成 分 | 特征值 | 贡献率（%） | 累计贡献率（%） |
|---|---|---|---|
| $M_1$ | 17.127 | 61.166 | 61.166 |
| $M_2$ | 4.185 | 14.947 | 76.113 |
| $M_3$ | 2.614 | 9.335 | 85.448 |
| $M_4$ | 2.103 | 7.51 | 92.957 |
| $M_5$ | 1.526 | 5.45 | 98.407 |

表 19－6　因子载荷表

| 指　标 | 成　分 | | | | |
|---|---|---|---|---|---|
| | 1 | 2 | 3 | 4 | 5 |
| $X_1$ 人均 GDP 增速 | 0.364 | －0.182 | 0.725 | 0.311 | －0.447 |
| $X_2$ 第三产业产值占 GDP 比重 | －0.487 | －0.098 | －0.720 | －0.254 | 0.407 |
| $X_3$ 生产性服务业在第三产业中占比重 | －0.339 | 0.824 | －0.042 | －0.231 | 0.149 |
| $X_4$ 城镇化率 | 0.975 | 0.075 | 0.101 | －0.073 | －0.139 |
| $X_5$ 对外开放度 | －0.281 | 0.519 | 0.177 | 0.687 | 0.370 |
| $X_6$ 地方财政收入增长率 | 0.480 | 0.080 | 0.805 | －0.173 | 0.276 |
| $X_8$ 人均固定资产投资增速 | 0.965 | －0.005 | －0.260 | 0.001 | 0.025 |
| $X_9$ 每万人拥有道路数 | 0.537 | 0.557 | 0.272 | －0.391 | 0.362 |
| $X_{10}$每万人拥有公共交通车辆数 | 0.991 | 0.096 | －0.059 | －0.073 | －0.017 |
| $X_{11}$财政性公共基础设施建设支出占财政支出比重 | －0.891 | －0.319 | －0.038 | －0.114 | －0.197 |
| $X_{12}$就业率 | 0.936 | －0.169 | 0.002 | 0.036 | －0.254 |
| $X_{13}$城镇居民人均可支配收入 | 0.987 | 0.126 | －0.068 | －0.051 | －0.009 |
| $X_{14}$农村居民人均纯收入 | 0.994 | 0.014 | －0.032 | －0.065 | －0.056 |
| $X_{15}$农村居民家庭恩格尔系数 | －0.672 | 0.525 | －0.321 | 0.253 | －0.311 |
| $X_{16}$城镇居民家庭恩格尔系数 | 0.708 | －0.244 | －0.224 | 0.586 | 0.071 |
| $X_{17}$城镇居民人均住房面积 | 0.874 | －0.344 | 0.059 | 0.095 | 0.324 |
| $X_{18}$农村居民人均住房面积 | 0.988 | －0.069 | －0.036 | －0.071 | 0.108 |
| $X_{19}$每万人拥有医疗机构床位数 | 0.979 | 0.077 | －0.131 | －0.107 | －0.082 |
| $X_{20}$每万人拥有医生数 | 0.866 | －0.262 | 0.121 | －0.305 | －0.267 |
| $X_{21}$人均教育经费增长速度 | 0.496 | 0.598 | 0.228 | 0.534 | 0.222 |
| $X_{22}$每万人教师数 | －0.412 | －0.613 | 0.446 | －0.410 | 0.289 |
| $X_{23}$研发强度 | 0.844 | 0.244 | －0.386 | －0.175 | －0.162 |
| $X_{24}$大学以上毕业人口占全部人口比例 | 0.901 | 0.380 | －0.066 | －0.086 | －0.156 |
| $X_{25}$废水排放总量 | －0.913 | －0.339 | 0.076 | －0.010 | 0.139 |
| $X_{26}$废气排放总量 | －0.902 | 0.309 | －0.013 | －0.064 | －0.291 |
| $X_{27}$工业固体废物产生量 | －0.918 | －0.348 | 0.092 | 0.150 | －0.040 |
| $X_{28}$工业固体废物综合利用率 | 0.430 | －0.806 | －0.138 | 0.368 | 0.029 |
| $X_{29}$环境污染治理投资总额占 GDP 比重 | 0.729 | －0.516 | －0.315 | 0.149 | 0.283 |

根据因子载荷矩阵（见表 19 - 6）给出的主成分载荷，将各个主成分除以相应的特征根的二次方根，还原为未经标准化的各主成分的值（见新疆经济发展水平分析，未经标准化的各主成分的值），构建新疆的综合得分模型：

$$U = 61.166\% M_1 + 14.947\% M_2 + 9.335\% M_3 + 7.51\% M_4 + 5.45\% M_5$$

同理得到全国各主成分的值，构建全国的综合得分模型（见全国经济发展水平分析，未经标准化的全国各主成分的值）：

$$V = 65.794\% N_1 + 12.766\% N_2 + 7.949\% N_3 + 4.396\% N_4 + 3.825\% N_5$$

将 2001 至 2013 年的数据代入模型，分别得出新疆与全国的经济发展综合得分（见图 19 - 6）。从图中可以看出，新疆与全国的经济发展一样，保持了增长的趋势，但新疆的综合得分与全国相比有一定的差距。新疆集许多优惠政策于一身，既能够享受国家对沿边地区的优惠政策，又能够享受到西部大开发和少数民族自治区的优惠政策。对口援疆的一系列政策措施更为新疆经济发展注入了活力。但在西部大开发、新一轮对口援疆的不断援助下，新疆与全国的经济发展差距却越拉越大（见表 19 - 7）。

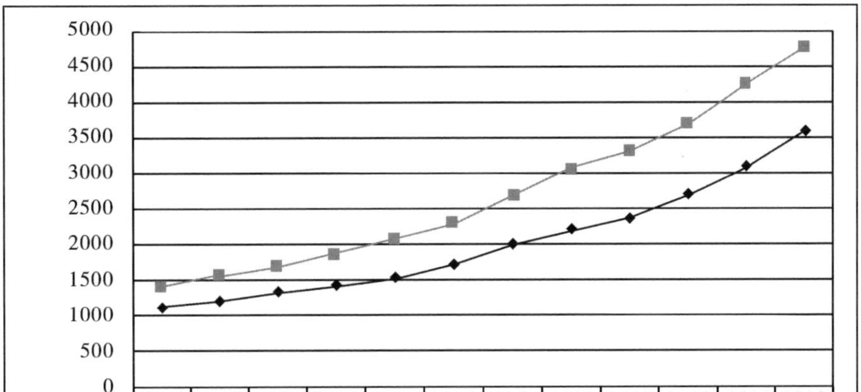


| | 2001 | 2002 | 2003 | 2004 | 2005 | 2006 | 2007 | 2008 | 2009 | 2010 | 2011 | 2012 |
|---|---|---|---|---|---|---|---|---|---|---|---|---|
| 新疆 | 1 128 | 1 199 | 1 326 | 1 426 | 1 539 | 1 718 | 1 997 | 2 213 | 2 383 | 2 705 | 3 105 | 3 592 |
| 全国 | 1 386 | 1 528 | 1 664 | 1 847 | 2 053 | 2 287 | 2 665 | 3 046 | 3 306 | 3 699 | 4 244 | 4 780 |

**图 19 - 6　2001 ~ 2012 年新疆与全国综合得分趋势对比图**

表 19－7　2001～2012 年新疆与全国综合得分差距表

| 年　份 | 2001 | 2002 | 2003 | 2004 | 2005 | 2006 | 2007 | 2008 | 2009 | 2010 | 2011 | 2012 |
|---|---|---|---|---|---|---|---|---|---|---|---|---|
| 差　距 | 259 | 328 | 337 | 421 | 514 | 569 | 668 | 833 | 924 | 994 | 1 139 | 1 188 |

## 五、基于主成分分析法的援疆问题探析

下面通过构建产业、财政、基础设施、民生、人才和环境六个方面的综合评价模型，探索援疆过程中存在的问题。

### （一）产业发展

根据新疆经济发展指标体系中产业发展指标中 $X_2$ 第三产业产值占 GDP 比重、$X_3$ 生产性服务业在第三产业中占比重的 2001 至 2013 年数据进行主成分分析，主成分特征值和贡献率结果列于表 19－8，经过方差最大化旋转得到因子载荷表 19－9。按照主成分 $\lambda>1$ 和累计贡献率 $\geqslant 85\%$ 的原则提取一个主成分 $F_1$。

表 19－8　被提取主成分的特征值、贡献率和累计贡献率表

| 成　分 | 特征值 | 贡献率（%） | 累计贡献率（%） |
|---|---|---|---|
| $F_1$ | 1.866 | 93.29 | 93.29 |

表 19－9　因子载荷表

| 指　标 | 成　分 |
|---|---|
| | $F_1$ |
| $X_2$ 第三产业产值占 GDP 比重 | 0.966 |
| $X_3$ 生产性服务业在第三产业中占比重 | 0.966 |

$F_1$ 的累计贡献率达到 93.29%，选取一个主成分。根据因子载荷表（表 19－9）给出的主成分载荷以及主成分特征值，还原未经标准化的主成分的值：

$$F_1 = 0.707107X_2 - 0.70711X_3$$

用 $Y_1$ 表示新疆产业发展综合指标，以主成分的贡献率为权数构造综合评价函数：

$$Y_1 = 93.29\% F_1$$

## （二）财政发展

用与产业相同的方法选取两个主成分，累计贡献率达到 100%，根据主成分载荷以及特征值，还原未经标准化的主成分函数：

$$F_2 = 0.707X_6 + 0.707X_7$$

$$F_3 = -0.707X_6 + 0.707X_7$$

用 $Y_2$ 表示新疆财政发展综合指标，以主成分的贡献率为权数构造综合评价函数：

$$Y_2 = 62.094\% F_2 + 37.906\% F_3$$

## （三）基础设施建设

用与产业相同的方法选取一个主成分，累计贡献率达到 82.596%，根据主成分载荷以及特征值，还原未经标准化的主成分函数：

$$F_4 = 0.449X_8 + 0.482X_9 + 0.539X_{10} - 0.526X_{11}$$

用 $Y_3$ 表示新疆基础设施建设发展综合指标，以主成分的贡献率为权数构造综合评价函数：

$$Y_3 = 82.596\% F_4$$

## （四）民生建设

用与产业相同的方法选取一个主成分，累计贡献率达到 87.134%，根据主成分载荷以及特征值，还原未经标准化的主成分函数：

$$F_5 = 0.342X_{12} + 0.348X_{13} + 0.352X_{14} - 0.305X_{15} + 0.273X_{16} + 0.341X_{17} + 0.354X_{18} + 0.346X_{19} + 0.332X_{20}$$

用 $Y_4$ 表示新疆民生建设综合指标，以主成分的贡献率为权数构造综合评价函数：

$$Y_4 = 87.134\% F_5$$

## （五）人才发展

用与产业相同的方法选取一个主成分，累计贡献率达到91.015%，根据主成分载荷以及特征值，还原未经标准化的主成分函数：

$$F_6 = 0.553X_{21} + 0.091X_{22} + 0.558X_{23} + 0.612X_{24}$$

$$F_7 = -0.0327X_{21} + 0.971X_{22} - 0.22X_{23} + 0.085X_{24}$$

用 $Y_5$ 表示新疆人才发展综合指标，以主成分的贡献率为权数构造综合评价函数：

$$Y_5 = 65.213\% F_6 + 25.802\% F_7$$

## （六）环境发展

用与产业相同的方法选取一个主成分，累计贡献率达到90.887%，根据主成分载荷以及特征值，还原未经标准化的主成分函数：

$$F_8 = 0.554X_{25} + 0.589X_{26} + 0.551X_{27} - 0.021X_{28} - 0.206X_{29}$$

$$F_9 = 0.197X_{25} + 0.066X_{26} + 0.009X_{27} + 0.714X_{28} + 0.668X_{29}$$

用 $Y_6$ 表示新疆环境发展综合指标，以主成分的贡献率为权数构造综合评价函数：

$$Y_6 = 55.809\% F_8 + 35.078\% F_9$$

## （七）援疆六个方面的效应对比分析

通过用主成分分析法，分别对产业、财政、基础设施建设、民生、人才和环境六种对口援疆效应构建了综合评价模型，将新疆2001至2012年经济发展的相关数据代入综合评价函数中，进而得出综合指标得分的变化趋势。（见图19－7）

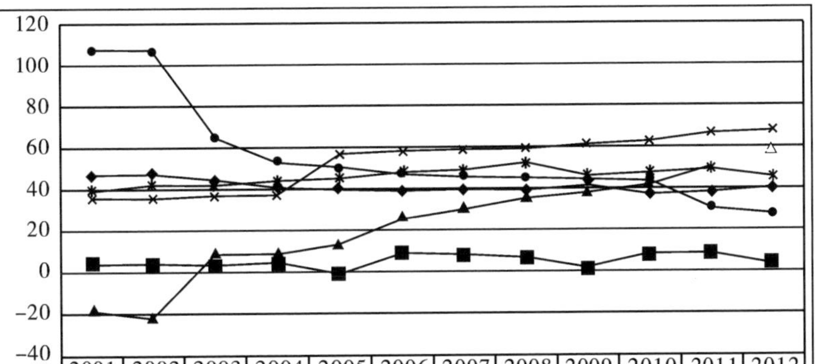


| | 2001 | 2002 | 2003 | 2004 | 2005 | 2006 | 2007 | 2008 | 2009 | 2010 | 2011 | 2012 |
|---|---|---|---|---|---|---|---|---|---|---|---|---|
| —◆—产业 | 47.33 | 48.36 | 44.80 | 41.98 | 39.86 | 39.43 | 40.62 | 39.30 | 41.44 | 38.15 | 38.43 | 40.73 |
| —■—财政 | 4.77 | 4.78 | 3.31 | 4.83 | 0.10 | 9.20 | 7.87 | 6.16 | 1.56 | 8.09 | 8.52 | 3.51 |
| ▲ 基础设施 | -17.7 | -21.1 | 9.16 | 8.94 | 13.67 | 26.94 | 31.28 | 35.99 | 39.76 | 43.64 | 52.25 | 59.40 |
| —×—民生 | 36.07 | 35.67 | 37.04 | 37.70 | 57.11 | 58.15 | 59.03 | 59.59 | 61.17 | 62.96 | 66.83 | 67.81 |
| —✱—人才 | 38.89 | 41.76 | 42.71 | 44.58 | 45.26 | 47.60 | 48.38 | 52.36 | 46.94 | 48.57 | 49.63 | 45.77 |
| —●—环境 | 107.6 | 107.2 | 65.58 | 53.48 | 51.59 | 48.47 | 46.20 | 45.59 | 44.81 | 43.90 | 31.12 | 28.32 |

**图 19－7　2001～2012 年援疆效应得分变化趋势图**

从趋势图中可以看出，基础设施建设和民生建设的援疆效应十分显著，综合指标得分呈上升趋势，其中基础设施建设得分上升最快。与此相比，产业、财政和人才援疆效应不够明显，综合得分增长缓慢，甚至在部分年份有回落。

对口援疆的目的不是连续地“输血”，为了新疆的长期发展，更要大力推进“造血”的产业和人才发展，合理地促进产业发展并克服人才短板的现象，只有这样，才能从根本上增强新疆经济社会发展的内生增长动力。另外，值得警惕的是，新疆的生态环境综合指标得分自 2001 年以来呈持续下降态势，这说明在对口援疆的同时存在着高耗能、高污染的产业转移问题，经济发展与生态环境的不协调性日益凸显。

## 对口援疆效应主成分分析，未经标准化的各主成分值

$$W_1 = 0.038X_1 - 0.107X_2 + 0.123X_3 + 0.236X_4 - 0.01X_5 + 0.078X_6 + 0.043X_7 + 0.226X_8 + 0.174X_9 + 0.246X_{10} - 0.221X_{11} + 0.196X_{12} + 0.246X_{13} + 0.242X_{14} - 0.003X_{15} + 0.062X_{16} + 0.231X_{17} + 0.244X_{18} + 0.239X_{19} + 0.165X_{20} + 0.145X_{21} - 0.177X_{22} + 0.217X_{23} + 0.245X_{24} - 0.24X_{25} - 0.243X_{26} - 0.244X_{27} - 0.153X_{28} + 0.005X_{29}$$

$$W_2 = -0.18X_1 + 0.176X_2 - 0.094X_3 - 0.054X_4 + 0.055X_5 - 0.37X_6 - 0.352X_7 + 0.157X_8 - 0.189X_9 + 0.023X_{10} + 0.01X_{11} + 0.03X_{12} + 0.029X_{13} + 0.01X_{14} + 0.405X_{15} + 0.346X_{16} - 0.065X_{17} - 0.001X_{18} + 0.05X_{19} - 0.122X_{20} + 0.034X_{21} - 0.273X_{22} + 0.146X_{23} + 0.035X_{24} - 0.068X_{25} + 0.018X_{26} - 0.005X_{27} + 0.211X_{28} - 0.381X_{29}$$

$$W_3 = 0.053X_1 + 0.02X_2 - 0.252X_3 + 0.103X_4 - 0.507X_5 - 0.166X_6 + 0.099X_7 + 0.081X_8 - 0.181X_9 + 0.061X_{10} - 0.187X_{11} + 0.237X_{12} + 0.041X_{13} + 0.11X_{14} - 0.166X_{15} - 0.14X_{16} - 0.166X_{17} + 0.065X_{18} + 0.122X_{19} + 0.365X_{20} - 0.405X_{21} + 0.098X_{22} + 0.129X_{23} + 0.024X_{24} + 0.003X_{25} + 0.062X_{26} + 0.016X_{27} + 0.203X_{28} + 0.132X_{29}$$

$$W_4 = 0.515X_1 - 0.471X_2 - 0.319X_3 + 0.099X_4 + 0.129X_5 + 0.106X_6 - 0.101X_7 - 0.069X_8 - 0.19X_9 - 0.011X_{10} + 0.023X_{11} + 0.195X_{12} - 0.014X_{13} + 0.027X_{14} + 0.114X_{15} + 0.274X_{16} - 0.027X_{17} - 0.059X_{18} - 0.027X_{19} + 0.083X_{20} + 0.176X_{21} - 0.091X_{22} - 0.104X_{23} - 0.021X_{24} - 0.06X_{25} + 0.086X_{26} + 0.102X_{27} + 0.243X_{28} - 0.228X_{29}$$

$$W_5 = 0.143X_1 + 0.04X_2 + 0.425X_3 + 0.087X_4 + 0.223X_5 - 0.212X_6 + 0.489X_7 - 0.043X_8 - 0.308X_9 - 0.026X_{10} - 0.273X_{11} + 0.245X_{12} + 0.037X_{13} + 0.04X_{14} + 0.017X_{15} - 0.135X_{16} - 0.117X_{17} - 0.037X_{18} + 0.01X_{19} - 0.026X_{20} - 0.014X_{21} - 0.184X_{22} - 0.166X_{23} - 0.102X_{24} + 0.162X_{25} - 0.049X_{26} - 0.036X_{27} + 0.257X_{28} + 0.136X_{29}$$

## 新疆经济发展水平分析，未经标准化的各主成分的值

$M_1 = 0.088X_1 - 0.118X_2 - 0.082X_3 + 0.236X_4 - 0.068X_5 + 0.116X_6 + 0.233X_8 + 0.13X_9 + 0.239X_{10} - 0.215X_{11} + 0.226X_{12} + 0.239X_{13} + 0.24X_{14} - 0.162X_{15} + 0.171X_{16} + 0.211X_{17} + 0.239X_{18} + 0.237X_{19} + 0.209X_{20} + 0.12X_{21} - 0.1X_{22} + 0.204X_{23} + 0.218X_{24} - 0.221X_{25} - 0.218X_{26} - 0.222X_{27} + 0.104X_{28} + 0.176X_{29}$

$M_2 = -0.089X_1 - 0.048X_2 + 0.403X_3 + 0.037X_4 + 0.254X_5 + 0.039X_6 - 0.003X_8 + 0.272X_9 + 0.047X_{10} - 0.156X_{11} - 0.083X_{12} + 0.061X_{13} + 0.007X_{14} + 0.256X_{15} - 0.119X_{16} - 0.168X_{17} - 0.034X_{18} + 0.038X_{19} - 0.128X_{20} + 0.292X_{21} - 0.3X_{22} + 0.119X_{23} + 0.186X_{24} - 0.165X_{25} + 0.151X_{26} - 0.17X_{27} - 0.394X_{28} - 0.252X_{29}$

$M_3 = 0.448X_1 - 0.446X_2 - 0.026X_3 + 0.063X_4 + 0.109X_5 + 0.498X_6 - 0.161X_8 + 0.168X_9 - 0.036X_{10} - 0.024X_{11} + 0.001X_{12} - 0.042X_{13} - 0.02X_{14} - 0.198X_{15} - 0.139X_{16} + 0.036X_{17} - 0.022X_{18} - 0.081X_{19} + 0.075X_{20} + 0.141X_{21} + 0.276X_{22} - 0.239X_{23} - 0.041X_{24} + 0.047X_{25} - 0.008X_{26} + 0.057X_{27} - 0.086X_{28} - 0.195X_{29}$

$M_4 = 0.214X_1 - 0.175X_2 - 0.159X_3 - 0.051X_4 + 0.474X_5 - 0.12X_6 + 0.001X_8 - 0.27X_9 - 0.051X_{10} - 0.079X_{11} + 0.025X_{12} - 0.035X_{13} - 0.045X_{14} + 0.174X_{15} + 0.404X_{16} + 0.065X_{17} - 0.049X_{18} - 0.074X_{19} - 0.21X_{20} + 0.368X_{21} - 0.283X_{22} - 0.121X_{23} - 0.059X_{24} - 0.007X_{25} - 0.044X_{26} + 0.103X_{27} + 0.254X_{28} + 0.103X_{29}$

$M_5 = -0.362X_1 + 0.329X_2 + 0.12X_3 - 0.113X_4 + 0.3X_5 + 0.224X_6 + 0.02X_8 + 0.293X_9 - 0.014X_{10} - 0.16X_{11} - 0.206X_{12} - 0.007X_{13} - 0.046X_{14} - 0.252X_{15} + 0.058X_{16} + 0.263X_{17} + 0.088X_{18} - 0.066X_{19} - 0.216X_{20} + 0.18X_{21} + 0.234X_{22} - 0.131X_{23} - 0.126X_{24} + 0.113X_{25} - 0.236X_{26} - 0.033X_{27} + 0.024X_{28} + 0.229X_{29}$

## 全国经济发展水平分析，未经标准化的全国各主成分的值

$N_1 = -0.001X_1 + 0.209X_2 - 0.009X_3 + 0.232X_4 - 0.086X_5 - 0.001X_6 - 0.029X_8 + 0.21X_9 + 0.231X_{10} + 0.231X_{11} - 0.208X_{12} + 0.231X_{13} + 0.228X_{14} - 0.224X_{15} - 0.14X_{16} + 0.228X_{17} + 0.232X_{18} + 0.224X_{19} + 0.223X_{20} + 0.138X_{21} + 0.228X_{22} + 0.229X_{23} + 0.227X_{24} - 0.148X_{25} - 0.086X_{26} - 0.226X_{27} + 0.171X_{28} + 0.185X_{29}$

$N_2 = 0.424X_1 - 0.198X_2 - 0.249X_3 + 0.035X_4 + 0.456X_5 + 0.385X_6 + 0.201X_8 + 0.118X_9 - 0.003X_{10} + 0.038X_{11} + 0.075X_{12} - 0.023X_{13} - 0.031X_{14} + 0.03X_{15} - 0.179X_{16} + 0.072X_{17} + 0.032X_{18} - 0.072X_{19} - 0.073X_{20} - 0.185X_{21} + 0.005X_{22} - 0.041X_{23} + 0.065X_{24} - 0.336X_{25} - 0.259X_{26} - 0.101X_{27} + 0.055X_{28} - 0.125X_{29}$

$N_3 = 0.343X_1 - 0.041X_2 + 0.491X_3 + 0.005X_4 + 0.097X_5 + 0.368X_6 - 0.345X_8 + 0.121X_9 - 0.032X_{10} + 0.014X_{11} + 0.102X_{12} - 0.034X_{13} - 0.061X_{14} + 0.013X_{15} + 0.064X_{16} + 0.075X_{17} - 0.005X_{18} - 0.103X_{19} - 0.105X_{20} + 0.258X_{21} - 0.053X_{22} - 0.01X_{23} + 0.085X_{24} + 0.132X_{25} + 0.361X_{26} - 0.06X_{27} + 0.235X_{28} + 0.172X_{29}$

$N_4 = -0.098X_1 - 0.016X_2 - 0.09X_3 + 0.001X_4 + 0.024X_5 - 0.299X_6 + 0.504X_8 + 0.079X_9 - 0.056X_{10} - 0.047X_{11} + 0.109X_{12} - 0.065X_{13} - 0.114X_{14} - 0.013X_{15} + 0.065X_{16} + 0.052X_{17} - 0.036X_{18} - 0.12X_{19} - 0.111X_{20} + 0.23X_{21} - 0.049X_{22} - 0.106X_{23} + 0.085X_{24} - 0.328X_{25} + 0.361X_{26} - 0.003X_{27} + 0.475X_{28} + 0.157X_{29}$

$N_5 = 0.011X_1 + 0.031X_2 + 0.317X_3 + 0.025X_4 + 0.049X_5 + 0.008X_6 + 0.256X_8 - 0.039X_9 + 0.026X_{10} + 0.017X_{11} + 0.269X_{12} + 0.075X_{13} + 0.08X_{14} + 0.039X_{15} + 0.473X_{16} + 0.054X_{17} + 0.063X_{18} + 0.043X_{19} + 0.037X_{20} + 0.47X_{21} + 0.101X_{22} - 0.043X_{23} + 0.027X_{24} - 0.072X_{25} - 0.387X_{26} - 0.031X_{27} - 0.158X_{28} - 0.306X_{29}$

# 第四篇

# 提升自我发展能力对策研究

本篇基于前期分析，总结对口援疆研究的结论，并提出基于研究结论的对策及建议。

# 第二十章　研究结论

## 一、基于本项目研究的结论

第一，全面对口援疆、维护新疆社会稳定与长治久安，以及新疆与全国经济社会的协调互动是相互交织、相互影响的动态过程，这既是新疆稳定与发展的难得契机，也是我国经济和谐发展的重要内核，这一模式的成功将为我国经济协调发展提供重要的地区经验和典型借鉴。我国的基本国情决定了少数民族地区的经济发展与民族关系和谐、边疆稳定，事关国家统一及民富国强。如果少数民族地区经济相对落后，必然对民族关系和社会稳定构成潜在的和现实的危害，这不仅是经济问题，也是政治问题。深刻认识经济因素在民族问题中的特殊重要性和根源地位，探索实现少数民族地区经济发展与社会稳定之间的有机联系及实现机理，是迫切的现实需求。

第二，我国的区域差距是多重因素综合作用的结果。自然资源禀赋差异与人力资源禀赋差异相互作用是区域差距形成的自然机理；市场机制的运行导致利益的分化与循环强化了资源配置的效率差异；既有条件及区域发展战略的确立和调整是我国区域经济差距形成的逻辑起点；政府职能转变及制度创新程度的区别是地区经济差距扩大的制度环境；地方政府供给公共物品财力差异导致吸引和配置资源的能力不同是区域经济差距持续的社会环境。

第三，市场经济的推进，为少数民族地区缩小与发达地区的差距，逐步消除各民族间事实上的差距提供了新的契机，创造了良好的外在环境和整体效应。同时,也为少数民族地区的经济社会协调发展带来了一些新的矛盾和问题。经济发展是各民族共同繁荣的物质基础,但经济发展同少数民族群体发展、各民族共同繁荣,以及社会的稳定和长治久安并非存在充分必然的联系。社会稳定是社会经济发展的前提与环境保障,没有社会的稳定与长治久安为经济发展提供社会环境保障,必然会阻滞优质要素的聚集,不仅无法吸引先进技术、高素质人才和资本等外部要素的流入,而且本地域内原有的人才、资本、企业等优势资源也会流失。再者,没有社会稳定做保障,即使通过各种途径引入的各类资源及其发展成果,亦会被社会治理成本所抵消。

第四,少数民族地区经济发展具有区域性和民族性的双重特征。我国少数民族人民主要居住在边疆地区,经济发展水平相对较低,贫困人口相对集中,是国民经济结构中的薄弱环节。少数民族地区加快经济社会发展的迫切要求与自我发展能力不足的矛盾突出。经济发展不平衡的现状容易影响和谐民族关系的构建。

汉族与少数民族以及各少数民族之间在经济社会发展程度方面的差异决定了各民族在市场经济条件下不同的发展机遇和发展地位,也导致了市场竞争中的利益差别和利益冲突。区域差距拉大的宏观效应则制约着经济发展并影响社会稳定。区域间发展差距的长期存在与不断拉大意味着各地区的利益所得不断分化,西部少数民族地区及当地各族人民不能与东部发达地区共享经济快速增长及其随之而来的人均收入的大幅度提高。如果这种趋势得不到有效控制,不但会直接削弱少数民族地区保持社会稳定的物质基础,影响边疆的稳定,而且会影响西部少数民族地区与东中部地区的关系,并对共同团结奋斗、共同繁荣发展的社会主义民族关系构成严重危害,导致或强化区域之间、民族之间的摩擦,乃至被分裂主义利用进而形成分离倾向。

加快少数民族地区经济发展,逐步缩小与发达地区之间的差距,使之与全国的发展相协调,实现各民族的共同繁荣发展,是我国广大人民群众的迫切需求。坚持各民族共同繁荣发展进步是增强我国综合国力、全面建成小康社会的内在要求,也是经济社会发展的根本出发点和落脚点,以及社会主义的本质要求。从长远看,我国东部地区的经济发展和社会稳定与西部地区获得全面发展休戚相关。促进西部地区的可持续发展,改善西部地区脆弱的生态环境并提高西部人民的生活水平,符合东部发达地区和西部欠发达地区共同的根本利益。

第五,本项目尝试从产业援疆、财政援疆、基础设施援疆、民生援疆、人才援疆和环保援疆等方面详细解读全面对口援疆对新疆稳定与发展的影响,阐述其巨大成就及需要改进的方向。从对口援疆效应分析中可知,基础设施建设和民生援疆效应十分显著,综合指标得分呈上升趋势,其中基础设施建设得分上升最快。与此相比,产业、财政和人才援疆效应不够明显,综合得分增长缓慢,甚至在部分年份有回落。对口援疆不仅要"输血",为了新疆的长期发展,更要大力推进"造血"的产业和人才发展,合理地促进产业发展并克服人才短板的现象,才能增强新疆经济社会发展的内生增长动力。另外值得警惕的是,新疆环境状况自 2001 年以来每况愈下,在对口援疆的同时存在着高耗能、高污染的产业转移问题,经济的发展对环境的破坏越来越严重。

第六,对口支援和缩小发展差距的一个最重要的决定因素就是经济落后地区加速发展所需的要素及机制能不能更多地从内部得以积累,并从东部大量流向新疆。要素积累和流动关键在于要素的收益水平。一个地区的资金和人才收益率越高,说明这个地区资金和人才的利用率越高。由于新疆的收益水平低,总体上讲,资金、技术、人才等这些稀缺的要素都会流失。这是影响新疆经济增长的最关键的一点。

## 二、新疆自我发展能力提升分析

在对口援疆的过程中,我们要注意自我发展能力的提升。自我发展能力体现了一个国家或地区经济系统内部的经济效益和积累能力,它强调经济发展的"造血"功能,并且是外部力量发挥积极推动作用的基础。一个国家或地区过度依靠外部资金的扶持和帮助会增加自身经济的风险和不确定性。一个自我发展能力很差的地区是难以吸引更多的资金来发展经济的。

显然,自我发展能力对一个地区的经济增长起到决定性的作用。因此,研究如何通过产业的援助提升新疆自身的发展能力就显得十分必要。

### (一)提升自我发展能力的必要性

对口援疆对新疆经济发展起到了巨大的推动作用,但如何提升新疆的自我发展能力才是能否使新疆真正实现稳定、发展和长治久安的关键所在。

目前,对于区域自我发展能力还没有一个比较清晰的界定,从宏观区域的角度上,姜安印(2005)认为区域自生能力是指一个区域的自然生产力和社会生产力的总和,是对一个区域的自然资本、物质资本、人力资本和社会资本积累状况的整体描述。① 李盛刚(2007)认为自我发展是区域内部产生的发展,它是能够促进区域经济、社会和其他方面和谐、平衡、长效发展的一种自我能力,并且这种自我发展能力在诸要素中占据根本地位并发挥根本作用。② 吴传钧(1997)认为要增强西部地区自我发展的能力,不仅要对西部地区实施政策倾斜,还要增加财政支持,加强基础设施和农牧业商品性生产基地建设,加大扶持力度,实施科技扶贫,加强基础教育工程,提高全民素质,改善生活条件和投资环境,呼吁更多的产业资本投向西部地区。③ 王科(2008)认为区域自我发展能力包括三个方面:①区域社会发展能力;②区域自然生态环境可持续发展能力;③区域经济集聚能力。在这个系统中,社会发展能力是形成区域自我发展能力的基础,自然生态环境可持续发展能力是形成区域自我发展能力的导向,经济集聚能力是形成区域自我发展能力的有力保障。④

可见,区域自我发展能力指一个区域系统内部所具备的凝聚、整合和产





①姜安印:《转型成长中的区域经济发展问题——对落后地区实现“双重转型”的思考》,《开发研究》2005 年第 1 期,第 97 ~ 101 页。

②李盛刚:《西部民族地区农村发展:基于自我发展能力研究》,博士学位论文,兰州大学西北少数民族研究中心,2007 年。

③吴传钧:《增强我国西部地区自我发展能力是根本》,《学会》1997 年第 11 期,第 13 ~ 14 页。

④王科:《中国贫困地区自我发展能力研究》,博士学位论文,兰州大学经济学院,2008 年。

出能力。这种能力强调的是区域经济发展的自身基础和造血功能,但它不排斥外力对区域经济的推动。相反,它是外力发挥积极作用的内在基础。区域自我发展能力取决于系统内部的自组织能力及其与外界进行物资、信息、人才和资金交换的深度与广度,主要体现在经济发展能力和社会发展能力以及制度创新、技术创新能力等方面,其中尤为重要的是地方财富积累、学习与调整能力及社会资源的动员。

区域自我发展能力提升需要产业支撑,在对口援疆中承接产业转移本来是一种外力,或者说是对区域经济的一个他组织过程,但这种他组织过程不能脱离区域自身,需要转变为区域的内力,进而表现为对区域经济的自组织过程,才能真正地促进新疆的发展。充分利用区域条件,培植区域优势产业是新疆经济发展的必由之路。在目前及未来一个较长时期内,新疆的自我发展能力较中东部而言,将处于一个相对较弱的状态,而且这一状态短期内较难改变。

进入新的历史发展时期,新疆必须更加强调将区域资源优势转化为经济优势和动态的市场竞争优势,力争凭借自我发展能力实现对区域内的产业整合,培植优势产业,形成支撑新疆经济发展的"支点",进而通过对"支点"的不断创新和升级提升自我发展能力。

### (二)对口援疆与区域自我发展能力提升机理

对口援疆对区域自我发展能力提升的作用机制表现在两个方面:一是增量要素对存量要素的盘活;二是对要素培植效率的提高。

对口援疆其实就是经济要素的转移。真正的对口支援,必然包括大量的资本、技术、知识、管理等经济要素的空间转移。这些转移来的要素不仅会发挥其原来的作用,还会盘活落后区域自有的经济要素,使得落后区域经济实现增长。这种盘活表现出来的效果往往并非只是线性的叠加,更多的时候可以表现为放大很多倍的乘数效应,即落后区域的经济效益得到明显提高。

可以将新疆基于对口援疆提升自我发展能力的机理概括为:通过援疆

建设,以产业链整合的方式,培育区域优势产业和目标产业集群,最终使区域自我发展能力得以提升。(见图 20 - 1)这个过程的成功运行得益于一种重要的作用机制:外力转化为内力,增量盘活存量。所谓外力转化为内力,是指新疆通过承接援疆产业,整合本区域原有的产业,把承接来的企业(产业)的外在发展势能转化为区域本身的内力,从而为培育区域特色和优势产业创造条件。增量盘活存量,是指新疆结合自己的优势和特色产业,有选择地引进与本地产业关联度高的企业(产业),或者通过优势产业对外界的企业(产业)的吸引,表现为新增的企业(产业)进一步盘活区域原来企业(产业)存量的过程。在这个过程中,区域优势产业的竞争力进一步增强,最终形成具有地方特色和竞争优势的产业集群。简而言之,通过新一轮对口援疆,新疆可以对区域经济经过产业链整合、优势产业培植等组织过程,形成富有地域特色的优势产业集群,最终使区域自我发展能力得到提升。

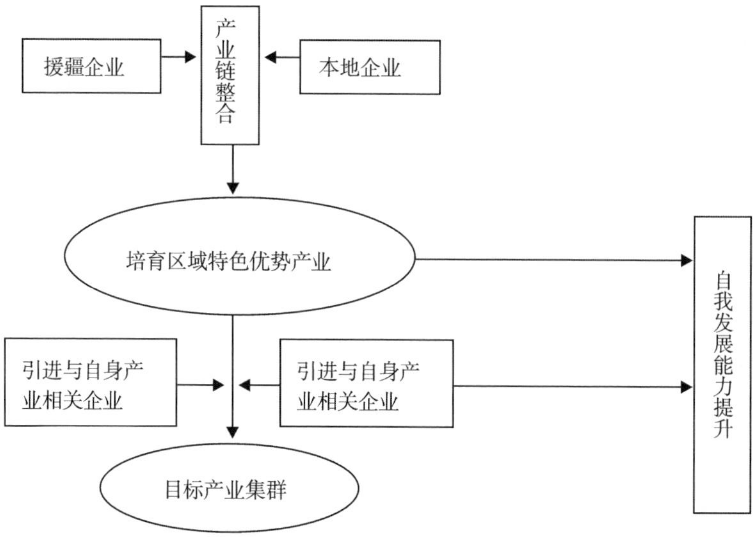


**图 20 - 1　对口援疆提升自我发展能力的机理图**

# 第二十一章　对口援疆、新疆区域经济发展对策研究

## 一、新疆经济发展与民族关系

### （一）新疆经济发展的民族因素与地域因素相交织

新疆是多民族聚居的边疆地区，民族关系是事关新疆社会和谐稳定最重要的社会关系。民族关系、宗教问题及其特殊的地理位置，使得新疆的稳定与否成为影响新疆和谐、发展和长治久安的关键环节。积极构建和谐民族关系，推进各民族共同团结奋斗、共同繁荣发展，有利于社会和谐稳定，有助于巩固、发展民族团结，维护新疆稳定。

相对内地和其他少数民族地区而言，新疆民族关系有其自身的独特性，主要表现在以下几个方面。

1. 民族关系构成相对复杂

从民族主体而言，民族间的关系有汉族与各少数民族之间的关系、各少数民族之间的关系。就全疆而言，维吾尔族与汉族关系是新疆各民族关系中最有影响力的一对。汉族与其他少数民族，以及其他各少数民族之间的关系对于巩固民族团结、维护新疆稳定都有举足轻重的影响。

2. 民族关系受经济发展状况的制约

中华人民共和国成立后，新疆民族关系无不受到经济发展的制约与影响。经济的发展是新疆民族关系和谐的基础和保障。新疆的社会经济发展

不平衡，农牧业等多种经营方式并存，资源使用和占有方式存在很大差异。在不同地区、不同民族，或同地区内不同民族、同民族不同地区之间，经济发展程度不同，贫富程度不均，这些差异性会带来民族间、群体间的隔膜，形成民族社会问题。在构建社会主义和谐社会和全面加强小康社会建设的进程中，新疆丰富的资源吸引了内地各类经济组织进疆实施开发及利用，但资源开发利用过程中对于当地群众的利益补偿的不足和其中利益分配的不均，引起了当地少数民族群众的不理解。

3. 民族关系受宗教因素制衡

新疆自古以来就是一个多民族、多宗教信仰的地区，现在也是我国西北边陲最大的一个多民族、多宗教地区。目前，被称为世界三大宗教的佛教、基督教和伊斯兰教在新疆地区均有人信仰。其中，伊斯兰教在新疆少数民族中有着广泛、深厚、长久的影响，宗教信众较多。新疆少数民族信仰的伊斯兰教具有民族性、群众性、国际性的显著特点，同时还具有因接受伊斯兰教的历史、经济、政治、社会以及地域不同的差异性特点。正是“显著特点与差异性特点”的统一，构成了新疆宗教问题以信仰伊斯兰教为主的特殊性。不论信仰何种宗教，对人们日常生活的影响都十分明显，这些都会对新疆民族关系产生影响。

### （二）和谐民族关系是新疆经济社会发展的保障

加快民族地区经济发展，是解决民族地区人民日益增长的物质文化需求与落后的社会生产之间矛盾的根本措施，是逐步缩小全国各地区之间发展差距和民族间经济文化差距，并最终实现全体人民共同富裕的必然要求，也是加强民族团结、保持社会稳定、维护祖国统一的前提和基础。同时，和谐民族关系又是实现新疆经济社会发展的基础与社会环境条件。

1. 和谐民族关系是实现新疆经济社会发展的基础

和谐的民族关系有利于调动各民族群众的积极性和创造性，形成强大的凝聚力，促进民族地区经济社会的快速发展。和谐的民族关系能够激发各族人民的主人翁意识，使不同民族的人把民族地区经济社会建设的整体利益与自身的民族利益统一起来，形成一种既是本地区的发展，又是自身民族发展的共识，从而以极大的热情投入到民族地区的经济社会建设中，形成强大的向心力和创造力，共同推动民族地区经济社会的快速健康发展。

2. 和谐民族关系是促进民族交往、增进民族间相互了解的保障

和谐的民族关系，有利于扩大民族间的交流交往，增进各民族间的了解，减少误会和摩擦。各民族在政治、经济、文化各方面的联系和交往越来越密切，共同因素不断增加，不仅能使各民族人民认识到民族根本利益的一致性，携手为本地区的经济社会建设贡献力量，还能为民族地区的经济社会发展提供一个团结稳定的环境。各民族联系的增强，有利于打破各民族间的封闭和隔阂状态，促进各民族的经济文化交流。各民族相互学习，取长补短，能够大大加快本民族、本地区的发展。

3. 和谐民族关系是实现新疆经济社会发展的前提

民族地区的经济社会建设并不是单单依靠某一个民族就能完成的，需要各民族团结互助。然而由于历史的原因，新疆经济社会发展水平与东部地区存在着差距，这不仅不利于调动少数民族地区发展的积极性，也会影响整个国家经济社会的总体发展。

## 二、对口援疆背景下实现新疆稳定、发展和长治久安

对口援疆为新疆社会稳定、经济发展和长治久安战略目标的实现提供了千载难逢的机遇。抓住机遇，实现区域经济发展与民族关系和谐，是新疆的必然选择。发展和稳定是相辅相成、缺一不可的辩证关系。做好则相互促进，做不好则相互促退。发展和稳定是一项社会系统工程，一个地区经济发展了，并不代表这个地区就能安定。发展应该是社会整体的进步。新一轮对口援疆必将紧紧围绕新疆社会稳定、发展和长治久安展开。

### （一）对口援疆背景下新疆财政的保障机制

1. 构建有利于推进新疆发展与稳定的财政投入机制

（1）构建有利于推进新型工业化的财政投入机制。新疆财政应支持优势产业和支柱产业、工业园区、大企业和大集团、战略性新兴产业发展。建

立财政投入长效机制，着力支持优势产业做大做强，尤其要重点支持“三大基地”和“一大通道”建设，即大型油气生产加工和储备基地、大型煤电煤化工基地、大型风电基地和国家能源资源陆上大通道建设。集中财力重点支持特色鲜明、产业关联度高、辐射带动能力强的工业园区建设，支持园区路、水、电、气、通信等基础设施配套，提高园区的吸纳和承载力，聚集生产力要素，引导产业向集约化发展。加快推进资源优势向经济优势转化，通过大企业、大集团的发展带动中小企业发展，延伸油气煤产业链，增强地方经济活力，促进地方就业。重点支持新能源、新材料、节能环保生物制药等战略型新兴产业的发展，同时要大力支持大型风电、光伏发电、低碳能源基地建设。

(2)构建有利于现代农牧业发展的财政投入机制。新疆财政应大力支持特色农牧业及其产业化发展。重点支持新疆确定的现代农牧业四大基地建设，即国家粮食安全后备基地、国家优质商品棉基地、优质畜产品与特色林果基地、农牧产品生产和精深加工出口基地建设。扶持、改造、提升一批科技含量高、辐射带动能力强的农副产品加工企业，扩大生产规模，拉长产业链，提高产品附加值和市场竞争力。

(3)构建有利于第三产业快速发展的财政投入机制。支持现代物流业、民族工业和民族手工业、金融机构发展。建立进出口商品中转集散地和仓储配送中心，建立以产品出口为主的商品交易市场，形成以乌鲁木齐为核心面向中亚的区域商贸中心格局。支持民族特色商品生产规模的扩大、生产技术的更新和商品质量的提升，促进民族贸易的繁荣发展。支持农村中小金融机构改革和面向中小企业的信用担保体系，逐步建立合理规范的地方政府融资机制，健全金融监管体制和金融机构风险内控机制。

(4)构建有利于改善民生的财政保障机制。新疆财政应大力支持教育事业、医疗卫生事业、社会保障制度、安居工程、农村生活设施建设，努力提高城乡居民收入水平。改善农村办学条件，解决好城市贫困家庭子女的义务教育问题，加大对贫困学生、双语教育的扶持力度，为2020年使少数民族学生基本熟练掌握和使用国家通用语言文字目标任务的实现提供财力保障。拓展就业岗位，促进广泛就业，促进城乡居民持续增收，尤其要进一步向南疆和其他困难地区倾斜、向基层倾斜，从根本上扭转越边远越艰苦、越基层收入越低的收入分配格局。通过收入分配政策的调整完善,实现边疆稳定和长治久安。

2. 构建有利于新疆协调发展的财政体制

(1)建立有利于新疆协调发展的财政体制。分税制的建立,大幅度提高了中央财力,增强了国家调控能力,但新疆财政基础性的矛盾并没有得以解决,地方财政收入水平与发达省市还存在一定的差距。中央在未来调整和完善财政体制时,应充分考虑新疆的特殊性,对新疆实行特殊的照顾性财政体制,在共享税的分成上向新疆倾斜,使新疆的自有财力随着经济的发展不断壮大,为实现新疆的发展、稳定和长治久安提供坚实的财力保障。

(2)建立有利于区域协调发展的财政转移支付制度。为促进新疆区域经济社会协调发展,中央不断加大转移支付力度,增加各项专项补助,在一定程度上缓解了新疆的财政困难,对新疆的经济社会发展发挥了重要作用。但从新疆的财政保障能力与所处的战略地位及经济社会发展需要来看,财力差距依然很大,无论是从全国范围内的公共服务均等化考虑,还是从弥补财力缺口、增强新疆财政保障能力的角度看,都需要中央进一步加大对新疆的转移支付规模,为推进新疆跨越发展和长治久安提供必需的财力保障。

(3)适时调整和完善新疆对下财政体制。新疆对下初步建立了分税制财政体制,但并不彻底,亟须进一步调整与完善,科学合理划分自治区与县级政府之间的事权和财权。要加快完善县级基本财力保障机制,把加强县级政府提供基本公共服务财力保障放在更加突出的位置,以满足县级基本财力保障需要。

(4)建立和完善财政援疆横向转移支付制度。随着对口援疆政策的实施,各地将会获得更大的财政转移支付资金规模,要认识到这种横向转移支付之间存在的博弈关系以及对新疆财政的影响。对口援疆形成的大规模横向转移支付将成为新疆财力强有力的补充,为促进新疆的跨越发展发挥重要的作用。财政部门应为援疆工作提供良好的财政服务,保证各种来源资金的统筹规划,相互配套,和谐统一,确保援疆资金落到实处,用到实处,发挥实效。

## （二）强化基础设施建设，为实现科学跨越奠定基础保障

1. 新疆的基础设施投融资体制

面对国家对口援疆的契机，新疆应根据实际情况和基础设施的特点，建立适应市场经济需要的基础设施投融资体制，前期以国家财政投入和政策性投融资为主，其他投资主体的投入为辅，中央和地方实行合理分工。后期依靠市场机制进行资本积累和资本运营，多渠道筹集资金，由“输血”变“造血”，建立新疆自身的基础设施投融资机制，保障新疆的基础设施建设，以促进经济发展。

（1）政府投资。新疆的重大基础设施建设项目主要依靠国家投资来完成。国家在制定对口援疆政策中，明确界定国家财政在新疆经济发展中的直接投资重点放在基础产业和基础设施上，为非经营性的基础设施提供资金援助，避免财政支出过于分散，利用国家的补助基金完善新疆的基础设施建设。

（2）财政融资。财政融资为新疆基础设施建设提供稳定、低息的资金来源。财政融资是将有偿获得的资金通过财政渠道有偿使用，具有低于市场利率的特征。财政融资的主要资金来源包括发行国债、外国政府及国际金融机构的低息贷款、预算内转入的一部分拨款资金和各种基金等。

2. 新疆基础设施布局战略

在新一轮对口援疆下，新疆基础设施的布局应依据新疆的资源分布、城市布局、交通条件、人文等各种要素禀赋特点，以及投资拉动战略的需要来考虑。新疆现有的资源要素和产业关联分布特点是“两带两区”：“天山北坡经济带”东起哈密西至伊宁的区域，划分为六个特色鲜明的经济区，天山北坡经济带率先奔小康。“天山南坡产业带”东起库尔勒西至阿克苏的区域，以能源农业见长。此区域可充分发挥丰富的能源资源和特色农业资源优势，做大做强石油天然气、煤化工、纺织、农副产品精深加工等，增强对南疆乃至全疆经济的辐射带动作用。“南疆三地州贫困地区”以机电装备制造业、现代农牧产品加工业、特色旅游业、现代物流业为中心。“沿边高寒地

区”则重点做好绿色农副产品加工业、矿业开发、边境贸易、特色产品生产加工出口、生态旅游业。

（1）加强新疆基础设施的整体规划。合理确定布局选址、走向和区位，有利于国家对口援疆集中主要资金投向重大基础设施建设项目；有利于引导其他各种配套资金、社会闲散资金集中使用；有利于提升新疆自我发展能力，有效地带动对口援疆政策的实施。

（2）基础设施建设与向西开放相结合。加快新疆对内地和周边国家的铁路、公路、民航等综合交通运输体系建设，密切新疆与内地的联系，发挥其国际大通道作用。围绕新疆经济社会发展战略建设，连接“三亚”（中亚、南亚、西亚），沟通两洲（亚洲、欧洲），打造三大通道（亚欧国际战略通道、连接东中西部的中西通道、区内的南北疆通道），加快建设综合运输体系，有效支撑新疆经济社会协调发展。

（3）基础设施布局与城镇的发展相结合。基础设施的布局要以带动中小城市和城镇的发展为重点，加大中心城市的辐射功能，实现城镇地区公路集散和大中城市之间铁路干线运输的高水平转换，集中力量改变交通格局，建成密集的环绿洲高速公路网与铁路网，同时大力发展航空运输、城市和城市之间的轨道交通，以缩短时间与空间距离，增加城市密度。

（4）基础设施布局与能源、矿产开发相结合。新疆作为国家一个重要的能源基地，交通网络的布局建设要以能源、矿产资源开发为主线，同步进行沿线一些重要资源的开发建设，以争取双方同步建成、同时收益。

### （三）提升新疆自我发展能力

目前的产业转移中，“资金量与项目量崇拜”十分明显。但是事实证明，这样的结果必然造成“只见项目不见产业”的“企业转移陷阱”，难以真正催生优势产业。引进企业只有在本地良好产业配套的基础上才能获得长足发展。因此，通过承接产业转移，实现区域自我发展能力提升的目标，有赖于政府政策实现从总量扩展目标到产业培植目标的彻底转型，而产业链整合是实现区域优势产业培植的合理路径。

1. 从追求资本数量转到培植优势产业

应该改变忽视产业相关性的资本盲目崇拜倾向。唯有选择相关性高的产业,落后区域才能更好地增加要素存量;唯有进行产业链整合,落后区域的要素配置效率才能够提高。培植优势产业是区域产业竞争力提升,乃至整个区域自我发展能力提升的重要路径。因此,承接东部产业转移应该强调"产业",而不是单纯的企业。产业由众多企业所组成,但并不是简单的企业叠加。具有产业关联性的企业聚集在一起,才有可能形成产业发展的氛围。我们要选择性地引进一些具有产业带动作用的企业来培育自己的特色产业。同时,特色产业的形成又会自发地吸引相关企业和产业的加盟,从而更进一步地促进产业集群的完善,形成良性循环的发展模式,最终使落后区域的自我发展能力得到提升。在这个过程中,产业链整合是培植区域优势产业的重要手段。所以我们在承接产业转移的实践中,要深入剖析当地产业所处产业链的位置,充分运用横向整合、垂直整合和混合整合的手段对产业链进行产品、价值和知识整合。

2. 依据产业链整合理念,带动配套产业发展

在确定区域产业定位时,应该考虑如下因素:一是区域间的产业分工要明确;二是产业发展要与当地产业基础相符合;三是新兴产业发展要有必要的条件支撑;四是在一个园区内涉及产业类型不宜过多,并尽量考虑产业间的关联性,不应将相互冲突的产业放在一个园区(区域)内。

产业的主体是企业,产业竞争的实体也是企业,产业的竞争优势最终体现为企业的竞争优势,而企业的竞争优势与企业集群密切相关。对口支援试图依靠外生力量促进本地经济发展,但这种政策能否成功取决于本地企业的配套情况。因为企业的不断衍生是产业形成的重要标志。因此,培育本地的企业家,降低本地企业创业的门槛,形成配套产业就显得十分必要。

3. 形成现代制造业与服务业的协调发展格局,协调大企业和中小企业之间的关系,为产业链整合创造条件

现代制造业的发展与服务业的发展是一种相辅相成的关系。要从服务业与制造业互动的关系来推进制造业的发展,为承接产业转移提供技术支

撑、市场体系支撑、金融服务支撑和人力资本支撑。首先,要加快城市建设,完善城市功能,增强核心区域服务业的发展。其次,要加快发展现代物流业和建立新型流通组织,提高流通的速度、质量、规模和效益。再次,要主动承接沿海专业市场的转移,实现在市场体系上的对接,为转移产业提供市场支撑。特别是要着力于资本市场的对接,大力吸引东部地区金融机构到自治区设立分支机构,形成强有力的金融支持。

在对口援疆的形势下,大企业、大集团凭借雄厚的资金、技术和市场优势,全力加大在疆的投资力度。实施大企业大集团战略,对于做大做强新疆优势产业,加速新型工业化建设进程发挥着举足轻重的作用,造成新疆与内地经济差距的重要原因之一是中小企业还未发挥出应有的作用,新疆中小企业在融资、财政及市场准入等众多方面还需政府给予大力的支持。只有实现中小企业健康、快速的发展,新疆经济与社会才会呈现又好又快的发展前景。在推行大企业大集团战略的同时,要进一步优化中小企业,尤其是民营经济的发展环境。要大力推进新疆民营企业发展,制定支持民营企业发展的配套政策措施,充分发挥民营企业促进社会就业的重要作用。

4. 加强和挖掘投资及消费对经济增长的拉动作用

从实际情况看,投资规模决定经济发展的后劲,投资结构影响经济结构改善,投资质量决定经济发展质量,投资速度直接影响经济发展速度。新疆在刺激投资的政策取向上,应该更多地采用长期政策而非短期政策;应该积极引导投资结构的优化,提高投资效率,保证固定资产投资对经济增长起到持久的作用。要使新疆实现由经济不发达省区向经济发达省区的跨越,应保持一定的投资速度,调整投资结构,适度扩大投资规模。同时要充分认识中央宏观调控政策对固定资产投资走势产生的影响,科学把握调控力度,在保持适度的规模和增幅、以需求为导向、充分考虑资源对经济增长的约束和防止环境污染的原则下,加大投资力度,提高投资增速,以投资带动新疆经济的快速发展。

增加居民收入,充分发挥居民消费对经济增长的拉动作用。应提高新疆城镇中低收入阶层和农村居民的收入水平,进一步规范和完善社会保障制度,尽快形成市场导向的就业机制,积极扩大就业渠道,增加城乡就业机会，把促进就业和再就业作为增加居民收入的重点。扩大消费，注重民生工程建设，保障人民生活。新疆应抓住全国对口支援新疆的历史性机遇，重点突出民生工程建设，增加新疆各民族群众的可支配收入，健全新疆社会保障体系。一是要处理好新疆经济发展与人民群众收入增加的关系，通过分配制度改革增加居民收入，使收入差距趋向合理化；二是要解决好经济发展需要与人民群众利益冲突之间的矛盾。

5. 将对口援疆项目纳入当地经济社会发展总规划

目前，很多项目的落实更多的是从县对县的对口援疆考虑，而缺乏与整个地州统筹发展的结合，更难以与自治区的整体发展相协调，使得一些项目没有得到有力的推进并获得相应的收益。从长远发展来看，我们应当力求打破对口援疆项目行政区域限制，实现项目的优化转移，并将项目计划纳入新疆当地的经济社会发展总规划，从而实现对口援疆项目的叠加，使单个项目既符合对口援疆的计划，同时与当地整体规划相协调。在项目的整个规划实施过程中，在援疆地区政府和干部的援助指导下，加强受援地区政府和当地民众的参与度，实现援助方和受援方更好的合作，力求项目的规划更符合当地情况，并保证项目能够得到持续完满的推进实施，使项目“落地”后稳稳“扎根”，增强新疆的自我发展能力。

### （四）提升人才援疆效果

1. 建立起激发人才活力的人才机制

在新疆接受内地援助政策措施只能暂时吸引人才，而如果想长期、稳定、持续地吸纳和留住人才，需要将人才市场作为聚集优秀人才的主要载体，这样有利于促进科技人才资源的合理流动，实现人才资源的合理配置。在市场经济条件下，人才供需双方应通过市场供求机制来实现人才资源的最佳配置。经过30多年的区域非均衡发展，发达地区聚集了大量的科技人才。而处于我国中西部的欠发达地区则在国家推动经济快速发展的进程中因人才的匮乏而发展缓慢。在此背景下，应为人才的自由流动搭建平台，促进科技人才向新疆柔性流入。这些措施将有利于促进科技人才资源的合理流动,实现科技人才资源的合理配置。

2. 以项目为支撑,加大干部人才的培养

目前,有的对口援疆综合规划中干部人才项目内容还不具体,项目操作性还不够强,重点也不够突出。各省市工作队要进一步树立干部人才投入优先保证的思想,把干部人才项目做好做实,明确项目建设内容和实施时限,以项目实施推进干部人才工作,建立以才引才、以才带才的人才工作机制,力争使有限的援疆项目发挥最大的效益。抓干部人才项目时,要注重围绕新型工业化、农牧业现代化、新型城镇化,特别是煤电煤化工、石油石化下游产业发展、紧缺矿产资源综合开发、产业园区建设、城市规划等产业,加快引进和培养一批适应当地产业发展、受援地急需的紧缺人才。

3. 充分利用援疆渠道,加大培训力度,提升培训效果

充分利用援疆渠道,依托内地相关培训机构,在继续做好党政干部、教育、卫生、双语教师培训的基础上,让更多的新疆干部人才"走出去"接受培训,并注重提升培训效果。以往有些干部人才培训方式多以开阔视野的考察参观为主,培训时间短,内容针对性不强,在提高党政干部综合能力和专业技术干部专业技能水平上,效果还不明显。因此,应将挂职培养、实践锻炼和专业培训结合起来,将以往参观考察的短期培训转变为增长本领、提高能力的专业培训,真正提升培训效果。

4. 进行制度建设

通过制度建设,不断提高干部人才援疆工作科学化水平。制度建设带有长期性、稳定性、根本性,援疆工作走规范化、科学化的道路必须不断加强制度建设。①建立健全各项规章制度。以人才制度优先创新为基本原则,构建上下衔接的干部人才援疆规划体系;以调动援疆干部人才积极性为基本目标,建立援疆干部人才的考核和绩效评估机制;以促进援疆干部人才队伍建设规范化为努力方向,建立健全干部人才管理的一系列制度规定。②加大制度创新力度。随着援疆工作的不断推进,要根据新形势、新任务要求和干部人才队伍建设的实际需要,对业已执行的制度进行梳理和完善。同时,注意把援疆工作中经过实践证明是成功的一些好经验、好做法,以制度的形式固定下来,指导今后的实践。

5. 充分用好现有人才

加强新疆人才队伍建设关键要用好现有人才，通过用好用活现有人才，促进优秀人才脱颖而出，形成人才聚集效应。鼓励人才以各种方式为新疆发展贡献聪明才智。要创新人才创新创业扶持机制，为人才提供良好服务，营造“拴心留人”的人才发展环境，鼓励人才向基层和艰苦边远地区流动。

### （五）构建和促进和谐民族关系

1. 以发展促进和谐民族关系，夯实和谐民族关系的经济基础

抓住机遇，加快发展，努力缩小与内地的差距，实现与全国同步进入小康社会，对构建和促进和谐民族关系意义重大。以经济建设为中心，以经济的大发展带动民族关系的良性互动。民族关系问题在一定程度上是一种经济利益问题，因此，最大限度满足各族人民合理的利益要求，是解决民族关系问题的首选良策。

新疆的繁荣昌盛，人民的富裕，说到底是经济实力问题。新疆与内地发达省区市的竞争，说到底也是经济实力的竞争。只有加快经济发展，才能不断提高新疆整体经济实力，实现与全国同步进入小康社会；才能不断满足各族人民群众日益增长的物质文化需要，提高他们的生活水平，朝着共同富裕的方向不断前进；才能更好地解决经济社会生活中的各种矛盾和问题，增强战胜各种困难、应对各种挑战和抵御各种风险的能力；才能在激烈的竞争中始终处于主动地位，更好地维护祖国统一和边疆稳定。

2. 以人为本，促进各民族的全面发展和新疆经济社会的全面进步

在新疆，统筹兼顾，科学发展，解决城乡不平衡、区域不平衡的问题，意义重大。不仅要考虑到汉族和少数民族之间关系的问题，还要考虑到兵团和地方之间关系的问题，以及新疆和全国其他地区关系的问题。由于历史和地理的原因，新疆经济社会发展中的城乡不平衡和区域不平衡问题比较突出，特别是南疆和田、喀什、克州三地州的经济发展水平和农牧民的收入水平及生活条件与全区相比有较大的差距。要让各族群众共享改革发展的成果，必须以“工业反哺农业，城市支持农村”为策略，加大扶贫开发力度，重点围绕南疆三地州和其他低收入贫困地区，加大扶贫力度，使贫困地区尽快

脱贫致富。只有这样,南北疆才能缩小差距,民族关系才能得到改善,新疆才能和谐稳定。

3. 大力发展经济,实现新疆少数民族走向共同富裕

在新疆,发展经济是促进民族交融,巩固和发展良好民族关系的最根本出路。近几年,新疆不仅与内地尤其是沿海发达地区的经济差距不断扩大,内部各民族之间也存在不小的经济差距。差距的不断加大在少数民族中产生了不平衡感、失落感和危机感,影响着各民族之间的关系。对此,应借对口援疆的契机,促进新疆经济社会协调发展和长治久安。

(1)变资源优势为经济优势。资源优势是新疆发展最大的经济优势,但技术条件、环境污染、产品成本、市场需求等制约性因素的影响使资源优势与经济优势存在着现实的差距。新疆地区要发展资源优势工业,但又不能长期依赖于资源工业的单一结构,应开发新兴产业,使经济结构更加合理。新疆拥有的资源应尽快找到合理的发展途径,使其发挥最大的经济效益。

(2)积极发展市场经济。在新疆,由于各民族居住地区生态环境不同,形成了不同的经济文化类型和生产生活方式。如果彼此封闭,不能相互融通,就不可能形成各民族之间的密切联系。现代市场经济体制是营造民族之间利益共同体的核心力量。市场经济的建立和完善,形成了各民族在分工基础上的互惠互利、相互依存,各民族之间的经济利益联系也得到了进一步的加强。从经济利益上奠定了汉族离不开少数民族,少数民族离不开汉族,少数民族也互相离不开的坚实基础。但是市场经济的自发作用必然会造成利益分化和利益差距的扩大,特别是在各民族竞争实力相差悬殊的情况下,在发展市场经济的同时,国家还要建立针对不同民族经济发展的宏观调控体系,把各民族的发展差距控制在一个适当的范围之内。

加快新疆地区的经济发展,是新疆繁荣进步的根本途径,也是新疆巩固和发展和谐民族关系的物质基础。

### (六)走生态兴疆的道路

多年来,新疆逐步加强了生态环境的保护和建设,局部地区的生态状况不同程度地得到改善。但一边治理、一边破坏的情况仍然严重存在,整体恶

化的趋势并未遏止。一大批原始森林植被破坏严重，牧区草原退化速度加快，土地沙化面积不断扩大。这些情况表明，在促进经济发展中要把生态环境建设放在重要的位置，要在生态环境保护建设的基础上求发展，这是新疆一项长期而又艰巨的任务。全面开展环保援疆，为新疆各族人民创造优良的生态环境，是推进新疆经济社会又好又快发展的重要举措，是提升新疆环保工作水平的必由之路。

1. 树立生态优先的思想

生态环境建设是新疆发展的基础，也是最大的民生。在对口援疆中，应树立生态优先的思想，充分考虑到绿洲生态的环境容量，充分认识自然环境自身的价值，树立保护环境就是保护资源、保护生产力的理念，正确处理经济发展与环境保护的关系。摒弃促进经济发展必须以牺牲生态环境和资源为代价的错误看法，以及保护环境则必然限制经济发展的错误认识，树立绿色政绩观，切实将环境保护纳入各级政府决策和领导干部的援建工作中，使保护环境、优化生态与提高效率、发展经济协调地统一起来。

2. 采取有力措施加大生态环境保护和建设力度

积极利用重大的生态建设项目解决新疆生态环境问题。按照国家和自治区产业政策和保护环境要求，在援助过程中，应发展科技含量高、资源消耗低、环境污染少的新型工业，积极推进新疆经济增长方式的转变，实现经济与环境的和谐发展。同时要加大生态环境保护和建设力度，增加生态保护的资金投入，坚持不懈地继续搞好退耕还林还草工程，进一步落实停止采伐天然林木的各项措施，认真做好防沙治沙工作，抓好建设节水型社会的工作，推进治碱改土工程。

3. 加强当地群众参与

群众是生态环境建设的主体。生态环境与当地群众的生产生活息息相关，同时当地群众的人为因素也直接影响到生态环境的优与劣。当地政府要创造公众参与生态环境保护的条件，加大宣传力度，树立保护生态环境的意识。普及植树种草、水土保持、防治荒漠化等方面的知识，让更多的当地群众参与到保护环境的行列中来。

### （七）寻求援疆省份与新疆互利共赢

1. 利用优势互补实现产业合作共赢

在目前的对口援疆中，普遍存在援助方执行国家政策、受援方接受支援的双重被动的情形，这不利于对口援疆实现良好的效益。我们应该利用援疆省市在产业、人才和资金等多方面的比较优势，把产业援助作为援疆工作的重中之重加以推进，探索援疆省份优势产业与新疆当地资源的结合点。例如，山东将农业龙头企业作为农业援疆主力，推动龙头企业与新疆受援地区喀什农业资源的结合，用政策引导龙头企业参与援疆，发展高科技现代农业和农产品精深加工。我们应该拓宽产业援疆之路，实现互利共赢。同时不断加强疆内外企业的联系与沟通，使疆内企业与疆外企业实现优势互补，进一步深化产业合作，促进区域经济快速发展，实现从单方奉献向双方共赢的转变。这样的增长方式实现了援疆工作“输血”和“造血”的有机结合，既有利于新疆发展，又有助于创造援疆省市经济效益的双赢，对新疆与援疆省市长期合作、互利共赢起到积极影响。

2. 在丝绸之路构建中寻求互利共赢

习近平主席最新提出的构建“丝绸之路经济带”是我国扩大全方位开放，对资源重新进行优化配置的重大机遇。西北地区是我国在丝绸之路经济带构建中向西开放的前沿，但仅凭西北地区自身的微薄力量远远不够。中央在实施对口援疆的过程中，应努力把构建“丝绸之路经济带”中的机遇与对口援疆任务结合起来，新疆才能利用自己在丝绸之路上的地缘优势和广阔平台，与援疆省份在某些领域的经验、技术达到完美结合。合力做好新疆在构建“丝绸之路经济带”进程中谋求发展的蛋糕，使之成为新疆实现协调发展的重要增长极，同时也能使援疆省份共享其中的利益。

# 第五篇

# 个案研究

本篇为调研个案，以伊犁州（直）对口援疆工作为调研对象，分析了江苏省对口援疆伊犁州（直）的经验与创新、困难与问题，并提出相应的对策及建议。

# 第二十二章　伊犁州（直）新一轮对口援疆调研

2010 年 3 月，全国对口支援新疆工作会议在北京召开。中央决定通过对口援疆工作加快新疆区域发展，确定相关省市承担对口支援新疆的任务。同月，新疆向全国两会正式递交“设立新疆霍尔果斯、喀什经济特区”的议案，建议国家基于改革开放的总体战略，支持霍尔果斯、喀什扩大向西开放的力度，带动新疆的全面发展。2010 年 5 月，中央新疆工作座谈会议在北京召开。中央做出重要决定：利用全国之力支持新疆的建设发展，同时正式批准设立霍尔果斯、喀什经济特区。至此，霍尔果斯、喀什成为我国改革开放后继深圳、珠海、汕头、厦门、海南之后设立的又一经济特区，同时也是我国西部地区首个设立的经济特区。

本调研以伊犁州（直）为调研对象，旨在掌握新一轮对口援疆三年来取得的成效、积累的主要经验，以及下一阶段对口援疆需要关注的问题及建议。全部调研过程持续近两周，调研地点主要包括伊犁州（直）机关、霍尔果斯特殊经济开发区之核心区霍尔果斯口岸、对口援疆试点县霍城县和伊犁州（直）第一大县新源县。

在本次调研中我们获知各县有共性的做法，如：“三房”建设（安居富民、定居兴牧、危房改造）、教育和医疗援助、干部培养交流、农牧民职业技能培训、未就业大学生再培训等，各援疆单位基本上均能按计划，甚至超计划完成这些规定任务。因此，在调研中我们听到最多的一句话就是，新一轮援疆，老百姓得到的实惠最多。这也是我们此次调研感触最深的一点。同时，各县市又有独具创新性的一些经验和做法，比如：霍城县借力产业援疆建立起县级六大支柱产业体系;新源县援疆前线指挥组与受援方援疆办公室合署办公、创新援助双方协调工作机制;霍尔果斯口岸积极进行政策研究、争取优惠政策早日落地和细化实施细则等。

本报告主要汇报江苏省新一轮对口援疆伊犁州(直)三年来的经验,需要关注的困难或问题以及下一阶段对口援疆的建议。

## 一、江苏省对口援助伊犁州(直)的经验与创新

新一轮对口援疆开始后,援助双方积极探索,形成了对口援疆的创新性工作方式和经验。

### (一)调研与规划先行,保证目标明确,领导有方

为实现科学援疆、务实援疆,第七批援疆干部首先明确了援疆规划和各种制度的建立,通过规划展现了发展理念。

1. 明确目标

明确目标是保证援疆工作有序高效开展的前提。援疆工作伊始,江苏省委就对援疆工作做出了战略部署,提出了战略目标:到 2015 年,促进伊犁地区实现“经济发展明显加快、结构层次明显提升、各族群众生活明显改善、城乡面貌明显改观、公共服务水平明显提高、基层组织建设明显加强、可持续发展能力进一步增强”的发展目标;到 2020 年,最大程度缩小受援地区与内地差距,确保实现全面小康社会目标。

2. 加强组织领导

江苏省委、省政府坚决贯彻中央对口支援新疆的决策部署,在全国对口支援新疆工作会议召开后的第一时间就派出江苏省对口支援伊犁与克州工作先遣组实地进行调查,为对口支援做好准备。省委书记罗志军说,对口支援新疆是中央交给江苏的光荣任务,也是我们义不容辞的政治责任。我们将认真贯彻胡锦涛总书记关于援疆工作的重要批示精神,按照第二次全国对口支援新疆工作会议的部署,进一步增强政治责任感和历史使命感,把对

口支援这件大事办实办好，努力使江苏的对口援疆工作走在全国前列。省政府主要领导及省直属部门、对口支援地市的领导纷纷到伊犁州进行调研和工作对接，并于2010年8月成立了江苏省对口支援新疆伊犁州前方指挥部，切实加强对口援疆工作的组织领导，做到早安排、早启动、早落实、早见效。

伊犁州党委、政府高度重视新一轮援疆工作，充分发挥自身的主体作用，积极谋划，扎实推进，主动配合支援单位开展工作，着力解决实际问题，全力做好服务保障，确保了各项工作有力、有序、有效地推进。州党委、政府先后三次组织由党委主要领导带队的党政代表团到江苏互访交流；在建立领导小组和专门工作班子的基础上，于2012年又调整充实了江苏省对口支援伊犁州工作领导小组，明确了援疆机构设置；建立健全了受援地与江苏省援伊前方指挥部及各工作组的沟通联系制度、指挥部办公会议制度、对口援疆建设资金管理暂行办法、对口援疆建设项目管理办法等一系列制度。

3. 规划先行

江苏省坚持科学规划在先，有计划、有组织、有步骤地开展各项援建工作。对口支援新疆伊犁州前方指挥部自2010年8月成立以来，就把编制《江苏省对口支援新疆伊犁州（直）地区和新疆建设兵团农四师、农七师综合规划》（简称《综合规划》）工作作为援疆工作初始之年的重中之重，与中国科学院南京地理与湖泊研究所共同组成规划编制工作小组，深入伊犁州（直）各县市调研、对接，并于2010年11月27日、29日分别由新疆维吾尔自治区发展与改革委员会、江苏省发展与改革委员会主持召开了评审会，会议通过了《综合规划》，并提出了进一步完善的意见。《综合规划》成为江苏省援助新疆伊犁州的规范性文件。专项规划编制、援建项目实施、项目建设进度安排等都必须在综合规范的原则和框架内进行；同时，规定援疆项目经费的0.5%由前方指挥部统筹。在项目属地化管理的基础上，江苏援伊前方指挥部对项目设计进行统一严格把关，坚持高起点规划、高水平设计、高标准建设，要求所有援疆基本建设项目必须拿出三套方案进行比选，好中选优。

伊犁州(直)充分依托江苏省规划技术力量雄厚的优势,编制了《伊犁州(直)城镇发展战略规划》《伊犁河谷城镇体系规划》《伊犁河谷核心经济区(大伊宁)规划》《霍尔果斯经济开发区"一区三园"总体规划》等25个重大规划和一批专项规划(2011年14个,2012年9个,2013年2个),为伊犁经济社会发展提供了有力的规划依据。各对口援疆县市也都制定了援疆综合规划和专项规划。一系列政策、措施的出台,有效地保障了援疆工作的顺利进行。

### (二)民生优先,普惠民众

伊犁地区由于地域的特殊性,民生建设相对滞后。主要表现为:教育设施不配套,教育水平受到严重制约。农村劳动力大多是初中文化程度,小学文化程度和文盲比例30%,特别是一些游牧民族常年处于流动状态,接受教育有限,语言沟通存在一定障碍。双语教育处在初级阶段,职业教育也相对欠缺。公共事业经费不足,卫生技术人员能力不强,州县两级卫生机构基本建设缺乏投入,每万人床位数为43.18张,低于其他州。城乡建设规划水平较低,抗震安居房、牧民定居点和基础设施建设以及棚户区改造亟待加强。

针对民生建设的现状,新一轮援疆工作的一个重要特点是注重以人为本,集中力量保障和改善民生,以解决各族群众生产和生活中最直接、最现实、最急迫的问题为重点。紧急的事先干,容易的事先干,普惠的事先干,努力使受援地区群众现实生活有保障,未来生活有希望,实现学有所教、劳有所得、病有所医、老有所养、住有所居。为此,对口援疆工作着力解决城乡居民住房建设,大力实施游牧民定居工程,积极推进富民安居工程,加大棚户区改造力度。同时强化教育设施建设,重点推进双语学校建设,提升职业教育整体水平,提高高中教学质量,推进基础教育的均衡发展。加强医疗卫生设施建设,提升综合中心医院救治能力与标准化水平,改善基层医疗机构设施条件,加强专业医疗卫生机构建设。积极推进文化广电事业的发展,加强文化活动中心建设,支持受援地区广电事业发展。促进就业水平的提高,拓宽就业途径,增加就业覆盖广度,强化技能培训,提升劳动者素质,多方努力,提升高校毕业生就业率。提高综合社会福利水平,推进社会福利设施建设,提升弱势群体救助能力,促进慈善援助活动,让更多力量加入到援疆工作中。

### (三)“三个并重”与“三个优先”相结合,着力提升受援方的自我发展能力

1.“输血”与“造血”并重,“造血”优先

充分利用对口援疆机遇,尽快提高受援地自我发展能力是援疆的目的所在。援疆作为历史性任务,不能永远持续不变,不能只“输血”不“造血”,要给援疆之后受援地的发展奠定基础,否则多年援助之后,新疆还是经济总量小、产业发展弱,无法从根本上改变依赖援助和国家投入的状况。因此,新一轮援疆,在坚持“输血”和“造血”并重的前提下,注重“造血”功能提升,更加注重把加快发展作为解决新疆问题的根本途径。产业援疆、产业合作是增强受援地自我发展能力的有效途径,是增加就业岗位,实现各族人民安居乐业的重要基础。产业援疆要立足伊犁地区产业发展条件和方向,突出伊犁地区区位优势、资源优势、生态优势、政策优势及江苏省的产业、人才、技术、管理等优势,积极推进产业基础设施援建、技术援建、市场援建和招商援建,促进产业合作,提升“造血”功能,以产业援疆带动区域经济发展。

(1)充分发挥江苏省援伊前方指挥部及各工作组的桥梁纽带作用,积极搭建平台,多次组团赴江苏及沿海发达地区,开展产业合作洽谈交流,吸引了徐矿集团、苏宁电器等一批江苏知名企业家来伊考察合作。

(2)江苏省专门从援疆资金中安排产业扶持资金1.44亿元,组织实施了24个与伊犁州优势产业相配套的产业发展项目。

(3)启动实施了“百企千亿”产业援疆活动。新一轮援疆以来,伊犁州与江苏企业签订合作协议75项,签约总额1 052亿元,州(直)落实援疆项目40个(含续建项目),计划投资135亿,实际完成投资约57亿。

(4)举办江苏—伊犁产业合作及投资项目对接会,积极吸引和承接产业转移。2012年,在乌鲁木齐举行的苏新产业洽谈会暨项目签约仪式上,与江

苏企业签约9个项目,金额达355亿元。

2. 长远与当前并重,注重长远

江苏省在对口援助中,既抓住当前主要问题,让老百姓切实成为援疆的受益者,又考虑影响和制约新疆经济社会长远发展的因素,注重教育、人才、就业等。江苏省于1997年开始干部援疆,虽然那时的资金没有现在这么多,但建的是当时最好的医院、学校。虽然建起来的设施是最先进的,但是他们能否充分利用这些设施呢? 物质的东西很好改善,但改善人的素质与观念不是一朝一夕的事情,这才是问题的关键。

因此,一方面,要本着“民生优先”的原则,按照“资金提前安排、项目提前实施、群众提前受益”的要求,实施富民安居、定居兴牧、危房改造等住房改造建设;另一方面,要狠抓人才、就业问题,尤其是专业人才培养、技术人才培养、熟练工人培养。

3. 软件与硬件并重,注重软件

物质条件改善比较容易,通过全面援疆,新疆硬件条件明显改善,甚至有些硬件在全国也属上乘,但软件,如人的理念、人的素质跟不上,即便硬件再强也发挥不了作用。实践表明,对口支援工作不仅应注重硬件投入,更应注重软件建设。江苏省积极推进智力援疆,把干部、人才支持作为重要支撑点。

干部人才援疆是中央新疆工作总体部署的重要组成部分,也是新一轮全面援疆的关键环节,具有基础性、战略性、根本性作用。干部人才队伍是强疆之基、发展之本、和谐之要。新一轮援疆伊始,江苏省委组织部就编制了《江苏省对口支援新疆伊犁州、农四师、农七师干部人才发展规划(2011~2020年)》和《实施方案》,江阴市实施了“百千万”工程,坚持人才培养资金优先考虑、项目优先安排,确保干部人才工作资金不低于援疆资金的5%。在人才援疆实施过程中,始终坚持省统筹安排和各工作组对口自主行动相结合,以工作组对口自主行动为主;“走出去”与“请进来”相结合,以“请进来”为主;常规培训和专题辅导相结合,以专题辅导为主;长期进修与短期挂职相结合,以短期挂职为主的“四个结合、四个为主”思路,分层次、分类别、有计划、全方位地推进干部人才援疆工作,同时启动“连心牵手”“名家引智”“杏林春风”“暖心希望”“青蓝帮带”“绿色生态”等六大行动,推进各类人才的引进、培训和培养。除了党政干部外，专业技术人才涉及医疗、教育、卫生、金融、农业、工业等各方面。同时积极引导当地高校科研机构开展科技援疆，增强受援地的科技创新能力。

### （四）注重政策研究，出台配套政策

鉴于各县市具有各自不同的特点，制定适合本地区、本县市特点的援疆配套政策是提高对口支援成效的重要措施。霍尔果斯口岸在制定并积极落实使用适宜本地政策方面做了积极探索，并且取得了成效，这个经验值得其他县市借鉴。

（1）健全组织机构，成立由管委会主要领导任组长的政策研究领导小组，设立政策研究室。

（2）明确政策研究课题，定期召开政策研究领导小组会议，研究审议相关政策议题。截至 2013 年，先后出台基础设施项目政府贴息实施意见、企业所得税优惠管理办法等 16 个方面的政策措施。同时，积极推进整车进口和落地签证政策前期工作，制定整车进口研究报告，协调落实签证业务办公场所。

（3）积极向上争取下放权限，梳理出需要自治州下放的权限共计 9 大类 26 项，目前已下放 23 项。

### （五）建立援疆项目监管机制

建立健全援疆监督检查工作的长效机制是确保援疆政策落实、项目优质、资金安全、干部廉洁的重要保障。

（1）完善援疆责任机制。伊犁州纪委与江苏对口援疆前方指挥部联合出台了《关于对江苏省对口援建项目实施情况开展监督检查的意见》，下发了《援疆项目监督检查实施方案》。江苏省对口援建前方指挥部制定下发了《项目管理实施细则》《建设资金管理实施细则》《非基本类建设项目资金管理办法》《援疆项目竣工验收管理暂行办法》和《援疆项目竣工财务决算编制暂行办法》。

(2)加强风险防控。制定《基本建设项目廉政风险防控手册》,做到人手一册。

(3)实施公开监察。坚持把公开透明原则贯穿于项目实施和资金管理的全过程,推广“公示牌、承诺牌”工作做法。聘请人大代表、政协委员和基层群众作为廉洁援建监督员,接受公开监督。

(4)建设电子监察系统,建立电子监察平台。江苏省率先在全国19个省中率先建设、运用电子监察系统平台,用“机制+科技”构筑了江苏廉洁援疆“防火墙”,成为对口援疆监督检查的特点和亮点。

## 二、新一轮对口援疆工作需要关注的问题

新一轮对口援疆取得的巨大成就有目共睹,但是在既有的三年实践中,也存在一些困难或问题,需要予以关注或解决,以保证下一阶段援疆工作取得更好成效。

### (一)规划编制与实际发展需要实现无缝衔接尚需努力

(1)符合各地实际、体现各地特点的配套政策欠缺。尽管国家和自治区有对口援疆的指导性方针和措施,可以作为对口援疆工作的指导方针,但各州、县有自己的特点,应制定更具操作性和针对性的政策,以保证对口援疆更切合实际。在调研中发现,州(直)有些县市没有制定自己的援疆项目参与政策。

(2)在规划的编制中,受援地的主体地位没有体现出来。规划的编制和援建项目的确定,由援助方根据中央相关政策、精神,组成规划编制工作小组,对受援地进行调研、对接,商议确定综合规划。援建项目的前期调研主要由施工方或援建方来完成,从项目规划到施工都主要由援助方来完成,当地政府和企业及专家的参与相对较少。

(3)规划强调各县市发展多,从河谷总体统筹发展少。对口援疆,从大的层面看,19省市对应不同地州;从小的层面看,19省市的各县市分别对应

新疆各地州县市，这样有利于工作落实以及援助双方的沟通和协调，但总体统筹协调又相对欠缺。从而导致发展规划的制定仅从本县（市）角度考量，不考虑河谷和全疆发展状态，导致一些项目开工了，才发现原料不足、配套产业链缺失。如川宁药业，一开工生产就陷入玉米原料不足的困境。

(4)援疆发展盲目遵循发展规划，并未适时做出调整。在实施中发现有些规划与发展后的实际不甚相符，而规划的整体修改程序又很复杂。所以建议对援疆规划进行中期调整，以期使规划更贴合实际，更具指导性。

(5)有些援建项目与受援地衔接尚弱。部分项目，尤其是“交钥匙”工程，项目实施过程中，从规划设计到建设机构和建设人员，再到建设用材，均由援助方独立承担，基本没有拉动当地企业和就业，受援地无法真正参与，削弱了当地人们对项目的责任意识和主体热情。

### （二）就业及产业工人队伍建设任重道远

人是经济和社会发展的主体力量，新疆经济自我发展能力提升的关键也在人。新疆人口增速显著，但是产业工人和专业技术人员队伍薄弱，这既是新疆经济发展必须面对的困境，又是影响新疆社会稳定的潜在威胁。

1. 新疆面临就业和用工双重困境

一方面，很多适龄劳动人口找不到就业岗位，成为劳动力资源浪费和社会不稳定的诱因；另一方面，企业用工困难，尤其是技术工和熟练工严重缺乏，甚至影响企业正常运作。究其原因，主要有以下几个方面。

(1)就业观念落后。有些人不愿意或不能离开家，希望在本县或伊犁地区就业；有些人只愿意到大企业就业，看不起小企业；有些人愿意做技术性或管理性岗位，不愿意做体力型、熟练工岗位，但自身又不具备专业技能和专业素养，导致就业欲求与就业现实错位。

(2)劳动力专业素质较低，缺乏专业知识，无法胜任专业性或技术性工作岗位。虽然每年冬季都进行农牧民专业技术培训，但主要是泥瓦匠、缝纫等专业培训，农牧民即使拿到了上岗证书，也难以胜任现代企业专业技术岗位。结果使援助企业的技术岗位、管理岗位多由援助地人员承担，而当地居民大多从事技术含量较少的体力活动，这在一定程度上导致当地人心理失衡。

2. 技能培训效果欠佳

首先，培训面较窄。由于受经费制约，培训交流的对象主要集中在教育、卫生行业，而对产业发展急需的技术人才、管理人才等的培训力度明显不够，培训针对性不强，没有根据当地经济社会发展的总体需要确定培训计划。其次，培训的内容单一，导致学员的兴趣不高。有些培训计划难以组织到一定的学员，不得不临时取消。再次，培训和使用脱节。部分学员在参加完培训之后，所学到的技能及知识得不到有效的应用。

### （三）体现援疆成就与鼓励受援方主体意识有待协调

对口援疆作为国家战略，是国家缩小地区差距，保证新疆跨越式发展和长治久安两大历史任务顺利实现的重要举措，也是新疆借力实现大发展的重大历史性机遇。牢记援助方的无私奉献和对促进新疆经济社会发展的巨大贡献理应是对口援疆的题中要义，但既应弘扬和展现援疆成就，又该鼓舞受援方士气，唯有将援助方与受援地的力量拧成一股绳，方能将援疆效应发挥到极致。

在实际援助操作中，许多受援项目以援助方名字命名，如江苏医院、江苏中学等，过于讲究形式上留下工作痕迹，不利于激发当地人民的主人翁意识和责任感，容易使他们萌生与我无关的旁观心理，或主体意识被压抑。建议援疆项目，例如“交钥匙”工程，以能够体现当地地方特点的名字命名，改建项目则依然延续原有名称，可以在工程简介碑铭上记录援建事实，这既体现了援建的功绩，又不致使受援方产生被动感。





### （四）援疆模式有待改进

新一轮对口援疆采用汶川模式，但新疆与汶川毕竟差异太大，汶川是大地震后的灾后重建，可以在一个确定的时间段内，通过重建、改建等方式修建基础设施，建设安居房等解决其继续发展的暂时困难。而新疆是多民族边疆经济社会欠发达省区，面临着经济社会发展的一系列困难。援疆不仅具有紧迫性，还具有长期性、艰巨性，绝不能期望通过一段甚至是较长一段时期的援助,就可以从根本上解决问题。

在调研中,我们看到最多的成果是安居房、医院和校舍建设。这些物质条件的改善或许很容易,但农牧民有房子住并不意味着就增收了;医院、校舍盖起来了,并不意味着医疗水平和教育水平就提高了,软件的提高绝非短时期能奏效。所以如何提高新疆经济社会发展水平,切实转变发展理念,是在下一阶段对口援疆中必须重视的问题。对口援疆是综合性援疆,需要有一套从改善民生到发展能力提升的综合援疆模式,而不是单一的援建模式。

### (五)民生与发展的关系需要进一步思考

新一轮援疆要求把改善和保障民生放在对口支援的优先位置,这是国家人本战略的重要体现。但是,民生有力、有序、有效的解决最终需要发展作为前提。我们看到的豪华的安居房、医院和气派的校舍是新一轮援疆的积极成果,在这些成果之中,老百姓得到了真真切切的实惠,这要感谢党的政策的优越性。但是后续管理、软件的建设以及维护需要发展作为支撑,因为硬件设施最终会老化,几年或者是几十年之后,当这些设施已经过时或者不能再使用时,我们能不能自己去建设?有没有能力去建设?霍城县对口援疆县委书记对这种情况表示了担忧。江苏省对口支援霍城县已经超过10个年头,当初援助方把援助的资金主要投在关注民生的硬件建设上,如今这些设备大部分已经落伍,如果当初把这些钱投在产业发展上,可能情况会大不一样。所以我们必须及时总结援疆过程中的民生与发展关系的经验。

### (六)产业援疆相对滞后,自我发展能力薄弱

1. 产业基础薄弱,产业链没有形成

伊犁地区科技队伍、科技投入和科技成果均处于劣势,基础设施落后,技术创新能力低,自身发展能力较弱。资源转换受技术瓶颈制约明显,产业加工层次和附加值很难提升;文化旅游以及服务业开发和策划能力弱;农业产业化水平低,河谷大量农畜资源长期分散在1 000余家弱小散农产品加工企业中。龙头企业难以集中利用资源,制约了企业进一步做强做大,“资源

优势、效益劣势”的状态短期内难以改变。同时，产业链没有最终形成，在对霍尔果斯产业园区的调研中可以看出，园区分散的几家企业互不关联，且规模小，很难形成特色产业集群。

2. 产业援疆的力度需要进一步加强

江苏省对口支援伊犁州（直）产业发展项目68个（2011年22个、2012年24个、2013年22个），计划援助资金2.540亿元，完成援疆资金2.567亿元（2011年7 423万元，2012年9 807万元，2013年8 437万元）。如此有限的资金对当地产业的带动非常受限。另外，落户到伊犁州（直）的企业比较少，如到霍尔果斯的企业目前只有苏新工业园、苏新工业坊和集宿区项目建设。在对苏新工业坊的实地走访中发现，工业坊2012年完工，到2013年只有一家物流企业入驻，且这家企业目前还没有运转。同时，由于伊犁州（直）发展基础薄弱，在企业的战略转移过程中，江苏企业更愿意转移到河南、贵州、苏北等地，有些企业转移到东南亚地区，新疆伊犁州承接的产业项目非常有限。在伊犁州（直）2013年重点项目建设计划中，江苏企业的身影较少，目前只有一家企业参与到重点项目建设之中。

3. 援疆优惠政策没有得到充分实施

新一轮援疆以来，伊犁州没有出台相关的实施细则，一些政策没有办法落地，如企业所得税五年全免的优惠政策就没有能够完全落实，因为新的产业目录没有出台，目前只能沿用西部大开发的产业目录。

## （七）区域发展内生动力不足

1. 传统生存方式对新疆少数民族农牧民自我发展能力的约束

伊犁州（直）少数民族占总人口的59%，少数民族从事传统农牧业生产的劳动者占总人口的77.73%，维吾尔族劳动力当中有80.5%属于农业劳动者，柯尔克孜族、哈萨克族劳动力分别有84.3%和77.2%是农牧业劳动者。他们在畜牧、园艺方面积累了丰富经验，但由于与外部社会交流少，他们不适应来自外部的现代产业转型的要求，特别是不适应现代工业所形成的快节奏的生活方式。流水线上的紧张、单调、乏味与游牧业、农业所形成的悠闲、散漫、自在、没有任何管束的生活格格不入。另外,少数民族聚居村落是在血缘、地缘关系上形成的一种熟人社会,在相当程度上保留着制度化的互惠性经济体系。它的目标并非指向财富积累与经济的持续增长,而是聚焦于共同体的社会稳定与存续。这种伦理、义务、道德同市场经济所倡导的竞争、效益、利益最大化存在很大的矛盾和冲突。在调研中,我们感受到了援疆干部对这种传统生活方式的苦恼和焦虑。可见,自身发展能力不足与交往方式、生产方式、生活方式密切相关。如果我们固守传统,不能以壮士断腕的勇气和魄力厉行改革,就很难有强劲发展的动力。

2. 干部理念与现实要求有一定距离

落实要到位,干部是关键。新一轮援疆实施以后,虽然干部的整体素质得到了优化和提高,但是在观念上仍然存在种种不足和差距。主要表现为:①等政策。一些干部说:"我们与援疆干部有差距,人家援疆干部考虑的是'这件事怎么干,怎么干成',我们的干部考虑的是'政策允许不允许,能不能干'。缺少一种爱拼才会赢的观念。"②等援助。我们发现一些干部说的比较多的是"我们需要建多少个图书馆,建多少个学校,建多少个医院,建多少个文化站,需要多少援助资金"等,带我们去看的也多是已经建好的学校、医院、文化站。③一些干部"官本位"思想比较严重。一位援疆干部说:"有时到州里办事很难,审批很麻烦,如土地出让,审批手续从 2011 年办到现在,都没有办下来。"④一些干部"重农轻工""重农轻商"的思想仍然存在。

### (八)援助双方的力量整合有待加强

1. 资金的使用

在调研过程中发现,尽管新一轮援疆后输入了大量的资金,但依然所有的项目都缺钱。究其原因,一是希望通过援疆解决尽可能多的问题,援疆项目全面开花,面面俱到,但援疆资金援助总体规模有限。如江苏对口援助资金从 2011 至 2013 年共花费 32.36 亿元,分散在八县二市和兵团两个师的民生建设、人才培养、基层组织建设等各个方面,没能集中有限的资金解决一些关系到州经济社会发展全局的重大问题。二是很多项目需要配套资金支持,但受援方往往拿不出配套资金,以致影响项目进度。结果援助双方都在抱怨:援助方认为,因为配套不到位,导致项目无法竣工和使用;受援方认为,他们实在无力配套支持。可见,援助双方应该建立双向互动机制,既从实际可能和需要出发,又充分调动援助双方的积极性和主动性,尤其是受援方的主体意识和参与意识,防止形成越帮越需要更多后援、开工项目越多资金缺口越大的现象。三是援助方与受援方之间的工作机制需要进一步完善。在伊犁州(直)调查中发现,江苏省援疆伊犁州(直)前方指挥部与当地援疆办、伊犁州(直)机关各职能部门之间的沟通还有一定的改进空间。有一位干部说,过去干部援疆就在对应的部门上班,有什么问题可以随时沟通,但现在援疆干部虽然也在相关部门挂有职务,但在前方指挥部上班,有问题要到前方指挥部汇报,感觉沟通有些不方便,觉得和这一批援疆干部的距离比和过去的援疆干部的距离远了。

2. 对援助项目的理解

援助方认为,援疆项目,尤其是"交钥匙"工程,只需把项目建好交给受援方即可。项目全过程由援助方进行,从项目设计到项目施工,从施工单位选择到建设用材选用,都依靠援助方完成。而且项目完全由援助方承担,便于协调和提高项目建设效率。

受援方则认为,既然是在伊犁州(直)进行的援建项目,理应带动伊犁州(直)的就业和经济发展,因此,应尽可能使用本地力量,如本地的建筑公司,即使本地企业由于种种限制难以完全承担项目建设,也可以由双方联合建设。援助具有政治意义,援助方有责任带动受援方企业发展,也只有如此才能真正地把援助方先进的管理理念、科学的管理方法和现代的专业技术传授给受援方,才能切实提高受援方的自我发展能力。否则,容易导致援疆项目的体内循环。

3. 对职业技术培训的理解

双方一致强调,提高劳动力素质是提升伊犁州(直)自我发展能力的关键,也都认可职业教育的必要性、重要性。双方理解的差异点体现在以下方面。

施援方认为,花了大量的人力、物力进行技能培训,结果有的人拿了多个上岗证或职业证书，依然不去工作，自我封闭、过于散漫、强调个性；甚至有些人参加技能培训不是为了提高个人技能素质，而是为了得到培训补贴。

受援方认为，培训的项目主要是低层次的，与现代工业并不适应的手工式、工匠式技能（如缝纫、泥瓦工等），即使接受了培训，也不能符合现代化企业的技能要求，依然就不了业。技能培训流于走形式、走过场，低水平重复是浪费资源，起不到提升劳动者素质的实际作用。

### （九）援疆人员的切身利益必须重视

人才援疆是对口援疆的重要内容，是引领受援地接受新理念，提升管理、技术水平的重要路径。人才援疆主要包括三类：党政干部、专业技术人员和企业管理人员。一般援疆党政干部工作周期是3年，援疆专业技术人员工作周期是1.5年，援疆企业管理人员随企业流转。大多数人认为援疆专业技术人员的工作周期过长。因为江苏是国内发达地区，而新疆则是相对欠发达地区，在新疆工作时间长了，会影响援疆专业技术人员专业技术水平的提高，甚至会影响收入的增加。在江苏工作，经常有出国考察和交流的机会，有利于开阔视野，把握世界科技进步动态，增长新知识，提高新水平；在新疆工作1.5年，受制于当地的技术水平、技术装备和专业团队，已有的技术水平都难以发挥作用，更无从谈学到新技术。援疆结束后回到原籍工作，援疆专业技术人员在同行中的竞争力会削弱，直接影响自身的发展和职称晋升。这是无法回避的现实问题，希望引起相关部门的重视。

援疆工作的长效机制没有建立起来，援疆工作三年一轮，每一轮援疆干部都会从自身政绩的角度去思考本轮援疆工作，会把“紧急的事先干，容易的事先干，普惠的事先干”作为本轮援疆工作的重要出发点。

## 三、下一阶段对口援疆的建议

### (一)完善对口援疆规划和工作机制

1. 对口援建项目纳入当地经济社会发展的总体规划之中

注重项目与受援县市发展规划的衔接,不搞重复建设,也不能因为衔接不到位留下空白。各县市根据自身条件,规划相关项目,根据援助方和受援方各自的优势,明确分工,形成合力。援助方承担的项目由援助方负责,受援方积极参与,主动配合,在参与中学习援助方先进的技术和管理经验;受援方承担的项目,受援方要摆脱等、靠、要的思想,发挥自己的主观能动性,在干中学,在学中干,逐步提升自身的发展能力。

2. 尽快制定和完善对口援疆配套性政策

准确把握对口支援工作的目标、任务,尽快制定对口支援相关政策和实施细则,包括引导和鼓励人才创新创业政策、高层次人才引进政策、人才奖励政策,变被动为主动。霍尔果斯口岸在配套政策研究、争取和实施方面取得了一定成效,其做法值得各地县借鉴。

3. 完善领导机制

对口援疆是我国体制优势的体现,援疆效果好坏与领导机制是否合理到位关系密切。为形成合力,齐抓共管,援建工作必须在援、受双方党委政府的统一领导下进行。

4. 要完善监督检查和责任制度

形成各部门责任明确、各负其责的工作态势,强化责任,各方参与,把援疆效果纳入各部门效能考核内容,通过切实可行的措施,变“要我做”为“我要做”。

5. 协调机制

援助双方必须建立行之有效的协调机制,出现问题及时解决,比如:新源县援助方援疆前线指挥组和受援方援疆办公室合署办公是一种可以借鉴的协调工作方式,这种工作机制避免了出现推诿扯皮的现象,便于及时发现问题和解决问题。

## （二）实现两个转变

1. 由单方援助、奉献向资源共享、实现双赢转变

援疆工作是一项长期任务，是从根本上改变新疆各地落后局面的重大战略举措，为使援疆工作更有效率，更可持续发展，有必要改变目前单方奉献的局面。目前的援助，对援助方而言，是一种无私奉献和真情援助；对受援方而言，新疆各地、各族人民成为援疆工作的直接受益者，应怀有感恩之心。现实中，新疆干部到援助地学习考察，见到援助方同志则心怀愧疚，觉得给他们添了麻烦；对援疆干部、技术人员背井离乡到新疆各地工作，全疆上下都认为他们非常辛苦，对其充满感激。如何将这种单方援助、奉献局面转化为两地双赢的发展局面是需要认真研究的问题。要改进援疆工作模式，由单方面无偿援助向促进广泛合作的双向共赢转变。

新疆具有独特的地缘、资源等优势，而援助方有人才、资金、技术优势，应积极促进双方更广泛的经济合作，实现优势互补，做到援助方在受援方有利可图，受援方在援助中协调发展，这样就能形成双方互动、共赢的援助效果。同时，既能体现“两个大局”思想，落实中央新疆工作会议精神，又能调动“两个积极性”，实现共同发展，为援助方各地提供新的发展空间，增加新的增长点。比如：在霍城援疆中，通过产业援疆和招商引资，引进了许多企业入驻霍城，这些企业把两地优势结合起来，既带动了当地经济发展，自身也取得了良好的经济效益。

今后，要更加积极地创造条件，扩大招商引资规模，推动援助方各地、各要素向受援地经济、社会领域进军。要创新援疆工作理念，实现由党委政府主导向引导全社会广泛参与的转变。政府牵线搭桥、两地干部互通信息，通过招商、洽谈、股份合作等形式，加快东部企业入驻、合作步伐；鼓励民间资本投入，并为其提供宽松、优惠的政策环境。

2. 由民生项目优先适时向增强产业援疆力度转变

在已经进行的新一轮对口援疆中，民生工程和项目是援疆的硬任务，这

对于改善民生,使援疆惠及广大民众起了巨大的作用。在近三年的援疆中,产业援疆尚未全面展开,但通过产业援疆留一批企业,通过产业援疆输入先进技术和管理,通过产业援疆带动就业,通过产业援疆提升新疆自我发展能力是援疆的最终目的所在。所以,随着项目援疆工作取得阶段性成就,下一阶段的援疆可在继续关注民生项目的同时,适时将援疆重心向产业援疆转变,通过新型工业化,提供更多的就业机会。只有新疆借助援疆提升了自我发展能力和竞争能力,才有希望缩小东西部差距,实现区域协调发展,并为新疆长治久安奠定坚实的物质基础。

(1)新疆资源丰富,但生态脆弱,产业发展不能再走先污染后治理的老路,一定要吸取已有的经验教训,保护生态环境。因此,应适当提高产业援疆门槛,选商择商,不能什么项目都进入新疆。不能经济上去了,环境和资源却被破坏了。

(2)随着第七批援疆干部的到期离任,已经开建的项目,尤其是经过实践证明符合当地发展需要的,有利于带动区域经济发展的产业援疆项目应进行下去,不要因为援疆干部换届而终止。比如:霍城县的产业园区建设作为江苏省对口援疆的产业品牌,作为霍城新型工业化发展的一个重要载体,经过多年的努力建设,现已初具规模。但是目前却面临着基础设施建设滞后、发展后劲不足、缺少重大产业项目支撑的困境。因此,建议援、受双方政府组织在建设开发区方面聘请有丰富经验的专家考察指导,帮助编制对口支援产业发展规划和园区规划。同时,组织东部各省市知名企业到园区考察投资,着力推动东西部经贸交流和合作,使一大批企业在园区落地生根,为新疆长远发展建立“造血”机制。

(3)产业援疆项目要在全疆范围内统筹规划与调配,产业发展要统筹兼顾援助方的产业现有优势和受援方的需求与既有基础。援助方具有的产业支持优势与受援方的需求和产业基础很有可能不匹配,因此,有必要在地州范围内各县市之间,甚至是自治区内各县市之间实现项目转换和转嫁,打破援助区域界线,以实现资源的最优配置和产业通盘考量,提高产业发展的综合区域带动效应。

### （三）实现两个提升

1. 提升援疆项目效应

（1）推进项目建设。加快在建项目实施，着力加强资金使用、工程建设、质量安全等重点部位和关键环节的监督管理，及时发现和解决问题，强化在建项目进度和质量，不断提高项目监管水平和投资效益。按照"全方位储备、宽领域申报、多渠道争取、高水平建设"的要求，积极搭建主导产业、基础设施、社会事业、生态环境、旅游开发、民生改善等多种类型的项目支撑体系。

（2）加大项目投入。进一步调整财政支出结构，压缩一般性公用经费，凝财聚力加大民生和社会事业建设投入，加快资金拨付进度，确保应承担的配套资金及时足额到位。进一步加强项目资金管理使用情况的监督，严防挤占、挪用、滞留以及虚报冒领等行为，提高资金使用效益。

（3）提高项目效益。认真总结推广好经验、好做法，健全完善已建成项目的运行、维护、管理等制度，确保已建成项目高效运行，最大限度发挥项目效益。

2. 提升人才培训质量

（1）干部培训方面。在巩固前期短期培训成果的基础上，切实把"干部理念转变、干部管理能力提高"作为重点。比如：推广霍城"百千万人才"工程经验，并不是简单地培训几天、参观几日，而是大规模、深层次、分类别地培养干部、造就人才。加快新疆经济社会发展，急需高素质的干部人才队伍。因此，希望借助援助省市更多、更丰富的资源，采取挂职、举办培训班和选派各领域专家到新疆指导工作等多种方式，加大干部人才培训力度。同时，加强党员干部现代远程教育系统、党校和职业培训学校等建设，提高新疆干部人才的培训能力。

（2）职业培训方面。培养适合新型工业化、具有产业工人基本技能和素质要求的产业工人队伍，是实现新型工业化的基本要求，建议通过切实有效的措施，展开职业技能培训，为新型工业化发展提供人力支持。

第一,职业技能培训要先到企业调研,根据企业需求进行订单式培训,实现稳定就业,并支撑区域经济发展。不能停留于低水平重复的培训,因为这常常导致许多农民手里拿了几个证,但还是不能适应企业需要,进不了企业,就不了业。

第二,训练本土人才。新疆人才缺乏的现实,不能完全依赖援疆或者引进人才,应多元、多渠道结合。其中,训练本土人才是最重要、最可靠的路径。针对专业技术人员缺乏的现实,可以通过定向契约培训的方式,培育一批本土出身的专业技术人员。比如:针对乡镇卫生院医护人员严重不足的现实,招收一些分数略低的高考学生,约定毕业后必须到定向地区和单位就业,或者约定在乡镇卫生院连续工作5至8年方可调离。通过在基层训练技术,培养感情,形成一批稳定的乡镇医疗队伍。

### (四)更好地发挥援疆干部及专业技术人员作用

为了更好地发挥人才援疆的作用,需要针对不同援疆人员特点采取不同的措施。

1. 强化援疆干部的衔接性和连续性,强化援疆专业技术人员的实效性

援疆人员的工作时限实行统一性和灵活性相结合的原则,既有统一的时间规定,比如:党政干部一届3年,专业技术人员一届1.5年,同时又给予一定的灵活性,根据工作需要和援疆人员自愿原则,适当延长或缩短援疆时间。

关于援疆干部,应灵活调整其任期。第一,2013年底第七批援疆干部到期,第八批援疆干部到位。第八批干部结构如何配置的问题应该提前做调研,根据各地区特点,选派更适合的干部,而不是以派出名额、完成任务为标准。第二,为保证工作的连续性,建议根据自愿原则,从第七批干部中选出一部分继续留任一段时间,便于新一轮干部熟悉情况,尽快进入角色和工作的衔接。

关于援疆专业技术人员,应根据专业特点区别对待。对于医疗专家,由于医疗专业技术进步更替快,医疗专家援助时间可适当缩短,以1年甚至半

年为一届;而教师专家则最好 3 年为一届,以保证一个完整的教学周期和师生之间的相互适应。

2. 更加关爱援疆人员

随着全面建成小康社会目标的提出,下一阶段对口援疆工作要求更高、任务更艰巨。援疆人员都是援助方各省市宝贵的人力资源,也是受援地的宝贵财富。援疆人员必须付出许多代价,具有自我奉献精神。对此,援助双方都必须予以认可和激励。受援方应该给援疆人员更多的鼓励与支持,在政治上充分信任,工作上大力支持,生活上热情关心。同时,加强对援疆干部、专业技术人员的宣传力度。援助方应在援疆人员工作任期届满后给予更多的关注和爱护,一是不能让无私奉献的人吃亏;二是应对其响应和支持国家号召的行为予以适当的物质奖励和精神激励;三是形成榜样力量,让更多的人愿意加入到这个行列中来。

# 附　　录

## 19省市对口支援新疆情况一览表

| 省　市 | 对口支援地区 | 援疆计划、思路 |
|---|---|---|
| 北　京 | 和田地区的和田市、和田县、墨玉县、洛浦县及新疆生产建设兵团农十四师团场 | 五大示范项目：和田市棚户区改造一期工程、和田县抗震安居房暨新农村建设工程、墨玉县设施农业建设工程、洛浦县人民医院病房楼建设工程、兵团农十四师红枣加工基地建设工程。 |
| 广　东 | 喀什地区疏附县、伽师县、兵团农三师图木舒克市 | 未来5年，广东省(含深圳市)将安排资金96亿元对口援建喀什地区“两市三县”；在2012年底前完成对口支援总体规划及公共服务、基础设施、产业发展、城乡建设等各专项规划的编制工作。 |
| 深　圳 | 喀什市、塔什库尔干县 | 着力帮助解决对口支援地区民生问题，改善人民生活，把人、财、物重点投向民生领域，切实解决对口支援地区群众最直接、最现实、最紧迫的民生问题。 |
| 江　苏 | 克孜勒苏柯尔克孜自治州的阿图什市、阿合奇县、乌恰县，伊犁哈萨克自治州10个县(市)，以及新疆生产建设兵团农四师、农七师 | 把保障和改善民生作为对口支援工作的重中之重。 |

续表

| 省 市 | 对口支援地区 | 援疆计划、思路 |
| --- | --- | --- |
| 上 海 | 喀什地区巴楚县、莎车县、泽普县、叶城县 | 把支援重点放在群众最为关注的民生问题与可持续发展问题上。 |
| 山 东 | 喀什地区疏勒县、英吉沙县、麦盖提县、岳普湖县 | 着力支持民生保障项目建设;着力培育特色优势产业;以智力帮扶为重点,着力强化人才援疆工作;着力推进农村基层政权和基层组织建设。 |
| 浙 江 | 阿克苏地区的1市8县和新疆生产建设兵团农一师的阿拉尔市 | 突出改善民生;突出干部、人才支援;突出项目支援;突出产业培育和资源开发利用。 |
| 辽 宁 | 塔城地区 | 把受援地区各族群众最为关注的住房等民生问题作为对口支援的工作重点,一定要在2012年入冬前帮助受灾群众把住房建起来,不让一户受灾群众受冻。 |
| 河 南 | 哈密地区、兵团农十三师 | 做好六个方面的工作,加强工作的对接,实现优势互补,实现豫新两地共同发展。 |
| 河 北 | 巴音郭楞蒙古自治州、兵团农二师 | 把保障和改善民生放在对口支援工作的优先位置,把资金、人才、技术、智力等更多投向民生项目,让广大群众切身感受到对口支援的成果。 |
| 山 西 | 农六师五家渠市、昌吉回族自治州阜康市 | 以企业为骨干,与新疆各族人民友好相处,实现互利共赢。 |
| 福 建 | 昌吉回族自治州的昌吉市、玛纳斯县、呼图壁县、奇台县、吉木萨尔县、木垒县六个县市 | 把重点更多地放在与群众切身利益相关的生产生活条件上,着力解决受援地区群众最直接、最现实的困难和问题,大力帮助各族群众解决就业、教育、住房等基本民生问题。 |
| 湖 南 | 吐鲁番地区 | 科学编制对口支援各项规划;把促进科学发展作为对口支援的突出任务;把改善民生放在对口支援的优先位置;充分利用好湖南的优势;精心组织好重大项目建设。 |

续表

| 省　市 | 对口支援地区 | 援疆计划、思路 |
| --- | --- | --- |
| 湖　北 | 博尔塔拉蒙古自治州博乐市、精河县、温泉县与兵团农五师 | 选择切合实际的援助项目，切实满足当地需要，着力解决博州和农五师经济社会发展的瓶颈和难点问题，切实加强受援方的造血机能。 |
| 安　徽 | 和田地区皮山县 | 突出重点，坚持当前与长远相结合、输血与造血相结合、硬件与软件相结合、政府与市场相结合。 |
| 天　津 | 和田地区的民丰、策勒和于田三个县 | 采取10项措施做好新一轮对口支援工作。 |
| 黑龙江 | 阿勒泰地区福海县、富蕴县、青河县和新疆生产建设兵团农十师 | 将围绕农业产业化、矿产资源开发、地质勘探等领域，加强协调沟通，不断拓宽合作渠道，通过技术支援、资本输出、人才共享、合作开发，促进两地民族团结和经济共同发展。 |
| 江　西 | 克孜勒苏柯尔克孜自治州阿克陶县 | 通过前五年的对口援建，力争使阿克陶县经济总量、财政收入、县城规模实现三个翻番，经济发展综合水平达到江西省县(市)的平均水平。 |
| 吉　林 | 阿勒泰地区阿勒泰市、哈巴河县、布尔津县和吉木乃县 | 对口支援的重点是着力改善生存性民生问题、保障性民生问题，解决安全性民生问题，早让群众得到实惠。 |

资料来源：各地州援疆办公室。

# 国家部委主要援疆政策表

| 部　委 | 援疆政策 |
| --- | --- |
| 国家发改委 | 1. 国家发展改革委于2011年8月1日至2日在乌鲁木齐市召开了对口支援新疆工作协调会议,贯彻中央新疆工作座谈会精神,总结交流全国对口支援新疆工作会议以来的对口援疆工作情况。<br>2. 8月8日下午国家发改委副主任徐宪平率调研组调研新疆交通基础设施建设情况。交通是国民经济的重要基础性产业,希望新疆结合自身实际,进一步编制好规划,考虑好布局、结构、重点、市场和效益,加强与国家做好衔接,抓紧做好前期工作,落实好项目资金,进一步统筹好建设管理。国家发改委将进一步加大对新疆的支持力度,在交通基础设施具体项目上加快评估、加快审批、加快开工。 |
| 财政部 | 1. 财政部和国家税务总局下发了《新疆原油天然气资源税改革若干问题的规定的通知》,此规定于2010年6月1日起施行。在新疆率先进行资源税费改革,将原油、天然气资源税由从量计征改为从价计征。<br>2. "十二五"期间国家择机出台煤炭等矿产品资源税改革相关政策,煤炭资源极为丰富的新疆也将从中受益。 |
| 科技部 | 1. 国家各项科技计划向新疆倾斜支持。<br>2. 加大对新疆创新基础能力的支持。<br>3. 支持新疆科技人才队伍建设。<br>4. 加快推动新疆特色优势产业发展。<br>5. 营造新疆协调发展的创新环境。<br>6. 科技部正在编制《全国科技援疆规划(2011~2020)》,这也是科技部第一次编制援疆规划。《规划》(框架)提出,紧密围绕新疆发展的科技需求,从现代农牧业发展、高新技术研发及产业聚集园区建设、矿产资源勘查和开发利用、民生科技、可持续发展和生态文明建设等8个方面加强科技援疆任务部署,集成全国科技资源共同组织实施。 |
| 水利部 | 1. 加快推进骨干水利工程建设,着力解决涉及民生的水利问题,加强水土保持和流域生态治理。<br>2. 大力发展农业高效节水灌溉。<br>3 夯实兵团发展壮大的水利基础。<br>4. 进一步加强水利行业能力建设。 |

续表

| 部　委 | 援疆政策 |
| --- | --- |
| 民政部 | 1. 新疆民政事业发展的重要措施将重点体现在保障基本民生、加强基层组织建设和加快公共服务设施建设三个方面。<br>2. 国家民政部将在社会救助体系建设、完善救灾体系、大力发展社会福利事业、拥军优抚安置工作、基层民主和社区建设、社会组织建设和社会事务管理、社会工作人才队伍建设等方面给予新疆重点支持。<br>3. 七大类项目已纳入民政对口援疆的总体规划:福利院、救助站等民政工程;新疆民政系统养老服务体系;儿童福利设施;社会救助救灾应急体系;社区服务设施;殡葬服务设施;灾后重建。 |
| 新闻出版总署 | 1. 各援疆省市新闻出版系统要做好与受援单位的对接,继续深入开展新闻出版免费赠阅、出版物市场监管及“扫黄打非”工作、发行网点建设、党报党刊及音像电子出版物印刷制作设备配置、出版物市场监管网络建设、新疆新闻出版技工学校教学综合楼及出版物市场监管用房建设等重要工程。<br>2. 借助国家和新闻出版总署的政策、资金、项目支持,建立译制基地,培养专门人才,加强精神文化产品译制生产,不但要把优秀的汉语言文学作品翻译成少数民族语言文字,还要把优秀的少数民族语言文字翻译成汉语;加强少数民族文字出版工作,资助出版一批优秀双语出版物,以此为桥梁和纽带,进一步增进文化认同、增进民族情感,以文化和谐促社会和谐。 |
| 国家旅游局 | 1. 建立合作工作机制,支持新疆做好“十二五”旅游规划。<br>2. 推动完善新疆重点旅游区与旅游相关基础设施建设。<br>3. 支持新疆打造一批国家级景区景点。<br>4. 帮助和支持新疆完善旅游接待体系。<br>5. 支持新疆做好旅游宣传促销工作。<br>6. 支持新疆加强旅游人才队伍建设。<br>7. 支持新疆开展旅游业体制改革和机制创新。 |

续表

| 部　委 | 援疆政策 |
|---|---|
| 铁道部 | 1. 全力推进 1 700 多千米新疆在建铁路项目建设,力争早日建成投运。<br>2. 调整既有规划,早建快建铁路项目,到 2020 年使新疆铁路运营里程升至 12 000千米以上,基本覆盖地市级城市和 90% 以上县级城镇,通行能力大幅提升,届时仅新疆煤炭年铁路运输量将达 5 亿吨以上,乌鲁木齐至北京客车运行时间不超过 12 小时。<br>3. 构筑“四纵四横”铁路主骨架,形成对外运输四大通道、六个口岸站、四个枢纽;出疆物资运输量在现有基础上以每年 10% 的速度递增;拿出专项资金对新疆区域内客车进行升级换代。 |
| 外交部 | 为新疆发展创造更好的外部条件:加大对外宣传新疆力度,增进世界各国对美好新疆的了解;加大人才培养力度,提高新疆外事干部队伍的整体素质和水平。 |
| 国家民委 | 1. 做好新疆、西藏少数民族流动人员工作。<br>2. 为新疆、西藏经济发展、民生改善多办实事、好事。<br>3. 大力扶持特色优势产业的发展,加大对兴边富民行动和人口较少民族发展的支持力度。<br>4. 积极支持民族贸易和民族特需商品的生产。<br>5. 在干部挂职锻炼、培养培训等方面加大对新疆、西藏民族工作部门的支持。 |
| 农业部 | 1. 大力扶持粮棉生产,稳步提升农业综合生产能力。<br>2. 加强草原生态建设与保护,促进现代畜牧业发展。<br>3. 完善农机购置补贴政策,提高农牧业机械化水平。<br>4. 重视发挥兵团和农垦作用,示范带动现代农业发展。<br>5. 加强特色农牧产品加工,推进乡村特色旅游业发展。<br>6. 重视技术培训和人才培养,建设现代农业产业技术体系。<br>7. 提高良种补贴标准,完善强农惠农政策体系。<br>8. 加强条件装备建设,构筑现代农业支撑服务体系。 |

续表

| 部　委 | 援疆政策 |
| --- | --- |
| 国家能源局 | 1. 重点支持有关民生的能源项目建设;帮助新疆对煤炭资源进行科学、有序、规范、高效地开发利用,支持新疆能源产业发展;支持太阳能、风能等新能源的开发利用。<br>2. 新疆希望国家能源局在四个方面对新疆能源资源开发利用给予支持。<br>3. 支持伊犁河谷煤炭资源开发,在坚持环境优先原则前提下,在产业布局、产业方向、产业链延伸等方面进行科学规划,实现高起点、高水平、高效益开发利用。<br>4. 利用新疆光热和风能资源丰富的优势,支持新疆加快建设国家大型太阳能光伏发电、风能发电等战略性新兴能源产业。<br>5. 通过科学选址、合理布局、调整能源结构等,加快乌鲁木齐冬季大气污染治理工作进程。<br>6. 支持新疆尽快开工建设一批重大能源项目。 |
| 教育部 | 1. 支持新疆加快实施双语教育步伐,基本普及学前两年汉语教育,建立双语教育衔接体系,加快双语师资队伍建设,优化双语教育环境。<br>2. 支持新疆加强中等职业学校基础能力建设,帮助培养民族区域特色和产业经济特色的技能型人才,扩大新疆中职学生资助范围。<br>3. 巩固提高新疆义务教育水平,加强义务教育阶段寄宿制学校建设,进一步完善义务教育经费保障机制,推进新疆义务教育均衡发展。<br>4. 扶持新疆高等教育内涵发展,支持新疆加强高校学科建设,改善新疆高等学校生源结构和质量,要重点共建一批新疆高校。<br>5. 为加强新疆学校思想政治工作和爱国主义、民族团结教育提供智力物力支持,进一步加强学校思想政治教育和德育工作,加强学校爱国主义教育和民族团结教育,切实维护学校稳定。 |

续表

| 部　委 | 援疆政策 |
|---|---|
| 交通运输部 | 1. 加大建设力度。将新疆约 5 200 千米的高速公路纳入公路交通"十二五"发展规划,"十二五"计划支持新疆国省道改造里程约 4 800 千米,着力支持乌鲁木齐、喀什、石河子、霍尔果斯等国家公路运输枢纽建设,着重支持垦区干线公路、团场公路、兵团城市和开发区出口公路等建设。<br>2. 增加资金支持。将重点公路建设项目的中央补助标准提高到建筑安装费的 50% 。<br>3. 强化科技支撑。组织实施"科技支撑新疆交通运输跨越发展专项行动计划"。 |
| 商务部 | 1. 2011 年 8 月 31 日,商务部与新疆维吾尔自治区和新疆生产建设兵团在乌鲁木齐签署《商务部和新疆维吾尔自治区政府对口支援与合作协议》和《商务部和新疆生产建设兵团对口支援与合作协议》。<br>2. 对新疆扩大对外开放、发展商务事业"量身定制"了相关政策及配套措施。主要包括制定发展规划、提供政策保障、改善商贸物流基础设施、扩大对外贸易、促进产业转移、推动产业聚集园区发展、支持新疆企业"走出去"和建设国际边境合作中心等 8 个方面内容,共计 49 项具体措施,将中国—亚欧博览会建成对外开放的重要平台,推动国内贸易快速发展,加强与中亚国家经贸合作。<br>3. 支持新疆发展服务贸易。支持自治区推进对外开放平台建设和兵团外向型产业发展,加强自治区和兵团商务工作能力建设、人才建设。 |
| 国资委 | 1. 各央企在对口援疆的过程中,发挥对当地经济发展的引领带动作用,促进受援地形成支柱产业,在产业发展方向、自主创新、节能环保等各方面做出表率。<br>2. 以项目为依托,各央企将继续加大对新疆的投资力度。 |
| 证监会 | 1. 证监会一如既往支持新疆资本市场的培育和发展,制定了资本市场支持新疆发展的多项措施,包括支持新疆企业首次发行股票上市、上市公司再融资和并购重组;支持新疆培育上市后备资源,参与"新三板市场"试点。<br>2. 支持上海、深圳证券交易所到新疆帮助企业改制上市和推进并购重组,并研究郑州商品交易所在新疆设立棉花期货交割仓库的可行性等问题,切实发挥资本市场推动新疆经济社会跨越式发展的重要平台作用。 |

续表

| 部　委 | 援疆政策 |
|---|---|
| 国家人力资源和社会保障部 | 1. 紧紧抓住保障和改善民生这个出发点和落脚点，坚持突出重点、统筹兼顾，坚持公共资源向困难地区和困难群体倾斜，坚持新疆自身努力与对口支援有机结合。<br>2. 加强就业和职业技能培训，提高就业能力。有组织地进行劳务输出，努力为各族群众创造就业、增收的门路，真正做到生计有保障、富裕有希望。<br>3. 加快建设社会保障体系，早日实现新型农村社会养老保险覆盖全疆的目标，统筹解决新疆群众养老、医疗、失业、工伤保险方面的问题，使更广大的群众分享社会经济发展成果。<br>4. 加强新疆干部人才队伍建设，为新疆经济社会发展提供坚强的人才保证和广泛智力支持。<br>5. 重点抓好四个方面工作：抓好培训就业重大项目的组织实施，规划建设好地州职业技能实训基地、县和师团的基层培训就业和社会保障综合服务中心等项目；突出新疆实际需求和特色，编制好农民工公共服务专项规划，抓好农民工就业和维权工作；各省级人社部门要做对口援疆的积极参与者、组织者、推动者，确保人社系统对口援疆的项目列入本省市综合规划，确保资金列入本省市援疆预算总盘子；推动对口援疆工作体制机制创新，处理好地（州）县关系、兵地关系、援助双方的关系。 |
| 文化部 | 1. 选派若干批文艺小分队到新疆各地为基层群众开展“三下乡”文化服务。<br>2. 优先实施新疆地、市（州）公共图书馆和文化馆建设规划。<br>3. 给予新疆文艺演出机构交通工具、器材设备方面的帮助和支持。<br>4. 围绕文化信息资源共享工程和县级数字图书馆工程，在内容服务和设备提供方面给予特殊倾斜和专门支持。<br>5. 对新疆的文化市场综合执法机构在器材装备、人才培训方面给予倾斜。<br>6. 对新疆的各类文艺创作给予帮助和指导，以提高新疆的创作能力和文艺作品的质量和创新能力。<br>7. 对新疆的优秀文艺作品、文化展品到国内外演出、举办展览给予积极的协调和帮助。<br>8. 加大对文化干部和专业人才的交流，以加强对新疆的人才和智力支持，为新疆干部素质提高创造条件。<br>9. 加大民族特色文化产业的发展。<br>10. 积极指导督促 19 个对口省市对新疆文化领域支援的力度，使这些援助更加科学、更加有序，做实事、出实招、见实效。 |

续表

| 部　委 | 援疆政策 |
| --- | --- |
| 国家税务总局 | 1. 2010 年 6 月 1 日，经国务院批准，财政部和国家税务总局联合下发了《财政部国家税务总局关于印发〈新疆原油天然气资源税改革若干问题的规定〉的通知》，这标志着我国资源税费改革率先在新疆进行。这一改革的主要内容是：原油、天然气资源税以其销售额为计税依据，实行从价计征，税率为5% 。为了鼓励一些低品位和难采资源的开采，提高资源回采率，对稠油、高凝油和高含硫天然气和三次采油实施减征资源税的政策；同时，对开采稠油、高凝油、高含硫天然气和三次采油的纳税人暂按综合减征率的办法落实资源税减税政策。<br>2. 国家税务总局将认真贯彻落实会议精神，加快研究相关税收优惠政策的实施细则，尽快落实中央新疆工作座谈会提出的企业所得税优惠政策、支持产业聚集园区建设、落实边境贸易各项出口退税政策等已经明确了的税收政策，并了解政策执行中的具体问题，为尽快出台对新疆实现稳定、发展和长治久安有长远效益的税收政策提供依据。<br>3. 要求各级税务机关积极做好税收政策宣传、辅导工作；中央确定的各项税收政策一经颁布实施，要同步开展政策解读工作，使新疆广大人民群众及时了解政策内容，用足用好税收政策，发挥政策的最大效应。 |
| 国家统计局 | 国家统计局将针对新疆实际，研究统筹整合城乡调查资源，在新疆 14 个地州市开展城乡住户调查，扩大调查范围，科学、准确地反映出新疆经济发展水平和各族人民生活水平的提高指数。 |
| 国土资源部 | 1. 中央新疆工作座谈会为援疆工作和“358”项目建设提出了新的更高要求：国土资源部要发挥系统优势，按照中央的要求，对援疆工作进行长久、系统谋划；要把援疆工作和“358”项目融入新疆的发展大潮中，提高认识，增强自觉性和能动性，相互配合，实现共同发展。<br>2. 针对“358”项目工作，要进一步按照总体规划方案要求，梳理小节、评估完善；要加强成矿规律研究和预测工作，统一规划，整装勘查；要把地质开发保护作为一个重要的方面，运用最先进的理念、管理、技术和装备进行矿产开发，综合利用。<br>3. “358”项目：2008 年 7 月，国土资源部与新疆维吾尔自治区政府签订《合作开展新疆公益性地质调查和重要矿产勘查协议》，决定从 2008 年到 2015 年，中央和地方财政投入资金，在天山、阿尔泰山、昆仑—阿尔金山三大山系展开地质找矿工作。自治区提出的目标是：3 年要有好的眉目，5 年要出鼓舞人心的成果，8 年要有令国人为之振奋的重大成效。项目因此被称为“358”项目。经过两年的艰苦努力，取得了显著的成效：2008 至 2010 年，“358”项目共部署安排中央和地方财政出资开展的项目 708 个，总经费达 23 亿元以上，引导社会资金投入达 60 亿元以上，拉动效应为 1∶3。基本实现了项目第一阶段（前三年）的目标，也为探索有效的地质找矿机制积累了宝贵实践经验。 |

续表

| 部　委 | 援疆政策 |
|---|---|
| 工信部 | 1. 工信部将在差别化产业政策、"十二五"规划编制、节能减排、促进优势产业发展、培育新兴产业、促进中小企业发展、加快信息化基础设施建设、提高经济社会信息化水平等方面开展广泛的战略合作,大力支持新疆新型工业化建设。<br>2. 对新疆新型工业化发展提供政策、人才、资金等方面的支持,帮助新疆实现产业升级和淘汰落后产能,并加大支持新疆中小企业发展和工业园区建设。"十二五"期间,工信部将大力支持新疆发展新能源、新材料、生物医药等战略性新兴产业。同时,科学引导产业转移,规划好中央企业和内地中小企业在疆投资领域,防止落后产能转移新疆。此外,还要大力支持新疆对外开放和节能减排工作。<br>3. 国家工信部向新疆赠送 500 套卫星接收设备、200 台计算机和 20 000 套维哈柯文字软件。工信部希望通过合作加快提升新疆软件服务业发展水平,大力发展新疆特色优势信息产业,共创新疆工业和信息产业发展新局面。 |
| 卫生部 | 1. 加强组织领导和协调,争取在各领域专项建设项目上加大向新疆的倾斜力度。<br>2. 选派优秀卫生管理干部援疆,接收受援地区选派的后备干部挂职锻炼,为新疆培养卫生管理人员和技术人员。<br>3. 理顺对口支援资金渠道,切实为卫生援疆提供可靠的资金保障;加强卫生援疆项目的督导检查,大力宣传卫生援疆工作先进典型,使支援方和受援方得到鼓舞。<br>4. 卫生部新一轮援疆工作分三个阶段完成:到 2012 年初步建立起覆盖城乡居民的基本医疗卫生制度;到 2015 年缩小新疆与内地卫生事业发展差距,医疗卫生机构基础设施明显改善,卫生专业技术人员素质得到提高,医疗卫生服务能力明显增强,新疆各族人民健康水平得到提高,主要健康指标达到西部地区中上水平;到 2020 年基本建立覆盖城乡居民的基本医疗卫生制度,主要健康指标达到全国平均水平。 |

续表

| 部　委 | 援疆政策 |
|---|---|
| 银行金融机构 | 1. 国家开发银行将全面贯彻落实中央关于新疆工作的方针政策，举全行之力做好金融援疆工作，确保每年对新疆的新增贷款不少于200亿元，重点支持新疆加强基础设施建设、开发优势资源、发展特色产业，促进基层金融和民生领域发展。<br>2. 工商银行将加大对新疆的贷款投放，支持新疆项目建设，实现合作共赢，同时促进新疆金融业快速发展。<br>3. 中国人民银行将积极落实中央新疆工作座谈会精神，发挥央行政策指导和支持作用，在服从新疆发展战略前提下，积极研究新疆跨境贸易和投资人民币结算的试点方法；寻找解决中小企业融资难的有效办法；积极帮助新疆建立和完善征信体系，营造良好的金融生态环境。<br>4. 建设银行面对新的援疆形势，做好援疆金融服务工作对新疆分行乃至建设银行的业务发展都有重大的意义，已向19个分行发出总动员号令，要求及时搭建联动营销平台，协助新疆分行开展援疆账户和项目营销。 |
| 国家工商总局 | 1. 在政策层面上，国家工商总局将采取一切有力措施，积极促进新疆各类市场主体加快发展，支持新疆经济结构调整、经济发展方式的转变，积极服务新疆社会主义新农村建设，积极实施区域经济协调发展战略，积极保护消费者合法权益和促进消费方式转变，积极维护公平公正的市场秩序。<br>2. 初步确定今后5年将投入6 000万元的资金支持新疆工商系统基层基础设施建设。据不完全统计，全国38个对口支援省市工商局也将投入总计4 000多万元的资金支持新疆工商系统基层基础设施建设。除了资金投入外，国家工商总局和38个对口支援省市工商局还将在项目援疆、智力援疆、信息化网络建设援疆等方面给予大力支持。 |
| 国家电网公司 | 1. 科学谋划“十二五”时期新疆电网发展，保障民生，支撑经济社会发展。<br>2. 加快各级电网建设，实现内通外联。<br>3. 加快实施“疆电外送”战略，推动资源优势向经济优势转化。<br>4. 落实资金来源，建立资金筹措长效机制。 |
| 供销合作总社 | 1. 以供销合作社系统的主要行业和龙头企业作为合作重点和切入点，通过支持相关项目建设，整合双方资源，形成整体合力，推进新疆农村现代经营服务体系建设向纵深发展。<br>2. 支持南疆三地州和边境、贫困县（市）的供销合作社网络建设。力争用5年左右的时间建立健全覆盖全疆的农资、日用消费品（烟花爆竹、边销茶）、农副产品、再生资源等经营网络体系，不断增强供销合作社为农服务能力。 |

续表

| 部　委 | 援疆政策 |
| --- | --- |
| 国家粮食总局 | 既充分考虑解决新疆粮食流通工作中急需解决的问题，也着力于今后长远发展，统筹研究提出支持新疆粮食流通产业发展的意见，从政策、项目、资金、人才等方面给予大力支持。将新疆粮食流通产业发展“十二五”规划及“十三五”规划作为全国行业规划的重要组成部分予以单列，并协调中央有关部委和全国对口支援新疆的19省市粮食部门，加大支持力度。 |
| 国家广电总局 | 1. 加强县级广播电台基础设施建设，包括业务用房和采访、译制、传输等设备。<br>2. 加强县级有线网络建设，对有线电视网络进行数字化和双向化改造；加强乡镇有线电视网络建设。<br>3. 加强县级广播电视无线台建设，完善发射台机房、发射塔、供配电等设施。<br>4. 加强乡镇广播电视基础设施建设，包括业务用房和相关设备。<br>5. 加强县级电影院建设。<br>6. 加强广播电视村村通和农村电影放映工程建设。 |
| 国家气象局 | 1.“十二五”期间，新疆将充分发挥气象在实现区域发展和长治久安中的重大保障作用。到2015年，新疆公共气象服务能力和气象预报预测能力将达到西部先进水平，综合气象观测能力基本满足公共气象预报的需求，观测自动化水平将明显提高；到2020年，新疆将建成结构完善、功能先进的气象现代化体系。<br>2. 中国气象局及全国各地气象部门将利用各种途径，促进新疆气象快速发展，先进的气象装备优先在新疆布局，资金优先在新疆投入，为充分利用新疆空中水资源、风能、太阳能提供科技支撑，提高新疆城市气象灾害防御水平，同时吸引更多高层次人才到新疆工作。 |
| 扶贫办 | 国务院扶贫办将建立和完善扶贫开发工作领导协调机制，编制好边境县扶贫开发专项规划和南疆三地州连片扶贫专项规划，进一步把重点工作区域明确到县，加大专项资金等支持力度，确保2020年基本消除绝对贫困现象。 |
| 审计署 | 1. 关注中央关于支持新疆、西藏发展的财政政策、税收政策、产业化政策、资源开发政策和土地政策等的贯彻落实情况。<br>2. 关注中央和各对口支援省市援助的资金、物资的管理使用情况。<br>3. 关注中央、部门、企业和地方对口支援省市援建的一些重大项目，是否符合国家产业政策，是否符合新疆、西藏的实际情况，在建设过程中是否符合国家法律法规，资金使用是否安全有效。要通过加强审计，确保中央政策措施落实到位，确保各项资金管好用好，确保援建项目安全有效、干部廉洁。 |

续表

| 部　委 | 援疆政策 |
| --- | --- |
| 银监会 | 1. 鼓励各类银行业金融机构在偏远地区设立服务网点，加大对农户的信贷支持力度。<br>2. 支持股份制商业银行、进出口银行和外资银行到新疆设立分支机构。 |
| 民航局 | 1. 出台《促进新疆民航事业发展的若干意见》，采取 16 条有力措施，在新疆构建布局合理的机场网络体系、连接顺畅的航空运输体系、功能完备的通用航空作业体系、机动灵活的航空应急救援体系和配套可靠的航空运行保障体系。<br>2. 在新疆打造空中"两网两路"，即在南疆和北疆分别构建两个支线航空运输网络；以乌鲁木齐机场为枢纽，构建连接国内东部的国内航路和连接中亚的西部国际航路。<br>3. 将进一步加大新疆的民航基础设施建设力度，包括新建塔中、莎车、楼兰机场，迁建石河子、且末、富蕴机场，扩建乌鲁木齐、和田、库尔勒机场。 |

资料来源：各地州援疆办公室。

# 中央企业产业援疆主要项目简表

| 央企名称 | 援疆项目 |
| --- | --- |
| 中国石油天然气集团公司 | 1. 根据集团公司在疆油气业务发展总体规划和三大油田专项规划，中石油将在新疆构建四个基地、一个通道、两个总部，进一步加大在疆投资力度，未来 10 年投资速度将较以前提升一倍，数量将翻一番。把新疆建成全国最大的油气生产基地、炼油化工基地、石油储备基地和工程技术服务保障基地。同时积极履行政治责任、社会责任，着力改善民生，努力做好各方面的工作，回报新疆各族人民。<br>2. 中石油计划 2015 年将新疆的油气产量努力扩大到 5 000 万吨；2020 年达到 6 000 万吨以上，并力争持续稳产 20 年。同时，使新疆的炼油能力在 2015 年和 2020 年分别达到 2 600 万吨/年和 3 000 万吨/年。中石油将努力完善新疆的成品油销售网络，保障市场供应，加快在新疆的石油战略储备和西部战略通道建设。 |
| 中国电力投资集团公司 | 2010 年在新疆完成投资 30 亿元以上，并逐年加大投资力度，到 2015 年完成投资 716 亿元。在疆主要投资项目包括：乌苏热电厂（投资 25 亿元），库什塔依水电站，玛依塔斯风电一期，吐鲁番、哈密、和田各建 2 万千瓦时光伏电站，伊南煤制天然气项目，霍城煤制天然气项目，重组的四棵树煤炭、准东黑梭井千万吨煤矿项目等。集团将全力以赴加快项目开发，壮大产业规模。公司在新疆开展的煤炭资源转化项目，坚持高起点、大投入，注重节能、环保，为建设繁荣和谐的新疆做出应有贡献。 |
| 中国新兴（集团）总公司 | 积极贯彻落实中央决策部署，在新疆重点项目建设方面加大投资力度，加快相关项目建设，更好地履行与自治区签订的战略合作框架备忘录，服务新疆经济社会发展。 |
| 中煤集团 | 集团将继续加快推进在疆在建项目，进一步加大投资力度，加快发展步伐。 |
| 中国联通公司 | “十二五”期间将新建近千个通信基站。公司将继续发挥网络、技术、人才等方面的优势，不断拓宽服务范围，为新疆经济发展做出更大的贡献。要抓住机遇，不断加大在疆投资力度，努力提高为新疆经济和各族人民服务的能力和水平。 |

续表

| 央企名称 | 援疆项目 |
| --- | --- |
| 中国电信 | 协助乌鲁木齐市政府建设公交车3G视频监控系统，投资3 100多万元。“十二五”期间投资30亿元，加快实施“村村通宽带”工程建设。 |
| 中国移动 | 与新疆边防总队共建“边防110”通信网络工程，投资3亿元。 |
| 中国华能集团 | 未来10年内，集团将加大在新疆的投资力度，积极打造准东和哈密两个基地，坚持煤、电、气、新能源多项并举，计划完成投资1 000亿元以上。 |
| 华电集团 | 集团与自治区政府签订“能源经济领域战略合作”协议，未来10年，将在新疆投资1 000亿元以上。2020年华电集团新疆的发电总装机容量将达到1 500万千瓦以上，煤炭产能将达到5 000万吨/年，年外运量将达到1 500万吨以上，煤制天然气产能将达到60亿立方米。 |
| 中国长江三峡集团公司 | 1. 抓住国家电网在“十二五”期间加大“疆电外送”支持力度的机遇，发挥企业的资金、技术、电力优势，积极参与“疆电外送”和煤电煤化工产业。<br>2. 参与新疆的风电、煤化工产业等方面的建设，当前新疆正涌现出一片开发和投资热潮，公司希望在新疆的大建设、大开放、大发展中寻找到双方更广的合作领域。 |
| 葛洲坝集团 | 集团计划在疆总投资320亿至350亿元，其中近3年预计完成100亿元，在疆建设水电站、大型煤炭生产基地等项目，积极参与新疆民爆企业、煤矿企业的重组整合。集团在疆已初步形成三大产业板块，设有葛洲坝新疆投资公司、伊犁水电开发有限责任公司、葛洲坝新疆工程局、和益混装炸药有限公司。 |
| 宝钢集团 | 重组八钢，已投资143.98亿元。 |
| 神华集团 | “十二五”期间，在新疆投资1 000亿元。 |

资料来源：各地州援疆办公室。

## 新一轮产业援疆主要援助项目进展情况简表

| 援助地区 | 援疆内容 |
| --- | --- |
| 北　京 | 2010 年,北京市援疆试点项目 6 个,已完工 4 个,完工率 67% ;2011 年,北京援疆项目 162 个,已开工 120 个,开工率 74. 1% ;2012 年,北京市援疆项目 150 个,完工 96 个,到位援疆资金 15. 5 亿元,完成核定任务的 121% ;2011 至 2013 年,北京共安排援疆项目 363 个,超额完成目标任务;2014 年确定的 97 个新项目全面开工,到年底将完成 5 年援建目标任务的八成以上。努力做到了民生、文化、产业和智力援疆"四个深化",有力地推进了各项援建工作。 |
| 广　东 | 在援疆总体规划中安排产业引导资金 4. 5 亿元,鼓励广东企业进疆投资;策划了产业援疆"民企行动、国企行动、台企行动、港企行动"4 项行动;投资 60 亿元的广州新城、投资 6. 5 亿元的广新外贸棉纱厂、投资 1. 8 亿元的今日景艺农业科技有限公司等一批重大项目已开工建设。 |
| 安　徽 | 2010 年,安徽省实施 4 个试点项目已完工并投入使用;2011 年,安徽省援助资金 2. 28 亿元,实施 35 个援疆项目;2012 年,安徽省共实施援疆项目 40 个,到位援疆资金 2. 7 亿元,项目开工率和资金到位率均达到 100% 。 |
| 河　北 | 2010 年,安排援助地方试点项目 3 个,已完工 2 个,完工率 67% 。2011 年,计划安排援助项目 17 个,已开工 12 个,进展顺利;协调组织 80 多家重点企业、相关部门、对口支援市到受援地考察,进行相互考察交流、产业项目对接。截至 2015 年,河北省安排援疆资金 17. 51 亿元,签订合作协议 93 项,协议金额近 900 亿元。目前总投资 240 亿元的 28 个项目开工建设,16 个项目投产见效。 |
| 吉　林 | 2010 年,吉林省共引入项目 7 个,到位资金 0. 6 亿元,已落地项目 3 个;2011 年,援疆资金 1. 83 亿元一次性拨付到位,截至 2011 年 12 月底,5 类 34 个援疆项目全部开工,完工 30 个,完工率 88% ;2012 年,吉林省实施对口援疆项目 47 个,到位援疆资金 1. 4 亿元,项目开工率和资金到位率均达到 100% ;2014 年,援建项目开工 52 个,开工率为 98% ;2015 年,吉林省对口援疆项目计划共安排项目 37 项,总投资 1. 74 亿元。 |

续表

| 援助地区 | 援疆内容 |
| --- | --- |
| 黑龙江 | 2010年,援助地方试点项目8个,完工7个,完工率87.5%;2011年,安排援助项目36个,援助资金1.5亿元,其中12个试点项目全部建成投入使用,实施的项目投资完成率91%,组织了13家行业龙头企业参加了中国新疆2011产业转移系列对接活动;2012年,实施援助项目35个,到位援疆资金1.09亿元,项目开工率达到100%,资金到位率超过100%,安排计划外新建和续建工程类项目13个,援助资金1.9亿元。2013年,计划实施对口援疆项目63项,其中在阿勒泰地区有41项,在兵团第十师有22项。援疆项目中工程类建设项目34项,培训类项目29项。项目总投资8.2亿元,其中工程类建设项目总投资8亿元,安排援疆资金1.74亿元。 |
| 天　津 | 2010年,援疆项目25个,已完工12个,完工率48%;2011年,安排援助地方项目37个,已开工29个,开工率78%;2012年,援助实施的114个项目已经全部开工,91个项目已完成,项目计划总投资8.3亿元。2013年,总计实施100个项目已全部开工,开工率100%。完成当年项目88个,有12个项目正在建设中,投入资金约8.7037亿元,已全部到位。 |
| 湖　南 | 2010年,援助地方试点项目9个,已完工7个,完工率78%;2011年,安排援助项目43个;2012年,共实施援疆项目31个,到位援疆资金3.15亿元。2010年至2014年7月,湖南省累计安排援疆资金10.17亿元,实施援疆项目76个。 |
| 江　西 | 以江西新余钢铁集团为投资主体组建的克州赣鑫钢铁公司,总投资75亿元,建设300万吨生产规模的高强度钢项目;江西工业园建设顺利,与新疆江西商会签订了服务对口援疆框架协议,共同推动援疆事业发展。 |
| 浙　江 | 2010年,启动24个援助地方试点项目;2011年,安排的112个援助地方项目,已开工92个,开工率82.1%;浙江企业与阿克苏地区共达成投资合作项目72个,协议资金646亿元,实际到位资金29亿元;2013年作为援疆交接之年,浙江省3月份集中启动67个援疆项目,其中新建项目44个,续建项目23个,合计总投资37.8亿元,其中援助资金8.62亿元;2014年,计划安排援建项目115项,计划总投资39.96亿元,安排援疆资金11亿元。其中,2014年第一批实施项目达78项,计划总投资38亿元,安排援疆资金8.87亿元,占年度援疆资金总额的80.6%。 |

续表

| 援助地区 | 援疆内容 |
| --- | --- |
| 深圳市 | 2010年,援助地方试点项目3个,已完工2个;2011年,安排援助地方项目52个,已开工47个,开工率90.4%,强力推进5个产业合作项目——喀什深圳产业园、喀什深圳城、喀什市农产品批发交易中心、深喀现代农业示范园、深喀文化旅游合作项目;2013年,全市累计投入援疆资金18.9亿元,安排和实施援建项目126个,援建资金到位率、项目开工率、项目完工率都保持较好的水平;2014年,计划安排援疆项目44个。 |
| 江　苏 | 伊犁州:2010年,安排援助地方试点项目4个;2011年,安排援助项目255个;2012年,援助项目192个。<br>克州:2010年,援助试点项目1个,计划援助资金0.17亿元;2011年,计划安排援助地方项目49个,援助资金3.27亿元;2012年,援助项目50个,涉及援建资金3.58亿元。至2013年,江苏省对口援疆项目资金50.67亿元,实施援建项目495个。2014年,安排援疆资金15.5亿元,实施224个援疆项目。 |
| 湖　北 | 2010年,援助地方试点项目4个,已完工1个,完工率25%;2011年,安排援助地方项目35个;2012年,实施援助项目31个,到位援疆资金1.6亿元。新一轮援疆4年间,湖北实施援疆项目78个,援疆资金为13.04亿元,超出中央规定资金的63%。2015年湖北计划援疆2.95亿元。 |
| 辽　宁 | 2010年,援助地方试点项目10个,援助资金2.42亿元,已完工6个,完工率60%;2011年,安排援助地方项目55个,开工率100%,6个项目提前完工并交付使用,实施援助资金3.02亿元;2013年,下达援疆项目85个,涉及援疆资金7.15亿元,援疆资金到位和项目开工率均达100%。"十二五"期间,辽宁安排援建项目279个,援建资金36亿元。 |
| 上　海 | 2010年,上海市援助地方试点项目21个,投入援助资金1.7亿元,试点项目全部建成,完工率达100%;2011年,上海市安排援助地方项目111个,援助资金15.45亿元;2012年,援疆规划工作把重点聚焦到县域规划,形成喀什四县规划体系的基本框架。援疆至2013年,"5个交钥匙"示范工程全面建成,总长230千米的"巴莎公路"取得突破性进展。2011至2013年,上海累计投入援疆资金达51.86亿元,建成项目418个,所有项目如期完成。 |

续表

| 援助地区 | 援疆内容 |
| --- | --- |
| 山　东 | 2010 年,启动援助地方的 12 个试点项目;2011 年,安排援助地方的 85 个项目;2012 年,援助项目 133 个。截至 2013 年底,山东省共筹集援疆资金28.31亿元,启动实施援疆项目 192 个,帮助引进产业项目 331 家,项目总投资 327 亿元。2014 年,山东安排援疆项目 81 个,投资额 10.14 亿元。 |
| 山　西 | 2010 年,援助地方试点项目 1 个,项目已完工;2011 年,安排援助地方项目 8 个;2011 至 2013 年,山西对口援疆实施项目 61 个,筹集并拨付资金 6.55亿元。截至 2014 年 4 月 30 日,援疆资金到疆率达到 80% 以上,项目开工率达 60% 以上。 |
| 河　南 | 2010 年,安排援助地方试点项目 9 个,已完工 7 个,完工率 78%;2011 年,安排援助地方项目 49 个。截至 2013 年底,河南援疆项目 128 个,援疆资金达 14.27 亿元。 |
| 福　建 | 2010 年,援疆试点项目 7 个,已完工 4 个,其余项目建设进展顺利,援疆资金 0.89 亿元;2011 年,福建省援疆项目 50 个,援疆资金4 亿元,其中 17 项已完成主体工程;2012 年,援疆产业对接项目 47 个,到位援疆资金 4.23 亿元。“十二五”以来,福建共实施对口援疆项目 145 个,投入援疆资金 14.44 亿元。 |

资料来源:各地州援疆办公室。

## 2011年“民生建设年”22项重点民生实事工程及完成情况表

| 项　目 | 内　容 | 完成情况 |
| --- | --- | --- |
| 安居富民工程 | 完成30万户农村安居富民工程建设任务,每户建筑面积原则上不少于80平方米,保证水电气、厨卫浴等设施齐备,房屋内部功能齐全,附属设施配套。 | 目前,已开工安居富民房31.64万户,2 531.2万平方米,竣工29.5万户,竣工率达98.47%,实现完美收官。 |
| 定居兴牧工程 | 1.完成2万户游牧民定居任务,每户建筑面积原则上不少于80平方米,畜圈建设面积不少于80平方米。<br>2.开工建设27项定居兴牧骨干水源工程,包括25座水库。<br>3.建设1座渠首、1项引水工程。 | 1.目前,27个定居兴牧骨干水源工程项目全部开工奠基,其中9项主体工程已基本完工,累计完成投资5.71亿元。<br>2.4座定居兴牧水库下闸蓄水投入使用。 |
| 住房保障工程 | 建设各类保障性住房34万套,其中新建廉租住房7.4万套,公共租赁住房5.6万套,改造城市棚户区危旧住房10.3万套,经适房和限价商品房等2.6万套,垦区、牧区、林区、工矿区棚户区改造8万套。 | 截至2011年11月中旬,由住房和城乡建设主管部门组织实施的各类保障性住房和棚户区改造项目共开工建设30.58万套,完成投资158.1亿元,开工率为年度计划的116.1%,超额完成了当年建设任务,交出了一份满意答卷。 |

续表

| 项　目 | 内　容 | 完成情况 |
| --- | --- | --- |
| 抗震防灾工程 | 加快城乡重要建(构)筑物抗震防灾工程建设,全面启动414万平方米中小学、医院抗震加固改造项目,重点完成2010年未开工建设的230万平方米抗震加固改造任务。 | 截至2011年11月底,新疆全区学校、医院抗震防灾工程共投入资金19.87亿元,完成244.1万平方米,提前超额完成全年计划任务。 |
| 就业再就业工程 | 1. 巩固“零就业”家庭24小时动态清零成果,基本解决毕业3年以上历届未就业大中专毕业生就业问题。<br>2. 加强农村富余劳动力培训和转移就业工作,实现农村富余劳动力转移就业180万人次,人均劳务增收200元。 | 1. 作为新一轮援疆工作的重点民生内容,在国家、内地援疆省市及新疆的共同努力下,“少数民族普通高校毕业生赴对口援疆省市培养”工程于2011年3月22日在乌鲁木齐正式启动。<br>2. 2011年全区城镇实现就业再就业56.56万人,完成预期目标的141.4%,是10年来实现就业人数最多的一年。<br>3. 城镇登记失业率3.18%,是10年来最低水平。<br>4. 就业困难人员实现就业6.2万人,完成年度目标任务的206.7%。<br>5. 农业富余劳动力转移就业248.7万人(次),完成年度目标任务138.2%。<br>6. 全区各项社会保险总人数达到1 971万人(次)。 |

续表

| 项　目 | 内　容 | 完成情况 |
| --- | --- | --- |
| 城乡社会保障提升工程 | 1. 落实城乡低保各项政策，实现216万城乡低保对象动态管理下的应保尽保、分类施保。<br>2. 新型农村社会养老保险试点达到80%以上县（市）。<br>3. 扩大城镇各类保险覆盖面。 | 1. 从2011年1月1日起，自治区将城镇居民医保政府补助标准提高到每人每年200元，自治区2011年共拨付城镇居民医保补助资金4.42亿元。目前，全区参保人数为273.84万人，参保率达90%。<br>2. 2010年全区共有10.3万名“五七工”“家属工”办理补费参保手续，从企业养老保险基金中支付养老金6.13亿元。到2011年底，自治区把剩余20万名“五七工”和“家属工”全部纳入企业职工基本养老保险统筹，基本解决全区30万“五七工”和“家属工”养老保障问题。<br>3. 从2011年7月起，新疆建立社会救助和保障标准与物价挂钩联动机制，为233万城乡低收入群众给予价格临时补贴，应对物价上涨对生活造成的困难。<br>4. 自治区决定从2011年7月1日起建立80岁以上老年人生活补贴制度，为全区22.53万名80周岁以上老年人发放生活补贴。<br>5. 自治区决定建立80周岁以上老年人免费体检制度，每年为全区80周岁以上老年人免费体检一次。 |
| 农村“畅通富民”工程 | 加快农村公路建设，完成农村公路项目745个，建成农村公路6 350千米，实施渡改桥及危桥改造项目50个，改善44个乡、550个建制村、120万农村居民的通行条件。 | 2011年农村公路累计完成投资56亿元，是自治区确定投资计划的186.7%。已建成农村公路里程9 944千米，超额完成自治区确定的目标任务，年底可改善64个乡1 136个建制村的通行条件，使155.6万农牧民受益。 |

续表

| 项　目 | 内　容 | 完成情况 |
| --- | --- | --- |
| 各族群众生活质量提升工程 | 1. 解决农村120万人饮水安全和无电地区9万人用电问题,完成12个城市天然气供应和45.5万户居民供气,新增农村户用沼气8万户、卫生厕所12万座、自然村通电话1 800部、行政村通宽带600个。<br>2. 加强新疆少数民族特色食品研究与开发,打造新疆特色食品品牌,推动新疆特色食品产业发展。<br>3. 搞好新疆化妆品、服饰等方面的研发设计,提高质量和档次。<br>4. 努力提升妇女生活品质,让她们变得更加漂亮高雅,成为一道亮丽风景线。 | 1.2011年12月3日,新疆电力公司110千伏乌鲁克恰提输变电工程的正式投运,宣告了新疆"十二五"开局之年总投资25.27亿元的422项电力民生工程已经全部完工,先后有9万余名农牧民告别了无电历史。<br>2.2011年,国家和自治区投资90亿元推进天然气利民工程,启动10个地州两个市的利民燃气工程,实现了伊犁哈萨克自治州、博尔塔拉蒙古自治州6座以上天然气空白城市通气,各族群众生活质量显著提升。<br>3.2011年,全区农村改厕项目要求新建12万座农村无害化卫生厕所,全区农村卫生厕所普及率达到52%。<br>4."村村通电话"工程为提升全区广大农牧民幸福感锦上添花,目前新疆的行政村、乡镇通宽带率分别达到64%和99%。<br>5.2011年7月,历时5年、惠及新疆1 100万各族妇女的新疆女性"靓丽工程"启动,自治区妇联已在乌鲁木齐、喀什等12个地州市启动并进行"靓丽工程"素质提升的宣讲工作,以家庭教育为主举办了20多场次"关注妇女儿童,共筑和谐新疆"巡回讲座,覆盖2万多名各族妇女群众,8 200余名家长直接受益。<br>6.2011年8月,自治区专门召开会议,专题研究新疆民族特色餐饮业发展,促进新疆特色餐饮产业上规模、上档次、上水平。现在,《自治区餐饮业发展规划(2011～2015)》已编制完成。<br>7. 自治区出台了《促进新疆特色餐饮产业发展的政策措施》。<br>8. 自治区设立餐饮业发展专项基金,每年投入1 000万元,用于支持新疆餐饮特别是民族特色餐饮业的发展。 |

续表

| 项　目 | 内　容 | 完成情况 |
| --- | --- | --- |
| 惠农富民补贴工程 | 落实农机购置补贴10亿元、农作物良种补贴4.9亿元、种粮农民农资综补14.9亿元、种粮农民粮食直补7.5亿元、退牧还草工程饲料粮补助1.8亿元、退耕农户生活补助5.6亿元、草原生态保护补助奖励20亿元,使农牧民通过补贴政策得到更多实惠。 | 1.2011年,自治区积极争取中央农机购置补贴10亿元,补贴农机具20万台(套),受益农户11万户。<br>2.良种补贴面积4 100万亩,受益150万农户。<br>3.落实各项退耕还林工程补助共计3.26亿元,覆盖到了全疆150万人。<br>4.目前,各项资金已全部到位,发放到了广大农牧民手中,使自治区农牧民通过补贴政策得到了更多实惠。 |
| 扶贫开发和兴边富民工程 | 1.加大扶贫开发工作力度,努力改善贫困地区生产生活条件,减少贫困人口25万人,重点县农牧民人均纯收入增加400元。<br>2.推进兴边富民行动,做好"兴边富民行动补助资金扶持特色产业试点县"工作。 | 1.2011年,自治区用于扶贫的资金计划超过10亿元,主要围绕三个区域,推进民生建设、住房改造、庭院经济、物资供应四大扶贫民生实事工程,其中80%用于南疆三地州连片开发。<br>2.2011年,新疆打破扶贫开发重点县的界限,整合各类资源,对南疆三地州实施连片开发。新疆共安排了411个项目,计划投入2.5亿元,以片区为单元,以县为基础,对连片特困地区进行整体规划、集中投入。<br>3.目前,各级财政资金全部拨付到位。这些资金主要用于扶持当地的特色优势产业,尤其要发展和田地区的特色林果和地毯编织业、克州的以设施农业为主的"戈壁产业"、喀什地区的外向型农业和优质畜产品基地,以此增强南疆三地州的"造血"功能。同时,引导援疆资金、社会扶贫资金,集中实施一批教育、卫生、文化、就业、社会保障等民生工程。 |

续表

| 项　目 | 内　容 | 完成情况 |
| --- | --- | --- |
| 基本医疗公共卫生服务提升工程 | 1. 新农合和居民医保财政补助标准由 120 元提高至 200 元,新农合最高支付限额提高到 5 万元。<br>2. 人均基本公共卫生服务经费标准由 15 元提高到 25 元。<br>3. 实现政府办基层医疗卫生机构基本药物制度全覆盖,缓解群众看病难、看病贵问题。 | 1. 从 2011 年 1 月起,自治区将新农合政府补助标准提高到每人每年 200 元。<br>2. 2011 年自治区共拨付新农合补助资金 12.22 亿元。<br>3. 目前,新疆 1 069 个政府办基层医疗卫生机构实现基本药物制度全覆盖,自治区 7 268 个行政村卫生室也实施了国家基本药物制度。<br>4. 基层医疗卫生机构、精神卫生防治机构、农村急救中心得到改造完善。<br>5. 人均标准提高到 25 元的基本公共卫生服务经费已经落实到位。<br>6. 各类基本公共卫生服务和重大公共卫生服务有序推进。<br>7. 2011 年,自治区财政共安排村医补助资金 4 177 万元。 |
| 特殊群体医疗救助和关爱工程 | 1. 启动贫困家庭先天性心脏病患儿免费救治工程,2012 年救治1 154名患儿。<br>2. 为 3 000 名贫困白内障患者实施复明手术。<br>3. 免费开展农牧区妇女乳腺癌、宫颈癌筛查。<br>4. 建设流浪未成年人安置培训中心,提供基本养育和培训就业技能。<br>5. 为贫困残疾人提供补助,完成 1 万户农村贫困残疾人家庭危房改造项目。 | 1. 2011 年,新疆支出城乡医疗救助资金 5.88亿元,385 万人次困难群众受益,支出医疗救助资金数量和困难群众受益人数均创历史之最。<br>2. 为进一步完善医疗救助体系,2011 年新疆全面建立"资助参合(参保)、门诊救助、大病救助、临时救助、慈善救助"相结合的"五位一体"城乡医疗救助模式。此外,还针对儿童重特大疾病建立起了特殊医疗救助制度,2011 年自治区共救助患病儿童 24 人,支出救助资金 55 万元。<br>3. 农村妇女乳腺癌检查 3.72 万人次,完成率达 108.36% 。<br>4. 农村妇女宫颈癌检查 34.91 万人次,完成率达 100% 。<br>5. 从 2011 年起,新疆对艾滋病防控重点地区住院病人进行艾滋病筛查。<br>6. 禁毒工作取得明显成效,以社区建设为重点的社会管理创新工作深入推进。<br>7. 2011 年,新疆流浪未成年人救助保护工作全面启动。<br>8. 投资 5 000 万元的新疆流浪未成年人安置培训中心正在乌鲁木齐加紧建设。 |

续表

| 项　目 | 内　容 | 完成情况 |
| --- | --- | --- |
| 养老爱老服务工程 | 1. 以中央集中彩票公益金为基础,启动新疆老年服务体系工程建设。<br>2. 新建改建一批农村敬老院。<br>3. 建立80岁以上老年人生活补贴制度。 | 1. 新疆第一所公益性老年病康复医院11月6日在新疆医科大学第二附属医院举行奠基仪式,该项目完工后将直接关爱新疆234万老年人的健康、养老等问题。此项目总投资1.2亿元人民币,建设资金由国家中央彩票公益金拨付。<br>2. 从2011年7月1日起,对自治区行政区域内农业、非农业户籍80周岁及以上老年人发放基本生活津贴。<br>3. 对在自治区行政区域内居住并具有自治区行政区域内农业、非农业户籍的80周岁及以上老年人,每人每年免费体检一次。<br>4. 80至89周岁老年人,每人每月补贴50元,90至99周岁老年人,每人每月补贴120元,100周岁以上老年人,每人每月补助200元。<br>5. 对在自治区行政区域内居住并具有自治区行政区域内农业、非农业户籍的80周岁以上老年人,每人每年免费体检一次,标准按二级以下医院(含二级)一般体检标准执行,每人每次132元。<br>6. 建立以上两项制度,每年合计需要资金约2.14亿元。<br>7. 此项制度惠及新疆80岁以上老年人口27.83万人,占全疆人口的1.28%。 |
| 教育保障工程 | 1. 对家庭困难的19万名大中专学生、8万名高校及职高学生给予助学金补助。<br>2. 对农村家庭经济困难寄宿生给予生活补助。<br>3. 向231万农村小学生提供免费教科书。<br>4. 免除64.4万名城市小学生、初中生义务教育学杂费。<br>5. 继续实施免费师范生教育。 | 1. 2010至2011年,自治区健全了教育保障体系和各级资助体系,提高了义务教育阶段家庭经济困难学生的生活补助,健全了大中专、职业院校和普通高中家庭经济困难学生资助体系,普通家庭教育幸福感在逐步增加。<br>2. 2011年,自治区拨付寄宿生生活补助42 802万元。<br>3. 2011年,在农村中小学校校舍维修和免费教科书经费投入方面都有所增加,这两项投入分别拨付31 730万元和26 887万元,有231万农村中小学学生用上了免费教科书。<br>4. 2011年,自治区免除了64.4万名城市小学生、初中生义务教育学杂费。<br>5. 2011年,新疆继续实行地方免费师范生政策。 |

续表

| 项　目 | 内　容 | 完成情况 |
|---|---|---|
| 学前双语教育工程 | 1. 续建学前双语幼儿园1 558所,基本完成2 237所幼儿园建设项目收尾工作,新增入园儿童4.38万名。<br>2. 对少数民族儿童给予幼儿伙食和教材费补助,对聘用教师给予工资性补助。<br>3. 实施“双语教学科技服务工程”,开发维汉双语教学辅助语音学习软件产品。 | 1. 自2008年开始,新疆陆续新建了2 237所双语幼儿园,2011年续建1 558所,年底要完成所有建设项目的收尾工作,接下来要为新建双语幼儿园配备各项设施和教师等人员,为2012年9月全区普及两年学前双语教育打好基础。<br>2. 2011年6月,自治区为新建的双语幼儿园招聘了5 500多名幼儿教师。<br>3. 2011年9月,自治区新建双语幼儿园园长培训项目结束。自2008年开始,自治区用“集中+远程直播”的方式培训了新建幼儿园园长2 237人,该项培训是为了提高双语幼儿园园长的政治素质、理论素养、政策水平和管理能力。<br>4. 2011年10月,自治区又启动了“临时聘用学前双语教师培训”项目,决定到2015年分5期培训4 477名未通过自治区入编考试的临时聘用学前双语教师,培训期为一年,第一批学员有900多人。该项目旨在提高这批学前双语教师的素质,让他们尽快入编成为合格的学前双语教师,稳定学前双语教师队伍。<br>5. 2011年,在教育部大力支持下,委托人民教育出版社编写供双语教育模式使用的新疆版语文教材,起始年级教材计划2012年9月投入使用,2014年底全部编写完毕。<br>6. 制定《义务教育阶段学校双语教学评估指标体系》,成立自治区双语教学质量监测评价中心,制定双语教育质量监测评估实施方案。2011年6月,4万名小学四年级、六年级学生参加了首次质量监测评价。 |

续表

| 项　目 | 内　容 | 完成情况 |
|---|---|---|
| 职业教育帮扶工程 | 在国家对家庭经济困难学生资助政策和免学费政策基础上，对南疆三地州及乌什县、柯坪县农村初、高中毕业生及城市贫困家庭就读中等职业教育（含技工）的9万多名学生免除住宿费和教材费。 | 1. 新疆中华职业教育社成立。<br>2. 自2011年9月起，新疆3 300名学生赴内地接受中等职业教育。<br>3. 2011年3月以来，教育部组织30所高校对口支援新疆19所高职学校。<br>4. 2011年，在中央资金扶持下，新疆职业教育帮扶工程共拨付13亿元补贴资金，惠及百万名学子。<br>5. 2011年，新疆实施职业教育帮扶工程：在国家对家庭经济困难学生资助政策和免学费政策基础上，对南疆三地州及乌什县、柯坪县农村初、高中毕业生及城市贫困家庭就读中等职业教育（含技工）的9万多名学生免除住宿费和教材费。<br>6. 高等职业教育方面：共下拨国家奖、助学金1.88亿元，惠及11万余人次；下拨自治区人民政府高校助学金1.6亿元，受助学生169 312人次；下拨预科学生学费和住宿费补助资金近6 800万元，受助学生17 000余人。<br>7. 中等职业教育方面：共下拨中等职业学校国家助学金1.88亿元，惠及25万余人次；下拨农村家庭经济困难学生和涉农专业学生免学费补助资金15 765.69万元，惠及学生18万人次；下拨中等职业学校免教材费、免住宿费6 830.415万元，受助学生15万多人次。 |

续表

| 项　目 | 内　容 | 完成情况 |
| --- | --- | --- |
| 科技富民工程 | 实施国家和自治区“科技富民强县工程”“科技特派员农村创新创业行动”“科技兴新素质工程”“村级(社区)科技扶贫试点工程”，搞好“科技之冬”和“科普大篷车”活动，实施农村科普行动。 | 1. 2011 年 5 月 15 日，主题为“携手建设创新型新疆——科技支撑新疆发展”的新疆科技活动周暨科技服务民生年活动在新疆农业大学启动。<br>2. 5 月 18 日，乌鲁木齐市科协的科普大篷车带着 3D 动物展板、物理趣味模型、避难小常识驶进了乌市第七十五小学，全校 1 150名学生在欢乐中学到了科普知识。<br>3. 9 月 17 日上午，“全国科普日”新疆系列科普活动在乌鲁木齐启动。<br>4. 自治区科协举办“百会万人下基层”——新疆科普大讲堂活动首场报告会。<br>5. 乌鲁木齐市科协以“七个百”为载体，全面落实“百会万人下基层”系列科技服务活动。<br>6. 新疆农村专业技术服务中心制定《开展“百会万人下基层”系列科技服务活动农技中心工作方案》。<br>7. 新疆科普杂志社开展《知识—力量》《科学与生活》进校园活动。<br>8. 新疆科技馆与新疆气象学会和新疆水利学会联合开展“百会万人下基层”系列科普讲座。<br>9. 新疆中医药学会组织专家医疗队在疏勒县开展活动。 |

续表

| 项　目 | 内　容 | 完成情况 |
| --- | --- | --- |
| 城乡公共文化服务提升工程 | 1. 免费开放各级公共图书馆、公共博物馆、文化馆(站)、美术馆和纪念馆。<br>2. 加快南疆三地州村和社区文化室建设。<br>3. 广播电视村村通工程新覆盖1 100万农村人口。<br>4. 向各乡镇、行政村、农林牧场、街道办事处和社区赠送图书、音像制品、报纸和期刊。<br>5. 实施“万村千乡文化产品惠民行动”,精选一批电影、电视剧等译制成维吾尔语、哈萨克语免费发送基层。<br>6. 推进农村电影放映工程。 | 1. 2011年5月27日,召开新疆公共图书馆、文化馆(站)免费开放工作电视电话会议。<br>2. 从6月1日起,全疆107个各级公共图书馆、108个各级文化馆、1 097个乡镇(街道)文化站逐步实行免费开放。<br>3. 6月底,财政部分别向自治区安排专项资金1.1513亿元,向兵团安排专项资金1 186万元,用于实施出版物免费赠阅项目、阅报栏项目、民文出版译制项目、出版物市场监管能力建设项目。<br>4. 自治区广播电影电视局启动的农村电影放映工程让各族农牧民免费享受到了精神文化大餐。<br>5. 在为期15天的第二届中国新疆国际民族舞蹈节上,来自四大洲的15个国家和地区以及国内9个艺术团体,2 000多名舞蹈精英各显身手,在7大剧场,为6万余观众奉献了74场精彩纷呈的演出。<br>6. 10月10日,自治区通报文化惠民“政府购买演出”情况。<br>7. 12月10日,新疆新闻出版“东风工程”向基层赠阅出版物活动正式启动。 |

续表

| 项　目 | 内　容 | 完成情况 |
| --- | --- | --- |
| 县乡体育健身工程 | 建设县级全民健身活动中心10个、乡镇农民体育健身工程32个、行政村全民健身体育工程200个，促进全民健身活动深入开展。 | 1.2011年，总投入为4 280万元的新疆体育民生工程建设自6月全面开工，预计到2012年全部完工。<br>2.自治区体育民生工程暨国家体育总局援建尼勒克县“全民健身活动中心”奠基仪式于2011年7月13日在伊犁尼勒克县举行。<br>3.国家体育总局和自治区投入4 280万元实施全民健身工程，尼勒克县全民健身活动中心总投资981万元，包括国家体育总局雪炭工程资金200万元。 |
| 市场物价控制工程 | 1.发展设施农业，支持农民建棚，新建一批农村市场和连锁经营网点。<br>2.建设粮油中转储备库、肉类蔬菜冷藏库等设施。<br>3.采取有效措施全力保障粮、油、肉、菜等供应，确保物价总水平基本稳定。 | 1.2011年7月1日起，自治区建立并启动实施社会救助和保障标准与物价上涨挂钩联动机制，全疆230万城乡困难群众获6 597万元价格临时补贴。<br>2.从8月29日开始，新疆230万各族城乡困难群众领到价格临时补贴，价格临时补贴以现金发放的形式，一对一送到困难群众手中。<br>3.由于各地物价上涨幅度不同，发放价格补贴的标准也有所不同，以阿克苏地区为例，城市低保对象每人可发放60元，以每户3人计算，可发放180元；农村低保对象每人可发放40元，以每户3人计算，可发放120元。<br>4.9月8日，自治区正式公布《关于建立失业保险金标准与物价上涨挂钩联动机制的实施意见》。从7月1日开始，当自治区CPI月度同比涨幅达到或超过3.8%时，便启动该联动机制，领取失业金人员次月开始按月享受失业保险金补贴。<br>5.具体补贴标准为：每人每月不低于17元。若CPI月度同比涨幅超过3.8%，每增加1个百分点，失业保险金补贴每人每月增加12元。<br>6.目前新疆领取失业金人员超过2万人。 |

续表

| 项　目 | 内　容 | 完成情况 |
| --- | --- | --- |
| 市政设施改善工程 | 1. 加快城镇基础设施建设，城市供水、燃气普及率分别提高到97.5%和89%，城市污水和生活垃圾无害化处理率分别提高到74%和39%。<br>2. 加强乌鲁木齐及周边地区大气污染综合治理和联防联控工作，改善乌鲁木齐大气环境。 | 1. 2011年，乌鲁木齐通过污染源限期治理、机动车尾气治理、扬尘污染防治等措施治理大气污染取得明显效果。<br>2. 乌鲁木齐对八钢等20家排污企业，下达了除尘脱硫设施升级改造和扬尘污染防治的治理任务。<br>3. 乌鲁木齐最大污染源国电红雁池发电有限责任公司9号机组实现关停。<br>4. 全疆首个电厂脱硝改造工程——华电新疆苇湖梁发电厂低氮燃烧改造工程前期准备工作已经完成。<br>5. 乌鲁木齐机动车“黄绿标”管理的实施，切实从源头控制机动车尾气污染，减少氮氧化物、碳氢化合物对空气的影响；目前，已累计核发环保标志148 929枚，其中绿标142 763枚，黄标6 166枚。<br>6. 全市完成新增清洁能源和可再生能源供热面积1 000万平方米，新增热电联产供热面积1 080万平方米，拆并燃煤小锅炉6 779台，实施既有建筑节能改造200万平方米。<br>7. 热网覆盖范围内17家供热单位确定并网方式，28家单位实施了煤改气，130个小区完成了老旧管网改造，18家中心城区重污染企业搬迁工作取得了实质性进展。<br>8. 国家已将乌鲁木齐及周边城市列为全国重点治理区域，乌鲁木齐市、昌吉市、阜康市和五家渠市将联防联控遏制大气污染。<br>9. 快速公交系统(BRT)，开启城市交通新格局。 |

续表

| 项　目 | 内　容 | 完成情况 |
| --- | --- | --- |
| 基础保障能力提升工程 | 1. 加强基层组织建设，完善社区服务功能，实施信访积案化解工程，2011、2012 年全部化解 2009 年底前未办结的信访积案。<br>2. 2011 年全部办结 2010 年未息诉罢访的信访事项。<br>3. 今后新发生的信访事项当年办结率达到 90% 以上。 | 1. 自治区党委三次推出加强基层组织和干部队伍建设的重大举措。<br>2. 2011 年 4 月，经自治区党委同意，自治区党委组织部、综治办、财政厅等部门出台加强乡镇（街道）专职联防队、村治保主任、“十户长”和社区楼栋长建设政策。自治区财政每年安排资金近 1.3 亿元。<br>3. 9 月 9 日，新疆党委常委（扩大）会议提出“基层稳则全疆稳、全疆稳则全国稳”的重要观点，推出基层干部岗位补贴、村干部工作奖补政策、保障乡镇（街道）综合治理工作经费、提高村级组织工作经费最低标准四项重大举措。新疆财政一次性增加补助资金总额预计每年 8 亿元；其中实行乡镇干部基层补贴和实行村干部、十户长工作业绩奖补两项，涉及新疆 53 万基层干部人才，此项费用自 9 月 1 日起执行。<br>4. 2011 年，新疆 8 亿元基层补贴惠及 53 万乡村干部。 |

资料来源：新疆发改委对口援疆办公室。

# 19省市对口支援新疆民生建设项目情况一览表

| 省 市 | 对口支援地区 | 民生建设 |
| --- | --- | --- |
| 北 京 | 和田地区的和田市、和田县、墨玉县、洛浦县及新疆生产建设兵团农十四师团场 | 五大示范项目:和田市棚户区改造一期工程、和田县抗震安居房暨新农村建设工程、墨玉县设施农业建设工程、洛浦县人民医院病房楼建设工程、兵团农十四师红枣加工基地建设工程。 |
| 广 东 | 喀什地区疏附县、伽师县、兵团农三师图木舒克市 | 2011至2015年,广东对口支援"两县一师"计划投入援助资金63.27亿元,规划援建项目122个,主要集中在富民安居、基础设施建设、公共服务、劳动就业、产业发展、人才支援、智力支持、青少年交流等八大工程领域,资金占援助总额的75%以上。 |
| 深圳市 | 喀什市、塔什库尔干县 | 着力帮助解决对口支援地区民生问题,改善人民生活,把人、财、物重点投向民生领域,完成喀什市第十八小学、城乡社会福利供养中心和塔县人民医院工程建设。 |
| 江 苏 | 克孜勒苏柯尔克孜自治州的阿图什市、阿合奇县、乌恰县,伊犁哈萨克自治州10个县(市),以及新疆生产建设兵团农四师、农七师 | 2011年,援建项目计划分为154个大项、313个小项,项目总援建资金为12.31亿元,其中安居富民和定居兴牧工程、医院、学校、基层阵地建设等基本建设类项目涉及援建资金10.76亿元,占援疆资金的87.4%。 |
| 上 海 | 喀什地区巴楚县、莎车县、泽普县、叶城县 | "十二五"期间,对口援助资金约90亿元,根据项目分类,受援四县富民安居工程约占50.6%,援建四县达4.1万户,新建2.3万户,改建1.8万户,涉及60个乡镇,379个村。配套设施建设15个乡镇、165个村和基层组织阵地建设180个。 |

续表

| 省　市 | 对口支援地区 | 民生建设 |
| --- | --- | --- |
| 山　东 | 喀什地区疏勒县、英吉沙县、麦盖提县、岳普湖县 | 从城乡建设、社会事业、产业发展、就业培训、人才智力支持、阵地建设六个方面着手,投资2.2亿元用于疏勒县19项民生工程建设。把职业技能教育放在对口支援工作的重要位置,不断加大软硬件投入,提高受援地的职业教育水平,协助当地培训更多符合产业发展需要的技能型人才。 |
| 浙　江 | 阿克苏地区的1市8县和新疆生产建设兵团农一师的阿拉尔市 | 2011年,计划安排援疆资金14.44亿元,其中用于安居富民、定居兴牧工程资金3.85亿元,主要包括住房建设和安居示范点建设资金2.20亿元、农民增收资金0.94亿元、安居配套设施建设资金0.71亿元;根据年度计划,共需建设农牧民安居房1.69万户,建设农村安居示范点12个。目前,全地区1市8县已动工建设的安居房约5 000户。 |
| 辽　宁 | 塔城地区 | 把各族群众最为关注的住房等民生问题作为对口支援的工作重点,实施塔城地区的托里县民生项目:改善县第一小学3 400多名学生的住宿条件;解决县城集中供热缺口;建设县医院住宅楼;扩建儿童福利中心和新建县第二中学教学楼;援助2 000万元用于裕民县人民医院综合楼建设;援助790万元用于裕民县第一中学宿舍楼和学生食堂建设。综合楼建成后,县人民医院将达到二级综合医疗机构建设标准,更好地改善群众就医环境。 |
| 河　南 | 哈密地区、兵团农十三师 | “十二五”期间,河南省将实施85个援疆项目,逐步加大在教育、卫生、安居富民、定居兴牧以及基础设施建设方面的扶持力度,哈密地区财政预计“十二五”期间收到河南援疆资金14.67亿元,其中90%以上的资金主要用于安居富民、定居兴牧、医疗卫生和农业水利设施等民生工程。 |

续表

| 省　市 | 对口支援地区 | 民生建设 |
|---|---|---|
| 河　北 | 巴音郭楞蒙古自治州、兵团农二师 | 5 年筹资 18 亿元，分三批实施援建，重点放在“干部、技术、人才、资金、管理、项目”六个领域，突出“就业、就学、就医、养老、住房”等一批高标准的民生工程。在项目援助方面，为巴州和静县异地搬迁的 1 000 户农牧民建设新农村和新民居；为库尔勒市第三人民医院建设高标准的综合楼；为巴州建设老幼兼用的福利院；为农二师建设农业科技研究推广基地。 |
| 山　西 | 农六师五家渠市、昌吉回族自治州阜康市 | 援助资金 1.33 亿元，其中用于民生建设 9 070 万元，现在 11 个民生项目已开工建设，包括 102 团、共青团农场保障性住房建设项目，106 团集中供热和安全饮水全覆盖项目、五家渠第一中学教学综合楼项目、五家渠东区幼儿园项目、军户农场文化中心建设项目、农六师游牧民定居工程建设项目（一期工程）、共青团农场和 102 团设施农业项目（续建）等。 |
| 福　建 | 昌吉回族自治州的昌吉市、玛纳斯县、呼图壁县、奇台县、吉木萨尔县、木垒县六个县市 | 大力帮助各族群众解决就业、教育、住房等基本民生问题。计划安排援疆资金 4 亿元，援建项目 43 项，其中民生项目 37 项。通过对昌吉市进行棚户区改造、抗震安居房建设来不断改善城市面貌。目前，昌吉市二六工镇泉昌回民文化园一期项目依靠泉州市 100 万元援建资金已初具规模。 |
| 湖　南 | 吐鲁番地区 | 把改善民生放在对口支援的优先位置，先后无偿援助资金 9 900 多万元，支援设备或技术项目资金 4 200 多万元，重点援建了吐鲁番地区实验中学、中等职业技术学校、人民医院、疾病预防控制中心、吐鲁番市潇湘小学、鄯善县连木沁镇双语幼儿园等一批事关长远发展和群众切身利益的民生项目。 |

续表

| 省　市 | 对口支援地区 | 民生建设 |
| --- | --- | --- |
| 湖　北 | 博尔塔拉蒙古自治州博乐市、精河县、温泉县与兵团农五师 | 援助博乐市重点是棚户区改造、市第一双语幼儿园建设、博乐边境经济合作区建设、博乐市维吾尔医医院建设等民生工程。其中棚户区改造项目总投资6 252万元,包括新建住房360套,总建筑面积28.8万平方米。改造居住区内配套公共服务设施及市政公共设施等。总投资960多万元的博乐市第一双语幼儿园,建筑面积7 255平方米,教学、娱乐功能齐全。 |
| 安　徽 | 和田地区皮山县 | 把民生列为发展重点,在先期储备的995个项目中,民生项目占到90%,涉及农业、林果、医疗、城建等各个方面。援建皮山县的老城区廉租房地热源供暖示范项目、三峡工业园区建设、日光温室大棚改造和新农村建设4个项目。完成皮山县一期改造工程,面积为8万平方米,准备动工再建面积为5.6万平方米。 |
| 天　津 | 和田地区的民丰、策勒和于田三个县 | 策勒县加麦社区棚户区改造受惠住户4 993家1.7万人,完善了居住区的基础配套设施;策勒县的恰哈玛村作为整村安居试点,安居项目安排471户;于田县安居示范项目安排162户;民丰县安居示范项目安排60户。在策勒县启动手工编织项目,力争5年使2 000名妇女灵活就业,天津19名编织企业负责人已培训228名当地妇女,其中128人已取得劳动部门颁发的资格证书。策勒县30名双语教师在天津师范大学接受维汉双语教学培训。天津从6所高校选派29名掌握维汉双语的大学生志愿者,经过培训赴和田当地小学任教。 |

续表

| 省　市 | 对口支援地区 | 民生建设 |
|---|---|---|
| 黑龙江 | 阿勒泰地区福海县、富蕴县、青河县和新疆生产建设兵团农十师 | 计划用5年时间基本完成游牧民定居工程、棚户区改造工程、大部分安居工程、文明生态小康连队建设等任务。福海县共维修改造农村震损房屋5万多间,为698户受灾居民重建家园,其中黑龙江援建资金达418万元。实施370座温室和暖圈试点建设项目,再次投入630万元,援助农十师建设日光温室230座、养殖暖棚400座。哈尔滨市与北屯市结为友好城市,目前已投入对口支援资金4 795万元,用于农十师职工住房建设和城镇基础设施改造,其中新建住房1 552户,改造302户。 |
| 江　西 | 克孜勒苏柯尔克孜自治州阿克陶县 | 计划前5年在五个方面共实施40个援建项目,总投资达到58.9亿元。其中包括援建资金安排10亿元,合作企业投资47.6亿元。主要包括供水、道路、供热等基础设施项目,学校、医院、社区服务、乡村住房改造、就业社保服务设施等民生工程,以及农副产品、矿产资源、旅游资源等经济合作项目。 |
| 吉　林 | 阿勒泰地区阿勒泰市、哈巴河县、布尔津县和吉木乃县 | 到2015年,计划安排对口援助资金9 018万元,完成定居兴牧9 018户、安居富民22 627户,同时建设牧民定居和富民安居配套工程。 |

资料来源:各地州对口援建办公室。

# 参考文献

## 一、普通图书

[1]W. W. 罗斯托. 从起飞进入持续增长的经济学[M]. 贺力平,等译. 成都:四川人民出版社,1988.

[2]詹姆斯·M. 布坎南. 公共财政[M]. 赵锡军,等译. 北京:中国财政经济出版社,1991.

[3]W. 阿瑟·刘易斯. 经济增长理论[M]. 梁小民,译. 上海:上海三联书店,上海人民出版社,1994.

[4]邓小平. 邓小平文选[M]. 北京:人民出版社,1994.

[5]金麟洙. 从模仿到创新——韩国技术学习的动力[M]. 刘小梅,刘鸿基,译. 北京:新华出版社,1998.

[6]袁少芬. 经济因素与民族关系——又谈民族关系理论新探索[M]. 日本:国立民族学博物馆,1998.

[7]吴国宝. 扶贫模式研究——中国小额信贷扶贫研究[M]. 北京:中国经济出版社,2001.

[8]高永久. 西部少数民族地区城市化建设研究[M]. 兰州:兰州大学出版社,2003.

[9]黄健英. 起飞——西部民族地区大开发的新思维[M]. 北京:民族出版社,2003.

[10]龙远蔚. 中国少数民族经济研究导论[M]. 北京:民族出版社,2004.

[11]王文长.西部开发中民族利益关系协调机制研究[M].北京:中央民族大学出版社,2007.
[12]中共中央文献研究室,中共新疆维吾尔自治区委员会.新疆工作文献选编(1949—2010年)[M].北京:中央文献出版社,2010.
[13]亚历山大·格申克龙.经济落后的历史透视论[M].张凤林,译.北京:商务印书馆,2012.
[14]Tajfel H. Human groups and social categories[M]. Cambridge, England: Cambridge University, 1981.

## 二、学位论文

[1]李盛刚.西部民族地区农村发展:基于自我发展能力研究[D].兰州:兰州大学,2007.
[2]王科.中国贫困地区自我发展能力研究[D].兰州:兰州大学,2008.

## 三、专著中析出的文献

[1]李金叶,周耀治.我国区域差距内在逻辑的政治和经济阐释[C]//程恩富,李翀,任保平.外国经济学说与中国研究报告(2012).北京:社会科学文献出版社,2012.

## 四、期刊中的析出文献

[1]马维良.社会主义市场经济下我国民族关系的特点和发展趋向[J].今日民族,1996(6):11-14.
[2]吴传钧.增强我国西部地区自我发展能力是根本[J].学会,1997(11):11-12.
[3]海热提·涂尔逊,叶文虎,蒙雪琰,等.西部大开发与新疆大发展战略基本思路[J].干旱区地理,2000(3):193-198.
[4]任维德.社会转型与民族发展——中西部民族地区现代化进程的实证分

析与对策研究[J]. 内蒙古社会科学(汉文版),2000(4):92 - 98.
[5]中央党校经济研究中心课题组. 西部大开发的经济学思考[J]. 经济研究,2000(6):33 - 40.
[6]刘吉昌. 历史·现实·未来——中国民族关系发展回顾与展望[J]. 中共云南省委党校学报,2001(6):65 - 68.
[7]马平. 少数民族利益论[J]. 西北民族学院学报(哲学社会科学版),2002(3):42 - 46.
[8]赵学先. 西部大开发中民族关系发展态势研究[J]. 云南民族学院学报(哲学社会科学版),2003(4):147 - 150.
[9]丁建伟,连玉新. 论民族关系在中国西北边疆安全中的地位和作用[J]. 西北第二民族学院学报(哲社版),2004(3):12 - 18.
[10]魏后凯,孙承平. 我国西部大开发战略实施效果评价[J]. 开发研究,2004(3):21 - 25.
[11]高志刚. 新疆区域可持续发展评价指标体系构建与测度方法研究[J]. 新疆社会科学,2004(4):27 - 31.
[12]朱光磊,张志红. "职责同构"批判[J]. 北京大学学报(哲学社会科学版),2005(1):101 - 112.
[13]姜安印,田学诗. 转型成长中的区域经济发展问题对落后地区实现"双重转型"的思考[J]. 开发研究,2005(1):97 - 101.
[14]郭本海. 区域持续发展指标体系构建及其评估[J]. 经济理论与经济管理,2005(5): 55 - 59.
[15]李志强,周丽琴. 基于区域可持续发展的指标体系构建研究[J]. 当代财经,2006(5):126 - 128.
[16]詹姆斯·赫克曼. 中国的人力资本投资[J]. 古新功,王军,译. 长江大学学报(社会科学版),2007(1):5 - 15.
[17]侯万锋. 从民族关系视角看区域经济发展差距[J]. 贵州民族研究,2007(1):57 - 63.
[18]李大健. 论民族关系与民族经济[J]. 黑龙江民族丛刊,2007(1):34 - 39.
[19]吴琼. 流动人口及城镇化对新疆民族关系的影响[J]. 新疆大学学报(哲

学·人文社会科学版),2007(4):79－81.
[20]柯伟.构建新疆和谐民族关系之我见[J].兵团党校学报,2007(6):51－53.
[21]马辉,王涛.社会关系和谐评价指标体系构建及实证研究[J].统计教育,2008(8):41－44.
[22]马戎.关于当前中国城市民族关系的几点思考[J].西北民族研究,2009(1):6－19,35.
[23]马戎.经济发展中的贫富差距问题——区域差异、职业差异和族群差异[J].北京大学学报(哲学社会科学版),2009(1):116－127.
[24]谢俊春.构建西部民族地区社会稳定的政治心理环境[J].成都行政学院学报,2009(2):70－73.
[25]沈桂萍.和谐社会建设中的民族关系及其发展趋势[J].中央社会主义学院学报,2009(4):76－79.
[26]彭晖,张丽淑.西部大开发战略实施效果综合评价[J].科技进步与对策,2009(10):46－50.
[27]周业安,宋紫峰.中国地方政府竞争30年[J].教学与研究,2009(11):28－36.
[28]吴建南,章磊,李贵宁.地方政府绩效指标设计框架及其核心指标体系构建[J].管理评论,2009(11):121－128.
[29]高学民.从根本上提升新疆民族关系的几点思考[J].实事求是,2010(4):74－75.
[30]王新红,邓敏,冯鑫,仲伟周.西部12省市经济发展的综合评价——"西部大开发战略"实施10年前后的对比研究[J].人文地理,2010(4):97－100.
[31]李艳荣.关于新疆民族关系的基本思考[J].兵团教育学院学报,2010(5):6－12.
[32]白关峰.兵团城镇化进程中的新疆民族关系和谐发展研究[J].兵团党校学报,2010(6):30－34.
[33]张香云.民生指标体系的构建及评价导向[J].中国统计,2010(6):9－10.

[34]李志强.基于生态学思维方式的民生指标体系构建及评价理论探析[J].江西财经大学学报,2010(6):5-9.
[35]李美娟.西部少数民族地区经济社会发展失衡预警指标体系的构建[J].统计与决策,2010(10):53-55.
[36]孙洪敏.论民生在地方政府绩效评估经济指标体系中的地位[J].经济纵横,2010(10):32-35.
[37]胡生军.和谐社会评价指标体系的构建[J].统计与决策,2010(15):73-75.
[38]林宝.民生问题预警指标体系的构建[J].统计与决策,2010(19):50-52.
[39]范存霞.城市散杂居地区民族关系的影响因素探析[J].延安职业技术学院学报,2011(1):11-13.
[40]邓彬.长沙市"十二五"时期发展指标体系构建研究[J].财经理论与实践,2011(1):114-117.
[41]淦未宇,徐细雄,易娟.我国西部大开发战略实施效果的阶段性评价与改进对策[J].经济地理,2011(1):40-46.
[42]刘向晖.援疆工作十四年回顾与展望[J].新疆地方志,2011(3):34-38.
[43]李玲玲,张耀辉.我国经济发展方式转变测评指标体系构建及初步测评[J].中国工业经济,2011(4):54-63.
[44]李晓霞.新疆民族关系走向及其影响因素分析[J].北方民族大学学报(哲学社会科学版),2012(1):40-48.
[45]Phinney. J. S. Ethnic Identity in Adolescents and Adults: Review of Research [J]. Psychology Bulletin. 1990,108(3):499-514.
[46]Dali Yang. Patternts of China's Regional Development Strategy[J]. The China Quarterly ,1990(12):230-257.
[47]C. Cindy Fan. Uneven Development and Beyond: Regional Development Theory in Post-Mao China[J]. International Journal of Urban and Regional Research, 1997,21(4):620-639.
[48]Carla J, Reginald J. Racial Identity, African Self-consciousness, and Ca-

reer Decision Making in African American College Women[J]. Journal of Multicultural Counseling and Development,1998,26(1):28 -36.
[49] Fubing Su, Dali Yang. Political Institutions, Provincial Interests, and Resource Allocation in Reformist China[J]. Journal of Contemporary China, 2000,9(24):215 -230.

## 五、电子资源

[1]中华人民共和国国务院新闻办公室. 中国的农村扶贫开发[EB/OL]. [2001 - 10 - 16]. http://www.china.com.cn/ch - book/fupinkafa/f1.htm.
[2]中华人民共和国国务院新闻办公室. 中国的少数民族政策及其实践[EB/OL]. [2005 - 05 - 26]. http://www.gov.cn/zwgk/2005 - 05/26/content_1131.htm.
[3]胡锦涛. 高举中国特色社会主义伟大旗帜为夺取全面建设小康社会新胜利而奋斗——在中国共产党第十七次全国代表大会上的报告[EB/OL]. (2007 -10 -15)[2007 -10 -27]. http://www.most.gov.cn/yw/200710/t20071026_56736.htm.
[4]中华人民共和国国务院新闻办公室. 中国的民族政策与各民族共同繁荣发展[EB/OL]. [2009 - 09 - 27]. http://www.gov.cn/zwgk/2009 - 09/27/content_1427930.htm.
[5]赵学义,杨圣敏. 经济发展与民族关系:基于科学发展观的思考[EB/OL]. [2010 - 03 - 12]. http://theory.people.com.cn/GB/41038/11129813.html.
[6]张春贤. 把着眼点着力点放在社会稳定和长治久安上[EB/OL]. [2014 -01 -07]. http://www.gov.cn/gzdt/2014 -01/07/content_2561013.htm.